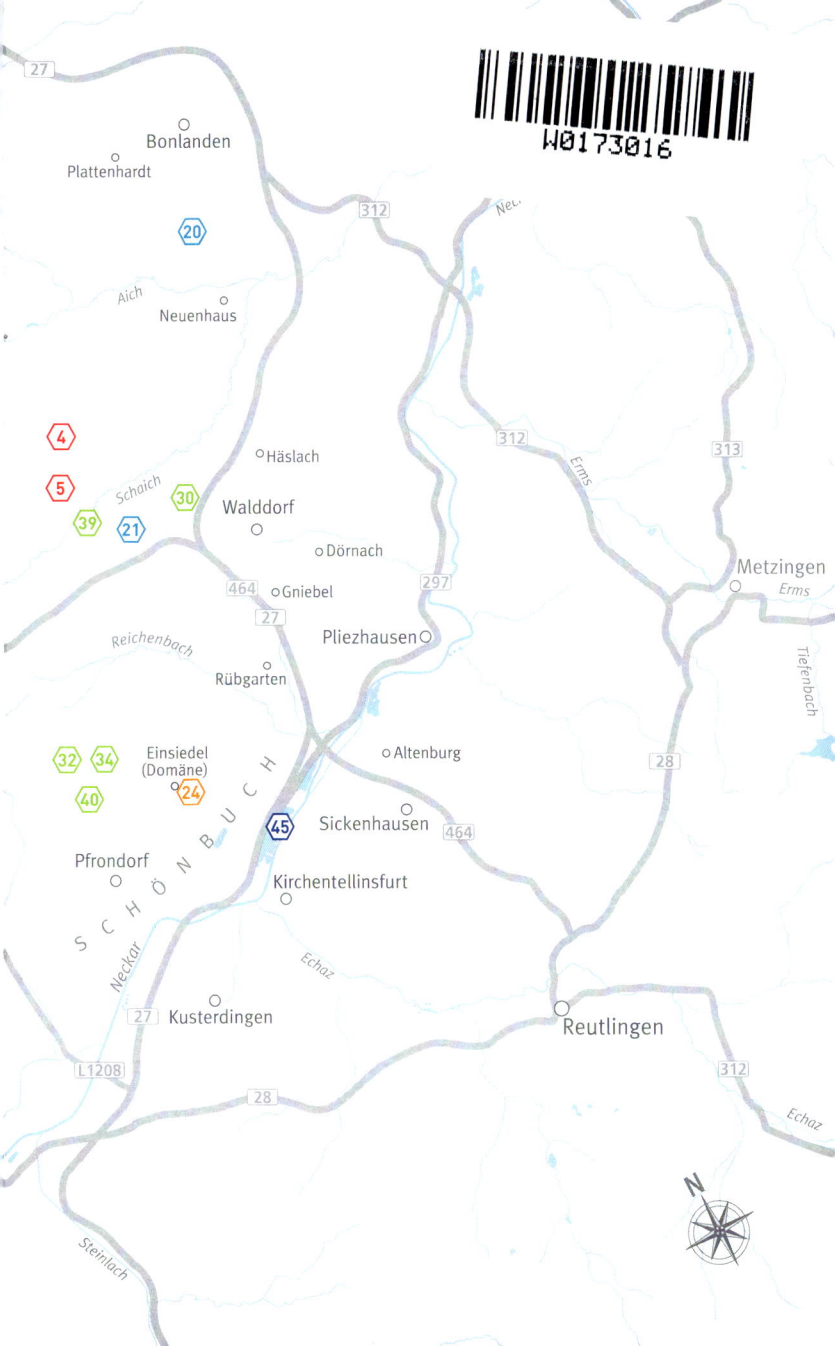

ROLAND BENGEL

Traumziele
Schönbuch

ROLAND BENGEL

Traumziele
Schönbuch

101
Highlights

ENTDECKEN UND ERLEBEN

Oertel + Spörer

BURGEN, SCHLÖSSER, HÜTTEN

BÄUME UND NATURDENKMALE

AM WASSER

TIERE IM WALD

DEM ARTENSCHUTZ EINE CHANCE

SPAZIERGÄNGE, SPORT UND SPASS

LEHRPFADE

FAMILIE UNTERWEGS

Vorwort

Ich bin Journalist und Buchautor. Schreiben ist meine Passion, Fotografieren meine Leidenschaft. Beides zusammen macht mich, einen langjährigen Politikredakteur beim Reutlinger General-Anzeiger, zu einem genauen Beobachter. Am liebsten nehme ich die heimatliche Flora und Fauna in den Blick. Nach meinen Büchern „Faszination Schönbuch" und „Wilder Schönbuch" lege ich nun mit „Traumziele Schönbuch – 101 Highlights" einen Wanderführer für meine „zweite Heimat", den Schönbuch, vor. Darin möchte ich als Naturliebhaber anregen, die schönsten, interessantesten und kulturhistorisch bedeutsamsten Plätze in und um den Schönbuch selbst zu erkunden. Sowohl sportlich ambitionierte Wanderer und Spaziergänger, als auch Familien mit Kindern, Kunstinteressierte und Menschen mit Gehbehinderung sollen dabei auf ihre Kosten kommen. Die dargestellten Touren verstehen sich als Vorschläge, die individuell variiert werden können.

Die großen Besuchermagneten wie die Königliche Jagdhütte, das Große Goldersbachtal oder der Birkensee werden dabei ebenso in den Fokus genommen, wie kleine, oftmals unbekannte oder in Vergessenheit geratene Orte, wie der Jägerweg bei Rohrau oder das neu geschaffene Reservat für Kiebitze in den Feuchtwiesen zwischen Rohrau, Ehningen und Hildrizhausen. Und wer weiß schon, dass man mit Kamelen in den Schönbuch reiten kann? Natürlich spielt auch das Rotwild – das Wappentier der Württemberger – eine Rolle, egal ob an Wildbeobachtungskanzeln, am Rotwild-Erlebnispfad im Schaugehege oder bei der Treibjagd. Die kulturelle Perle des Schönbuchs aber ist unbestritten das Kloster in Bebenhausen. Seitdem der Schönbuch 1972 zum ersten Naturpark in Baden-Württemberg erklärt wurde, kommen in diesem einzigartigen Waldgebiet immer wieder neue „Highlights" hinzu. Die neuesten Attraktionen sind der Schönbuchturm bei Herrenberg und die Waldweide im Herrenberger Stadtwald.

Dieses Buch ist ein buntes Kaleidoskop, so farbenfroh und vielfältig wie der Schönbuch selbst, der im Jahr 2014 als Waldgebiet des Jahres ausgezeichnet wurde und dessen 50-jähriges Bestehen als Naturpark unmittelbar bevorsteht. Das Buch macht den Versuch, möglichst alle Regionen des Schönbuchs abzubilden. Doch selbstverständlich bleibt in einem 156 Quadratkilometer großen Gebiet manches der individuellen Entdeckung vorbehalten. Um den Schönbuch auch in seiner historischen und kulturellen Dimension zu erfahren, wird zudem der Besuch einiger Museen rund um den Schönbuch angeregt.

Die Fotos stammen allesamt von mir selbst. Sie zeigen nicht nur einen Ausschnitt aus den jeweiligen Touren, sondern ebenso die Schönheit und Verletzlichkeit der Natur. Gleichsam nebenbei wird dieses Buch damit auch zu einem Appell, diese einzigartige Natur- und Kulturlandschaft zu erhalten und zu schützen.

Roland Bengel

roland.bengel@t-online.de

Foto: Silvia Höfer

Kultur und Historisches

1 KLOSTER BEBENHAUSEN –
die Perle des Schönbuchs

Lage
Tübingen-Bebenhausen, Im Schloss

Erreichbarkeit
Das Kloster ist ganzjährig geöffnet. Die Öffnungszeiten entnehmen Sie dem Link.
Die Innenräume sind nur im Rahmen von Führungen zu besichtigen.
Telefon 07071/602802, www.kloster-bebenhausen.de

I. Kloster

Das Kloster Bebenhausen gilt als Perle des Schönbuchs. Es ist ein einmaliges Kulturdenkmal von überregionaler Bedeutung – eine Glanzleistung gotischer Architektur. Gegründet wurde das Kloster um 1182/1183 auf Initiative des Tübinger Pfalzgrafen Rudolf I., der mit der Stiftung die Sicherung seines Seelenheils beabsichtigte. Zunächst zogen dort Prämonstratenser ein, bereits im Jahr 1189 wurden sie durch Mönche des Zisterzienserordens ersetzt. Der schwäbische Herzog Friedrich VI. (1167–1191) verbriefte am 1. Juni 1187 den Mönchen das „ewige Recht" des Holzeinschlags im Schönbuch, einem ehemaligen Reichswald. Dabei handelte er in ausdrücklicher Vollmacht seines Vaters, Kaiser Friedrich I., genannt Barbarossa. In dieser Urkunde wird erstmals der Name des Schönbuchs benannt: nemore cui nomen est Shaienbuoch: Der Wald dessen Name Shaienbuoch ist.

Durch Schenkungen, Besitzübertragungen und eine kluge, auf lange Frist angelegte Landwirtschafts-,

Handels- und Geldpolitik wurde das Kloster innerhalb von wenigen Jahrzehnten so reich, dass es bald in die Rechte der im Niedergang befindlichen Tübinger Pfalzgrafen eintreten konnte – und somit noch reicher wurde. Wo immer möglich, trat das Kloster als Käufer von Äckern, Wiesen, Weingärten, Wäldern, Höfen, Keltern, Mühlen, Kirchen, Kapellen, Burgen und Fronhöfen auf und trat sogar die Herrschaft über ganze Dörfer wie Altdorf, Reusten, Weil im Schönbuch, Unterjesingen oder Ofterdingen an. Verwaltet wurden die Güter selbstredend vom Kloster selbst. Wie von Michael Buhlmann beschrieben, wurde die Mönchsgemeinschaft im Verlauf des späten Mittelalters zum reichsten Kloster auf württembergischem Boden. Dieser Reichtum spiegelt sich auch in einer umfangreichen Bautätigkeit über mehrere Jahrhunderte hinweg wider. Dazu gehören neben dem Gründungsbau das große Ostfenster, der Vierungsturm, der Giebelreiter, das Sommerrefektorium, der Schreibturm, der Kapf'sche Bau, das Novizenhaus, der Kreuzgang und die Einwölbung der Klosterkirche, das Winterrefektorium und das Laienrefektorium sowie die Bibliothek. Bislang wenig beachtet wurde, dass dieses Kloster seinerseits „Kunstwerke von europäischem Rang hervorgebracht" hat, wie Klaus Gereon Beuckers darlegt. Mit der Einführung der Reformation in Württemberg wurde das Kloster 1534 aufgelöst. Die Württemberger, die ihrerseits bereits im Jahr 1342 Güter der Tübinger Pfalzgrafen rund um das Kloster aufkauften, kamen nun auch in den Besitz des Klosters. Wenige Jahrzehnte später

parks Schönbuch. Der Besucher erhält dort wertvolle Informationen von der Entstehung des Schönbuchs, der Besiedelungsgeschichte und der Nutzung, bis hin zum Lebensraum Wald. Die Ausstellung ist vom 1. April bis 31. Oktober, jeweils Dienstag bis Freitag von 9 bis 17 Uhr sowie Samstag und Sonntag von 10 bis 17 Uhr geöffnet.

III. Kräutergarten

Direkt am Klostereingang befindet sich ein öffentlich zugänglicher Kräutergarten. Hier wachsen Gewürzkräuter und Heilpflanzen. Mit diesem Garten, der an einen Bauerngarten erinnert, wird an das überlieferte Wissen der Mönche angeknüpft. Viele ihrer Erkenntnisse wirken heute wieder überraschend modern.

IV. Klosterfriedhof

An der Ostseite der Klosterkirche finden sich die Gräber und Grabdenkmale der Forstleute Wilhelm von Widenmann und Friedrich August von Tscherning. Auch der 1822 ermordete Forstlehrling Wilhelm Pfeiffer ist dort begraben.

wurde dort eine evangelische Klosterschule eingerichtet. Nach der Säkularisierung im Jahr 1806 wurde die Anlage als Jagdschloss der württembergischen Könige genutzt. Nach dem Zweiten Weltkrieg tagte im ehemaligen Kloster von Bebenhausen der Landtag von Württemberg-Hohenzollern. Alle 118 Sitzungen wurden im Winterrefektorium abgehalten.

II. Schreibturm

Einst war der Schreibturm ein Gefängnis für Holzdiebe und Wilderer. Heute befindet sich dort das Informationszentrum des Natur-

Tipp

Zum Kloster Bebenhausen gibt es eine große Anzahl von Literatur. Ein Teil davon ist an der Klosterkasse erhältlich.

SCHÖNBUCHMUSEUM DETTENHAUSEN –
der Schönbuch ist steinreich

2

Lage
Dettenhausen

Erreichbarkeit
Das Schönbuchmuseum in Dettenhausen, Ringstraße 3, ist von April bis
Dezember an Sonn- und Feiertagen von 14 bis 18 Uhr geöffnet. Gruppen-
besuche und Führungen nach Vereinbarung.

Kontakt
Telefon 07157/1260, oder Forstdirektion Tübingen, Telefon 07071/6020.

Einen exzellenten Einblick in den
außerordentlichen Reichtum an
Steinen vermittelt das Schönbuchmuseum in Dettenhausen. Hier
erfährt man, dass im Schönbuch
Schilfsandstein, Rhätsandstein und
Stubensandstein, ein von Geologen
seit jeher als „vorzüglicher Bau-
stein" bezeichneter Stein, in schier
endloser Menge und zudem in
hervorragender Qualität vorkommen. Steinmetze schätzen den
Stubensandstein aus dem Gebiet
des Schönbuchs, weil er hart und
druckfest ist und dennoch leicht
bearbeitet werden kann. Wie hoch
die Qualität dieses Steins ist, zeigt
seine Verwendung. Nicht nur zahlreiche Kirchen, Schlösser und
Brunnen in der Region wurden damit erstellt. Auch im Kölner Dom,
im Schloss Neuschwanstein und im

Ulmer Münster wurden Tausende Kubikmeter Stubensandstein aus Dettenhausen und Schlaitdorf verbaut.

Mit Bildern und Texttafeln wird im Museum ausgeführt, wie der Abbruch des Steins in Sandsteinbrüchen und Sandgruben funktionierte. Noch bis ins 20. Jahrhundert hinein mussten die Steinhauer und Steinbrecher 12 bis 14 Stunden am Tag arbeiten. Mit Hammer und Meißel wurde der Stein gebrochen. Zu schweißtreibender Tätigkeit kam noch hinzu, dass in den damaligen Steinbrüchen und Bauhütten katastrophale Arbeitsverhältnisse herrschten, wie es auf einer Hinweistafel heißt. Aufgrund der Staubentwicklung litten viele Steinhauer unter einer Staublunge und wurden im Durchschnitt nur 45 Jahre alt. Außderdem war die Arbeit in den Brüchen auch gefährlich, da oft einfachste Sicherheitsvorkehrungen fehlten. Vor dem Museum steht ein Flaschenzug und hält anschaulich einen unbehauenen Sandstein in der Seilschlinge.

Die frühesten der noch heute lokalisierbaren Steinbrüche im Schönbuch stammen aus dem 17. Jahrhundert. Etliche davon liegen entlang der Schweizer Straße, einer einst wichtigen Verbindungsstraße zwischen Dettenhausen und Lustnau, über die der Stein mit geringem Aufwand gleich weiter transportiert werden konnte. Manche Brüche und Gruben sind zwischenzeitlich mit Erde bedeckt. Weitere Steinbrüche finden sich nicht nur bei Dettenhausen, sondern auch in Lustnau, in Kayh und am Bezenberg. Das Geschäft mit dem Schönbuch-Stein war einst sehr einträglich.

Der Qualitätsstein des Schönbuchs brachte vielen Bewohnern der umliegenden Gemeinden zwar Arbeit und Brot, reich machte er sie dennoch nicht. Insbesondere im Zuge der Industrialisierung stieg die Nachfrage rasant, weil der Stein nun auch zum stark ansteigenden Straßen- und Hausbau benötigt wurde. Als zu Beginn des 20. Jahrhunderts jedoch vermehrt andere Baustoffe – wie Beton – verwendet wurden, ging die Nachfrage nach Sandsteinen stark zurück. Damit wurden auch immer weniger Steinhauer und Steinbrecher benötigt. Das gleiche Schicksal hatte zuvor schon die Mühl-

steinhauer im Schönbuch ereilt. Dettenhausen wurde einmal seiner Bedeutung wegen als „Vaterland der Mühlsteine" bezeichnet. Daran erinnert heute nur noch das Schönbuchmuseum. Ganz zu den Akten gelegt ist die Steinverarbeitung im Schönbuch aber noch immer nicht. Zuletzt wurde 2014 auf dem Waldenbucher Bezenberg wieder ein Steinbruch aufgemacht, weil das Ulmer Münster mit dem harten und witterungsbeständigen Stein saniert werden soll.

Tipp

Wer sich für die Geschichte der Jagd und des Waldes im Schönbuch interessiert, kommt im Schönbuchmuseum gleichfalls auf seine Kosten.

3 MUSEUM FÜR ALLTAGSKULTUR IM SCHLOSS WALDENBUCH –

im Spiegel der Geschichte

Lage
Waldenbuch

Erreichbarkeit
Schloss Waldenbuch, Kirchgasse 3, 71111 Waldenbuch

Öffnungszeiten:
Dienstag bis Samstag: 10 bis 17 Uhr
Sonn- und Feiertage: 10 bis 18 Uhr
Montag außer Feiertage: geschlossen

„Nichts ist so beständig wie der Wandel", sagte einst der griechische Philosoph Heraklit, der vor 2500 Jahren lebte und wirkte. Soweit reicht der zeitgeschichtliche Bogen des Museums der Alltagskultur in Waldenbuch nicht. Doch immerhin blicken die Museumsmacher im Schloss Waldenbuch bereits auf 30 Jahre eigene Geschichte zurück. Was dabei an teilweise ganz persönlichen Erinnerungen, an großen und kleinen Geschichten, an ganz Alltäglichem und an epochalen Ereignissen zusammengetragen wurde, spiegelt nicht weniger als die württembergische Geschichte wider – und das über einen langen Zeitraum. Viele Exponate geben Einblicke in die Kultur und in die Lebensweise breiter Bevölkerungsschichten – vom 18. Jahrhundert bis in die Moderne, wie es im Museumstext heißt. Das Museum der Alltagskultur im Schloss Waldenbuch ist eine Außenstelle des Landesmuseums Württemberg und gilt als eines der bedeutendsten Volkskundemuseen im deutschsprachigen Raum.
Dabei hatte das ehemalige Jagdschloss der württembergischen Herzöge einst selbst eine heraus-

ragende Bedeutung und wirkte tief in den Alltag der Menschen rund um den Schönbuch hinein. Herzog Ulrich ernannte Waldenbuch 1534 zum Dienstsitz des Waldvogts, nachdem dieser Amtssitz zuvor zwischen Tübingen und Waldenbuch gewechselt hatte. Der Waldvogt war der Chefverwalter des Schönbuchs und überwachte in dieser Funktion die Nutzung aller Waldrechte im gesamten Schönbuch. Damit hatte er jede Menge Arbeit. Denn rund 70 Gemeinden und Höfe besaßen nach den mittelalterlichen Schönbuch-Ordnungen das Recht, den Wald in vielfältiger Weise zu nutzen –

etwa für Brenn- und Bauholz, zum Sandsteinabbau oder als Weide für Kühe, Schweine und Ziegen. Der Waldvogt war oberster Verwalter des Schönbuchs und Richter in allen Waldangelegenheiten – bei Rechtsbruch konnte er schwere Strafen, sogar Arrest, verhängen. Unterstellt waren dem Waldvogt zahlreiche Förster und Bedienstete. Dass Waldenbuch dieses Privileg über einen langen Zeitraum – nämlich von 1534 bis 1807 – hatte, unterstreicht die Waldenbuch zugemessene Gunst der Herzöge, die ihren Ausdruck auch in mehreren Erweiterungsbauten des Schlosses

fand. Herzog Carl Eugen hielt sich oft in diesem Schloss auf. Auf ihn geht auch der Neubau des Ostflügels zurück.

Der Schönbuch war über Jahrhunderte hinweg das bevorzugte Jagdgebiet der württembergischen Herzöge und Könige. Im Jagdschloss von Waldenbuch hatte damit nicht nur der Waldvogt seinen Sitz; hier traf sich während dieser Zeit auch die Hautevolee zur Jagd – und nicht im Kloster von Bebenhausen, das nach Einführung der Reformation mehr und mehr verfiel. Erst Württembergs erster König Friedrich I. verlegte die Forstverwaltung nach Bebenhausen, baute das ehemalige Kloster zum Jagdschloss um und machte es damit wieder zur ersten Adresse für die württembergische Hofjagd.

Ein Zimmer wurde im Waldenbucher Schloss für diesen bedeutenden Teil der Geschichte reserviert. Dabei wird auch an die „Herrenjagd" erinnert, die bei der Dianenjagd im Jahr 1812 in ein wildes Gemetzel ausartete. Waldenbuch war da bereits nicht mehr Sitz des Waldvogts. Erst die Revolution von 1848 – auch daran erinnert das Museum – beendete das Jagdprivileg des Adels.

Tipp

Von überregionaler Bedeutung ist auch das Museum Ritter in Waldenbuch. Thema der Sammlung Marli Hoppe-Ritter ist das Quadrat. Im Museum Ritter gibt es auch Einzelausstellungen zu Künstlerinnen und Künstlern, sowie Sonderausstellungen zu bestimmten Themen. Allein die Architektur des Museums Ritter ist beeindruckend (siehe Seite 59).

DIE KELTEN VOM BEZENBERG –
Kontakte zum Fürstensitz
auf der Heuneburg?

4

Lage
Bei Dettenhausen und Waldenbuch

Tour
Wir starten am Parkplatz Braunäcker bei Dettenhausen. Auf dem Dettenhäuser Weg erreicht man nach wenigen Metern eine keltische Viereckschanze, nach weiterer kurzer Wegstrecke einen keltischen Grabhügel. Wir bleiben auf dem Dettenhäuser Weg, kommen zum Fernmeldeturm Waldenbuch und schließlich zum Weißen Häusle. Weiter bergab den Dettenhäuser Weg bis zum Neuhäuserwandsträßchen nehmen. Kurz nachdem diese in die Schaichbergstraße übergeht, kann man einen weiteren keltischen Grabhügel sehen. Weiter auf der Schaichbergstraße bis zur Mönchsbuckel-Hütte. Den nächsten Weg links abbiegen, um an einem kleinen Weiher und einem historischen Steinbruch vorbeizukommen. Nach etwa 400 m kommt man zu einem Hallstattlichen Grabhügel. Wieder zurück, geht es auf die Schaichbergstraße, über den Mönchbuckelweg und den Himmelsklingenweg zum Ochsenschachensträßchen, das in einem Bogen in nördlicher Richtung wieder zurück zum Dettenhäuser Weg führt. Über die keltische Viereckschanze geht es zurück zum Parkplatz. Die ausgedehnte Tour führt fast über den ganzen Höhenrücken des Bezenbergs. Für die etwa 12 km lange Strecke sollte man etwa 4 Stunden einplanen.

Die Kelten hinterließen auch auf dem Bezenberg im östlichen Teil des Schönbuchs markante Spuren – und das über einen langen Zeitraum hinweg. Davon zeugen eine Viereckschanze und mehrere Grabhügel. Die keltische Besiedelung auf dem Hochplateau zwischen Waldenbuch im Norden, dem Schaichtal im Süden, Dettenhausen im Westen und Neuenhaus im Osten ist noch nicht grundlegend erforscht. Vielleicht unterstreicht aber ein Zufallsfund die Bedeutung dieser Region während der Eisenzeit, die von Archäologen in die Hallstattzeit (800 bis 450 v. Chr.) und Latènezeit (450 v. Chr. bis zur Zeitenwende) unterteilt wird. Laut Christoph Morissey sind im Schönbuch fast 300 Grabhügel bekannt, die meisten werden nach seinen Angaben der Hallstattzeit zugerechnet.

Die keltische Besiedlung der Heuneburg am Oberlauf der Donau – bekannt durch den prunkvollen Fürstensitz – fällt in das 6. Jahrhundert vor Christus. Auch auf dem Bezenberg gibt es einen großen Grabhügel, der während der Zeit der Hallstattkultur angelegt worden ist. Es darf also angenommen werden, dass die Kelten den Schönbuch zur selben Zeit bewohnt haben wie ihre berühmten Verwandten den Fürstensitz an der Donau. Es ist reine Spekulation, ob die Kelten vom Bezenberg Beziehungen zum prunkvollen Fürstensitz der Heuneburg hatten. Ausgeschlossen sind sie nicht. Denn die beiden Gruppen lebten nur etwa 70 Kilometer Luftlinie voneinander entfernt. Auffällig ist zudem, wie sich die beiden besiedelten Regionen rein äußerlich gleichen: Sie liegen jeweils auf einem Hochplateau von etwa gleicher Größe, an dessen Grund sich ein fließendes Gewässer befindet.

So liegt die Heuneburg hoch über der Donau, der Bezenberg über dem Schaichtal. Gleiches trifft auch auf den Fürstengrabhügel „Lehenbühl" bei Schlaitdorf und die etwas später gebaute Viereckschanze beim Schlossgut Einsiedel zu – beide liegen auf einem Höhenrücken über dem Neckartal. Das gleiche Besiedelungsschema gilt auch für die Kelten vom Kirnberg bei Bebenhausen. Dort verweist ein Hügelgrab darauf, dass Kelten auf dem Plateau etwa 100 Meter über dem Goldersbach und Kirnberg gelebt haben. Zahlreiche weitere keltische Grabhügel im Schönbuch lassen auf vergleichsweise viele keltische Siedler und ein damit verbundenes engmaschiges Netz sozialer Beziehungen schließen.

Wie Funde auf der Heuneburg zeigen, stand das Fürstenhaus auf jeden Fall in Verbindung zu Oberitalien, Slowenien und zum östlichen Alpenraum. Bronzekannen wurden aus dem Mittelmeerraum importiert, Fragmente von Gefäßen weisen auf Athen als Herkunftsort, eine gefundene Schale wurde in Kleinasien gefertigt. Hinzu kamen andere exotische Kostbarkeiten aus Südfrankreich.

Wenn also damals Kontakte bis in den Mittelmeerraum möglich waren, so darf erst recht unterstellt werden, dass die einzelnen keltischen Gruppen in der Region in ständigem persönlichem Kontakt zueinander gestanden haben.

Tipp

Es gibt zahlreiche weitere keltische Grabhügel im Schönbuch. Siehe dazu das Kapitel Geschichtlicher Lehrpfad Einsiedel auf Seite 267.

5 STEINBRUCH AUF DEM BEZENBERG –
neuer Glanz für das Ulmer Münster

Lage
Zwischen Dettenhausen und Waldenbuch

Tour
Los geht es am Parkplatz Braunäcker bei Dettenhausen. Nach wenigen Metern kommt man auf den Dettenhäuser Weg. Diesen in östlicher Richtung gehen. Vorbei an der keltischen Viereckschanze in südlicher Richtung auf das Ochsenschachensträßchen abbiegen und nach etwa 250 m an zwei hintereinanderliegenden Weihern vorbeigehen. Kurz danach nach links abbiegen und somit auf dem Ochsenschachensträßchen bleiben. Dieses schlängelt sich an der Hangkante entlang. Nach gut 1 km sieht man rechts den neuen Steinbruch. Weitergehen bis zur nächsten Wegkreuzung. Wenige Meter die Neubronnensteige in südlicher Richtung gehen, wo man einen roh behauenen Mühlstein und ein Ausschussexponat des Ulmer Münsters sieht, das zeigt, wie filigran der Stubensandstein des Schönbuchs behauen werden kann. Von dort aus die Neubronnensteige in nördlicher Richtung weitergehen und so wieder auf den Dettenhäuser Weg kommen. Dort geht es in westlicher Richtung – am Fernmeldeturm Waldenbuch vorbei – wieder zurück zum Parkplatz Braunäcker. Der schöne Spazierweg ist etwa 5 km lang und einfach zu gehen. Dafür gut 2 Stunden Zeit nehmen.

Wie zu alten Zeiten wird auf dem Bezenberg wieder Stubensandstein abgebaut. Damit soll das nach über 500-jähriger Bautätigkeit im Jahr 1890 fertiggestellte Ulmer Münster saniert werden. Der gotische Bau – bis heute der höchste Kirchturm der Welt – wurde mit Sandsteinen aus den Steinbrüchen des östlichen Schönbuchs gebaut. Inzwischen haben Luftverschmutzung und saurer Regen dem gotischen Baudenkmal schwer zugesetzt. Ersatzsteine mussten also her. Da kam es gerade recht, dass durch Zufall vor einigen Jahren eine neue Abbaustelle auf dem Bezenberg bei Waldenbuch entdeckt wurde. Dieser Sandstein hat eine besondere Härte und ist deshalb sehr wetterbeständig – ideal also für das 161,53 Meter hohe Kulturdenkmal in Ulm, um die nächsten Jahrhunderte einigermaßen unbeschädigt zu bestehen. Für die Sanierung des Ulmer Wahrzeichens hat die Münster-Bauhütte 400 bis 500 Kubikmeter dieser weiß-gelben Steinquader geordert. Das ist viel weniger als die neue Abbruchstelle auf dem Bezenberg hergibt. Doch andere denkmalgeschützte Bauten warten ebenso auf diesen wertvollen Stein: Die Burg Hohenzollern, die Neckarbrücke in Tübingen und die Frauenkirche in Esslingen müssen ebenfalls res-

tauriert werden. Auch sie wurden einst mit dem harten und zugleich schönen Bezenberger Stubensandstein gebaut. Auch der Kölner Dom, das Rathaus in München und das Schloss Neuschwanstein tragen das Wahrzeichen des Schönbuchs in sich.

Doch nicht überall zeigt der Stubensandstein im Schönbuch diese Härte. Im westlichen Teil des Schönbuchs konnte nur ein sehr weiches und wetteranfälliges Material abgebaut werden. Es taugte deshalb nicht zum Bau von Kirchen, Schlössern oder Brücken, wohl aber zum Reinigen der guten Stube. In Rohrau wurde dieser Sandstein in einer Sandmühle zu Putz- und Scheuermittel verarbeitet. Damit wurden einst die Stuben gefegt – deshalb der Name „Stubensandstein".

Es gibt auch schon Pläne, was mit dem neuen Steinbruch geschehen soll, wenn er einmal komplett abgebaut ist. In diesem Steinbruch auf Waldenbucher Gemarkung soll ein völlig neuartiges Refugium für Tiere und Pflanzen entstehen.

Tipp

Informationen zum historischen Abbau von Stubensandstein gibt es im Museum Dettenhausen und im Sandmühlenmuseum in Gärtringen-Rohrau.

EINSIEDELEI –
kein Platz für Einsamkeit

6

Lage
Südlich vom Schaichhof

Tour
Vom Parkplatz Franzensträßle auf dem „Steinigen Weg" in südliche Richtung gehen, an der zweiten Kreuzung beim Mammutbaum rechts zum Bromberg-ebenesträßle wechseln, das zunächst bergauf führt. Bei der Schautafel zum Bannwald links halten zum Schneißenweg, am Bannwald entlang weitergehen, bis der Weg einen rechtwinkligen Bogen in östliche Richtung macht. Dort steht eine Schautafel zur Einsiedelei. Weiter über den Schneißenweg zum Birkensee und über das Brombergebenesträßle wieder zurück zum Ausgangspunkt. Die Tour ist etwa 8 km lang, einfach zu gehen. Dafür sollte man 3 Stunden Zeit einplanen.

Die Einsiedelei im Schönbuch trägt eigentlich einen falschen Namen. Denn mit an Sicherheit grenzender Wahrscheinlichkeit lebte in diesem Gebäudeensemble kein Einsiedler, der namensgebend für diesen Standort gewesen sein könnte. Dennoch heißt es, ein Eremit, der in einer einsam gelegenen Klause ein zurückgezogenes Leben führte, vor dem hauseigenen Altar betete und dabei von Zeit zu Zeit zu der nahe gelegenen Brücke hinunter wanderte, um dort den Teufel zu beschwören, hauste dort. So lautet zumindest bislang ein etwas weltfremd anmutendes Klischee, das in der Schönbuch-Region seit Entdeckung der Steinmauern im Jahr 1974 weitergetragen wird. Einsam war es dort bestimmt nicht.

Denn bis zum Ende des 15. Jahrhunderts – also zeitgleich mit der Nutzung der Gebäude – wurde nur wenige Hundert Meter davon entfernt im Kleinen Goldersbachtal eine Glashütte betrieben. Fachleute, wie Professor Barbara Scholkmann, schätzen, dass dort während der Sommermonate zwi-

schen 30 und 50 Menschen gearbeitet haben. Hinzu kamen zahlreiche weitere Dienstleistungen, um den Betrieb einer Glashütte überhaupt zu ermöglichen. Benötigt wurden Holzhauer, Holzfuhrleute, Glasträger, Pottaschesieder, Schmelzer und Glasschleifer – vom Fachpersonal der Glasbläser und der Transporteure der fertiggestellten Glaswaren ganz abgesehen. Es gab wohl wenige Plätze im Schönbuch, an denen es in dieser Zeit geschäftiger zuging als im Gebiet rund um die Einsiedelei. Nicht vergessen darf man dabei, dass weniger als einen Kilometer von der Einsiedelei entfernt die Via Rheni vorbeiführte – ein mittelalterlicher Fernverbindungsweg, auf dem geschäftiger Betrieb herrschte. Hinzu

kommt, dass zu jener Zeit die Bewohner der umliegenden Schönbuchgemeinden das Recht zur Waldweide und Holznutzung hatten. Der Schönbuch war also gerade an diesem Standort sehr belebt. Einen Platz für den Rückzug in die Einsamkeit kann es dort nicht gegeben haben. Und weshalb sollte ausgerechnet ein geistlicher Eremit den Teufel beschwören wollen?
Nachdem Sturm „Lothar" an Weihnachten im Jahr 1999 über den Schönbuch hinweggefegt war und dabei mit einer nahe stehenden Buche auch eine der Steinmauern der Einsiedelei umgerissen hatte, offenbarte sich plötzlich eine ganz andere Geschichte. Die bislang innerhalb der Steinmauern aufgefundenen Lehmreste wurden als

Bestandteile eines Kachelofens interpretiert. Doch nunmehr war klar, dass es sich zumindest bei den außerhalb des Gebäudes aufgefundenen Lehmresten vermutlich um einen aus Sand und Lehm bestehenden Fußboden handelte, der ein über dem steinernen Keller bestehendes hölzernes Obergeschoss belegt hat. Nach neuesten Erkenntnissen war der in Fachwerk- oder Blockbauweise errichtete Teil des Hauses einst abgebrannt und damit auch der Lehm-Estrich des Obergeschosses zu Boden gefallen. In dem einst viel größeren Holzhaus lebte wohl ein größerer Familien- oder Arbeitsverband, aber definitiv kein Einsiedler.

Tipp

Interessant ist auch, dass dem von Graf Eberhard gegründeten Stift „St. Peter zum Einsiedel" wohl eine frühere Einsiedelei den Namen gab. Der Forscher Andreas Heusel sieht in den westlich des heutigen Einsiedels zu findenden Flurnamen „Pottaschenäcker" und „Pottaschewiesen" einen möglichen Hinweis auf eine frühere Glashütte. Ist es also ein Zufall, dass auch hier Einsiedelei und Glashütte wie eine Einheit erscheinen? Bestimmt wäre es auch interessant, zu klären, ob es zwischen dem Waldenbucher Ortsteil „Glashütte" und dem zur Schaich hin verlaufenden „Einsiedlersträßle" einen Zusammenhang gibt.

7 JUDENFRIEDHOF –

ein Spaziergang zum Gedenken

Lage
Weil im Schönbuch, Kälberstelle

Tour
An der Kälberstelle geht es los entlang des Steinbruchwegs, auf dem man nach gut 100 m auf den Tscherning-Stein trifft. Im stillen Gedenken an die Verstorbenen die dortige Allee zum Hirschlandweg entlanggehen, wobei der ehemalige Judenfriedhof rechts der Allee liegt. Wieder zurück zum Tscherning-Stein, geht es den Steinbruchweg entlang, bis zum Schild „Judenkirchhof". Danach auf dem Weg bis zum „Drecklochweg" bleiben. Diesen rechts hinunter zum ehemaligen Steinbruch und dann im Bogen durch den Wald wieder zurück zum Steinbruchweg gehen. Die Tour ist in der beschriebenen Variante etwa 2 km lang.

Mitten im Schönbuch gab es einst einen jüdischen Friedhof. Dieser Platz liegt auf Gemarkung Weil im Schönbuch, nördlich der Kälberstelle. Von ihm ist heute nichts mehr zu sehen. Nur noch ein Flurname erinnert an die ehemalige Begräbnisstätte von Menschen jüdischen Glaubens. Ein Schild mit dem Namen „Judenkirchhof" steht am Steinbruchweg, etwas abseits des einstigen Friedhofs.

Der genaue Standort dürfte im Geviert zwischen Steinbruchweg, Hirschlandweg, Kälberstelle und der am Tscherning-Stein vorbeiführenden Allee liegen. Dieser flache Hang führt nach einer Veröffentlichung von Friedrich August Tscherning, der zwischen 1845 und 1892 Forstmeister in Bebenhausen war, „seit unvordenklicher Zeit den Namen Judenkirchhof". Der Forstmann fand dort mehrere Platten von weißem Sandstein, anscheinend etwas behauen, aber ohne Inschrift. Weil sie ihn an die Grabsteine von jüdischen Friedhöfen erinnerten, ließ er dort in den 1860er-Jahren eine Grabung durchführen. Dabei stieß er in einer Tiefe von ein wenig mehr als 1 Meter auf menschliche Skelette. Für Tscherning bestand damit kein Zweifel mehr, dass dieser Platz einst als Begräbnisstätte gedient haben musste. Er mutmaßte, dass die beerdigten Juden zuvor in Tübin-

gen gelebt hatten, wo sie trotz eines Ausweisungserlasses des ersten württembergischen Herzogs, Graf Eberhard im Bart (1445–1496), noch zeitweise geduldet wurden.

Schon zuvor hatten Juden in Württemberg einen schweren Stand gehabt: Ihnen wurde sogar die Schuld an der Pest (1348/1349) zugeschrieben. Erst Mitte des 19. Jahrhunderts wurden Juden den Christen rechtlich gleichgestellt. Das änderte aber nichts am Antisemitismus in breiten Teilen der Bevölkerung, der im Holocaust während der nationalsozialistischen Gewaltherrschaft seinen traurigen Tiefpunkt fand. Die Geschichte der Tübinger Juden geht zurück auf das Jahr 1335, als für sie ein eigenes Wohnviertel mit rund 30 Häusern angelegt wurde. Noch heute gibt es in Tübingen die Judengasse.

Tipp

In Wankheim gibt es einen alten jüdischen Friedhof. So ähnlich könnte es einst auch auf dem Friedhof im Schönbuch ausgesehen haben.

SOLDATENGRAB –
Mahnmal gegen den Krieg

8

Lage
Zentral im Goldersbachtal

Tour
Das Soldatengrab ist von allen Teilen des Schönbuchs aus gut erreichbar. Hier wird der Weg von Bebenhausen aus beschrieben. Von dem östlich von Bebenhausen gelegenen Parkplatz geht man den Weg im Goldersbachtal über die Teufelsbrücke in Richtung Neue Brücke. Vor dem Abzweig zum Ziegelweiher kommt man im weiten Talgrund zum Soldatengrab. Die Tour hin und zurück ist in der beschriebenen Variante etwa 10 km lang, dafür sollte man mindestens 3 Stunden Zeit einplanen.

Das Soldatengrab liegt in der Mitte des Naturparks Schönbuch, fast genau im Schnittpunkt der Orte Rohrau im Westen, Bebenhausen im Osten, Altdorf im Norden und Entringen im Süden. Hier, im weiten Tal des Goldersbaches, starb am 19. April 1945 der Soldat Viktor Wagner.

Der junge Gefreite aus Pfarrkirchen wurde einen Tag zuvor auf der Straße von Kuppingen nach Nufringen durch Granatsplitter am Kopf schwer verwundet. Auf dem Weg zu anderen deutschen Soldaten quer durch den Schönbuch starb der junge Soldat auf Gemarkung Breitenholz. Sein Kompaniechef Günter Opawsky schrieb später: „In großer Eile wurde das Grab gegraben und wir alle nahmen von ihm Abschied und konnten nicht begrei-

fen, dass er noch im allerletzten Moment dieses Krieges hat fallen müssen." Die überlebenden Soldaten setzten ein Birkenkreuz mit einem Stahlhelm auf das Grab. Weil sein Soldbuch im Mähdertal gefunden worden war, wurde es zunächst anderen toten Soldaten zugeordnet. Nachforschungen von Viktor Wagners Eltern und Verwandten ergaben schließlich zweifelsfrei, dass es sich um das Grab ihres Angehörigen handelt.

Der Tod Viktor Wagners gilt als Symbol für die Sinnlosigkeit und Barbarei dieses so schrecklichen Krieges. Die Tragik des jähen Endes eines nur 19 Jahre dauernden Lebens wirkt umso grausamer, wenn man bedenkt, dass dieses Leben so kurz vor Kriegsende enden musste. In den 1960er-Jahren sollte Viktor Wagner auf einen Soldatenfriedhof umgebettet werden. Seine Eltern sprachen sich jedoch dagegen aus. Heute ist das Grab eine Gedenkstätte und ein Mahnmal gegen den Krieg. Jahrzehnte nach dem Zweiten Weltkrieg ist das Soldatengrab im Schönbuch inzwischen ein fester Begriff im Bewusstsein vieler Wanderer geworden. Viele von ihnen verweilen dort und informieren sich anhand der Hinweistafel, manche legen auch Blumen auf dem Grab nieder und gedenken auch der unzähligen anderen Opfer dieses fürchterlichen Krieges.

Tipp

Auch auf dem alten Friedhof in Hildrizhausen befinden sich mehrere Soldatengräber. Einige der dort beerdigten Soldaten gehörten zur gleichen Einheit wie Viktor Wagner.

9

BETTELBACHVERWERFUNG –
wo einst die Erde bebte

Lage
Bei Bebenhausen

Tour
Von Bebenhausen die Goldersbachtalstraße bis zum Mühlbach-Weiher.
Dort links abbiegen in Richtung Heuberger Tor. Kurz nach Überschreiten des
Goldersbachs steht links die Schautafel Naturdenkmal Bettelbachverwerfung.
Das Gestein Schwarzjura ist am Hang des Bettelbachs vor seiner Einmündung in
den Goldersbach zu finden. Von dort aus etwa 2 km den Bettelweg steil bergauf
zum Heuberger Tor. Denselben Weg zurück nach Bebenhausen. Hin und zurück
benötigt man für diese rund 6 km lange Tour etwa 3 Stunden.

So ganz genau weiß natürlich niemand, was vor etwa 15 Millionen Jahren im Gebiet des heutigen Schönbuchs geschah. Doch so viel steht für Geologen fest: Als Folge des Aufpralls der afrikanischen auf die eurasische Kontinentalplatte stand zu jener Zeit ganz Europa unter erheblicher Spannung. Im Erdinneren wurde das Gestein teilweise so stark verdichtet, dass sich die Kraft der Natur an vielen Orten auch an der Oberfläche in glutflüssiger Gesteinsschmelze entlud. Die Vulkane im Kaiserstuhl und im Hegau legen davon bis zum heutigen Tag Zeugnis ab. Im Bereich der Mittleren Schwäbischen Alb gibt es rund 350 Vulkanschlote – sie alle entstanden zu dieser Zeit.

Und als ob all das nicht genug gewesen wäre, schlugen vor 15 Millionen Jahren zwei riesige Meteoriten bei Nördlingen und Steinheim auf der Erde auf und entfachten infernalische Feuer. Die Meteoriten hatten eine Energie von mehreren Hunderttausend Hiroshima-Atombomben. Forscher gehen davon aus, dass diese Ereignisse alles Leben in einem Umkreis von 100 Kilometern schlagartig auslöschten.

Weitere Großereignisse zu jener Zeit wirken sich bis heute landschaftsprägend aus. So brach mit der Auffaltung der Alpen auch der Oberrheingraben ein. Dieses Ereignis hatte gleichfalls große Auswirkung auf die Gestaltung der Landschaft im deutschen Südwesten. Es kam dadurch nicht nur zur Herausbildung des Schwarzwaldes und der Schwäbischen Alb, sondern auch zur Schiefstellung der normalen Schichtfolge der während des Erdmittelalters auf das Grundgebirge aufgebauten Gesteine. Buntsandstein, Muschelkalk, Keuper, Schwarzjura, Braunjura und Weißjura liegen zwar noch parallel übereinander, doch sie sind nun geneigt. Diese Neigung wird als sogenannte südwestdeutsche Schichtstufenlandschaft bezeichnet.

Auch der Hohenzollerngraben entstand zu jener Zeit vor etwa 15 Millionen Jahren. Diese tektonische Störungslinie war immer wieder Ausgangspunkt von Erdbeben. Und ein weiterer tektonischer Graben im Erdmantel verläuft mitten durch den Schönbuch. Darauf macht das „Naturdenkmal Bettelbachverwerfung" aufmerksam. Eine Schautafel steht dazu am Bettelweg und erläutert dieses Geotop. Die Bettelbachverwerfung ist eine tektonische Störung und verweist auf die enormen Spannungen, die sich einst in Rissen, Spalten und Gräben auflösten. Am Bettelbach brachen ganze Gesteinsschichten ab, und im Talgrund des Bettelbachs, also vor seiner Einmündung in den Goldersbach, sind Steinbänke des Schwarzen Jura anzutreffen, der sich vor etwa 200 Millionen Jahren abgelagert hat. Nach Erkenntnissen der Geologen ist dieser Stein rund 100 Meter abgesunken und liegt dort nun auf der Höhe von Stubensandstein und Bunten Mergeln, Gesteinsschichten also, die um etliche Millionen Jahre älter als der Schwarze Jura sind.

„Der Schwarzjura-Stein dürfte hier normalerweise nicht anzutreffen sein", sagt deshalb Diplom-Geologe Matthias Flegr vom Tübinger Ingenieurbüro für angewandte Geowissenschaften und Umweltschutz. Er erläutert, dass die Störungslinie näherungsweise dem Bettelbach folgt. Die Bettelbachverwerfung, auch Bebenhäuser Graben genannt, ist aber nur Teil einer viel größeren tektonischen Störungslinie. Diese Linie, das sogenannte Schwäbische Lineament, reicht von Freudenstadt bis zum Nördlinger Ries. Unabhängig davon gibt es noch eine weitere tektonische Störungslinie im Gebiet des Schönbuchs: die sogenannte Hildrizhauser Verwerfung. Sie verläuft vom Pfeifferstein-Parkplatz nördlich von Bebenhausen, in leicht geschwungener Form direkt auf Hildrizhausen zu.

Tipp

Wer sich mit der Geologie im Schönbuch intensiver auseinandersetzen möchte, findet auch Anregungen beim Geologischen Lehrpfad im Kirnbachtal.

DIANENJAGD UND DÜRRSTEIN –
Wildwest im Wald

10

Lage
Bebenhausen und Bromberg

Tour
Die Tour beginnt in Bebenhausen am Parkplatz an der Bebenhäuser Straße. Entlang der Goldersbachtalstraße bis zur Teufelsbrücke gehen. Noch rund 100 m auf dem Weg bleiben und dann rechts zum Sandsteigle abbiegen. Dieser Hangweg geht über in die Neue Planie. Nach der Diebsteighütte rechts einen etwa 250 m langen Pfad bergwärts zum Steinigen Weg gehen. Auf diesem in westlicher Richtung bleiben, bis nach etwa 400 m der Dürrstein erreicht wird. Dann nach rechts das Häusletriebsträßle hinauf wandern, bis man auf den höchsten Punkt des Schönbuchs kommt. Den Schneißenweg zurück, am Entringer Stein vorbeigehen. Wenn genügend Zeit vorhanden ist, kann man nach links einen Abstecher zum Birkensee machen. Zurück auf dem Schneißenweg bis zur Einsiedelei. Dort mithilfe einer Karte den Weg zum Steinigen Weg und zum Glashausträßle suchen. Dann geht es nach etwa 200 m rechts einen schmalen Pfad steil bergab zur Teufelsbrücke. Von hier sind es etwa 3 km zurück nach Bebenhausen. Die Tour ist insgesamt etwa 13 km lang. Angesichts der Länge und der Höhendifferenz von über 200 m benötigt man für diese Tour eine gute Kondition. Mindestens 4 Stunden Zeit nehmen.

Schier Unglaubliches hat sich im Schönbuch schon zugetragen. Manches davon ist im öffentlichen Gedächtnis geblieben, obwohl die Ereignisse schon über zweihundert Jahre zurückliegen: Dazu gehören das für ein brutales Gemetzel recht verharmlosend bezeichnete „Dianenfest" bei Bebenhausen und der Tod des Unterförsters Ludwig Dürr, der von einem Wilderer erschossen wurde. So unterschiedlich die beiden Ereignisse sind, so liegen sie doch zeitlich dicht beieinander: Das „Dianenfest" – auch „Festinjagen" genannt – wurde vom ersten württembergischen König Friedrich anlässlich seines 58. Geburtstages am 9. November 1812 bei Bebenhausen ausgerichtet. Dabei wurden an einem einzigen Tag etwa 750 Stück Wild erlegt. Auf der Wiese vor dem Dianaweg, nahe am Startpunkt dieser Tour, fand das Festinjagen statt. Die andere überlieferte Geschichte dreht sich um Ludwig „Louis" Dürr,

Kugel getroffen wurde und bald darauf, am 31. Mai 1813, in Altdorf starb.

Eine Verbindung haben die beiden scheinbar unabhängigen Ereignisse allerdings doch. Denn es gab einen Menschen, der von beiden Ereignissen besonders betroffen war: Der „Reisige Förster" – also der berittene Förster – Johann Georg Bechtner war einerseits Vorgesetzter des Unterförsters Dürr und zugleich Leibbüchsenspanner von König Friedrich. Er hatte sich also um dessen Jagdwaffen zu kümmern und war zudem in die Vorbereitungen für das „Festinjagen" eingebunden. Wie Bechtner schrieb, wurden dazu rund 10 000 Menschen eingesetzt. Und allein die Vorbereitungen dauerten sechs Wochen. Insgesamt 753 Stück Wild

einem Unterförster aus Weil im Schönbuch, welcher am 28. April 1813, also nicht einmal sechs Monate nach dem Dianenfest, am Abhang zum Goldersbachtal von einer

hatte man zusammengetrieben. Die Tiere wurden in vier sogenannten Abjagungskammern zusammengepfercht, bevor sie schließlich vor die Büchsen der königlichen Jagdgesellschaft getrieben wurden. Doch es gab auch menschliche Opfer: Beim Einfangen der Sauen wurde Unterförster Weizmann aus Bodelshausen schwer verletzt und erlag seinen Verletzungen. Ein namentlich nicht bekannter Zimmermann fiel in den Schießlauf und war sofort tot, und mehrere Bauern wurden von den Wildschweinen schwer verwundet. Doch davon bekam die Bevölkerung nicht viel mit. Indessen sorgte der von einem gewissen Joseph Raith aus Bühl abgegebene Todesschuss auf Ludwig Dürr für Aufsehen. Becht-

ner schreibt: „Der Wilderer wurde nach einiger Zeit erwischt ... worauf der Bösewicht verhört und überwiesen, die That eingestand. Diese Canaille kam nach Gotteszell auf Lebenslang in das Zuchthaus, vorher aber wurde er in Rottenburg auf den Pranger gestellt und durch den Schinder mit Ruthen gehauen..."

Tipp

Es sind noch weitere Hinweise auf die Wilderei und das Aufbegehren der Bevölkerung gegen die Obrigkeiten zu finden. So wurden der Forstlehrling Wilhelm Pfeiffer am 26. Februar 1822 und der Forstanwärter Wilhelm Klingler am 19. Juli 1913 Opfer eines Verbrechens.

11

SANDMÜHLE ROHRAU –
harte Arbeit,
geringer Verdienst

Lage
Gärtringen-Rohrau

Erreichbarkeit
Sandmühle Rohrau-Gärtringen
Hildrizhauser Straße 5
71116 Gärtringen

Öffnungszeiten
März bis Oktober am jeweils letzten Sonntag im Monat von 10.30 bis 12 Uhr.

Die Geschichte und Lebenswirklichkeit der Rohrauer Gipsmüller und Sandbauern wird in einem kleinen Museum in Rohrau lebendig gehalten. Darin wird mit originalen Werkzeugen, etlichen großformatigen Fotos und zahlreichen Texten anschaulich gemacht, wie beschwerlich die Arbeit der Rohrauer „Saadmänner" war, die einst im Schönbuch Stubensandstein zu Sand und Gipskeuper zu Gips zerkleinerten, um das Material anschließend auf den Dörfern zu verkaufen. Der Verdienst und die soziale Wertschätzung der Sandbauern und Sandhändler waren im Gegensatz zur schweren Arbeit leider sehr gering.

Die Schwierigkeit der Arbeit begann bereits mit dem Abbau des Sandsteins und des Gipskeupers in den umliegenden Steinbrüchen des Schönbuchs. Das schwere Material wurde auf Karren und Pferdewagen verfrachtet und in die Mühlen im Ort gebracht. Teilweise wurde das massige Material auch mit Tragekörben in den Ort getragen. Sogar Kinder wurden damals als Arbeitskräfte eingesetzt. In der Mühle wurde dann ein Pferd an einen riesigen Mahlstein angeschirrt, der die Steine in mehreren Arbeitsprozessen zerkleinerte, bis das Material schließlich als Fege- und Scheuersand wieder auf die Pferdewagen aufgeladen und von den Sandhändlern in den benachbarten Orten und auf die Dörfer des Schwarzwalds und der Schwäbischen Alb gebracht und dort verkauft wurde. Der Sand wurde zum Reinigen der Stuben und des Geschirrs verwendet, der Gips sollte nach einer Entdeckung des Pfarrers Johann Friedrich Mayer als Düngemittel auf die Felder aufgetragen werden und so den Ertrag steigern. Beides, Stubensandstein und Gipskeuper, gab es in der unmittelbaren Umgebung Rohraus. Bis in die 30er-Jahre des vergangenen Jahrhunderts waren die Gips- und Sandhändler unterwegs. Das war bestimmt kein Zuckerschlecken – wie die Historikerin Regine Zennß herausgefunden hat. Sie hat ein von der Gemeinde Gärtringen herausgegebenes Begleitheft zur Gips- und Sandmühle Rohrau verfasst. Der Spruch eines Gips- und Sandhändlers bringt das Problem auf den Punkt:

*„Hau e Saad, no wellet se Gips,
hau es Gips, no wellet se Saad,
hau e Saad ond Gips –
no wellet se nix, dia Blitz."*

Die Kundschaft und ihre zurückhaltende Kaufbereitschaft waren jedoch nur eine Seite der Medaille. Denn als die Nachfrage nach Gips

und Sand doch einmal zu steigen begann, konnten sich die einfachen Sandhändler auch nicht freuen. Dank der steigenden Nachfrage schossen nämlich die Gipsbrüche und Gipsmühlen wie Pilze aus dem Boden und machten den Rohrauer Gips- und Sandbauern Konkurrenz. Allein im Oberamt Herrenberg gab es Mitte des 19. Jahrhunderts in sieben Dörfern Gipsmühlen, an zehn Orten entlang des Schönbuchtraufs wurden Gipsbrüche erwähnt. Als sich dann in den 1920er-Jahren immer mehr verschiedene Kunstdünger durchsetzten, verlor der Gipsdünger an Bedeutung. Fast zeitgleich wurden zu Reinigungszwecken immer häufiger chemische Putz- und Scheuermittel ein-

gesetzt. Für die Rohrauer Gips- und Sandmühlen gab es damit keine Existenzgrundlage mehr. Die letzte, von Wilhelm Holzapfel betriebene, Sandmühle brannte im Jahre 1960 ab. Die Gemeinde Gärtringen lässt mit der Renovierung einer Rohrauer Gips- und Sandmühle ein Stück Vergangenheit lebendig werden. Diese Mühle wird heute als Museum betrieben.

Tipp

Als Ergänzung zum Sandsteinmuseum empfiehlt sich ein Besuch im Museum Dettenhausen. Dort wird die Geschichte des Sandsteinabbaus im Schönbuch dargestellt.

VIA RHENI –
unterwegs auf einer alten Handelsstraße

12

Lage
Zwischen Bebenhausen, dem Kleinen Goldersbachtal und Altdorf

Tour
Startpunkt ist der Parkplatz des Klosters Bebenhausen. Weiter auf der Böblinger Straße in Richtung Mörikehaus. Danach in nördlicher Richtung bis zum Schwarz-wildgehege gehen. Weiter auf der Böblinger Straße geht es steil bergauf. An der Bergkante kommt man zum Widenmann-Denkmal, weiter zu den Brühlweihern, wo ein Grillplatz zu einer Rast einlädt. Danach noch ein kurzes Stück der Böblinger Straße folgen, um dann in nordwestlicher Richtung auf das Altdorfer Sträßle zu wechseln. Auf diesem Weg bis zur Neuhütte (rechts) bleiben. Dort geht es jetzt links ab ins Kleine Goldersbachtal. Obwohl es über das „Klaftersteigle" jetzt auf der historischen Straße weiterginge, nun die Richtung wechseln und talaufwärts gehen. Bei der nächsten Brücke geht es nach rechts den Hangweg hinauf, bis man zum Wildgehege „Josefsruhe" kommt. Dort dann in südlicher Richtung auf dem Tübinger Sträßle weitergehen, das ab der Schlagbaum-Linde Böblinger Straße genannt wird. Diesem nun immer in südlicher Richtung folgen, bis man an den Brühlweihern, dem Wiedenmann-Denkmal und dem Schwarzwildgehege vorbei wieder nach Bebenhausen kommt. Die Tour ist in der dargestellten Variante etwa 9 km lang. Dafür sollten etwa 3 Stunden Zeit eingeplant werden.

Mehrere alte Handelsstraßen durch-queren den Schönbuch. Die be-rühmteste davon ist die sogenannte Via Rheni, gelegentlich auch als „Rheinstraße" bezeichnet. Der Name kommt daher, dass dieser Weg einst bis zum Rhein führte und die großen Kaiserstädte Worms, Mainz und Speyer mit Oberitalien verband. Teile der Region gehörten damals zum Bistum Speyer. Anders als der lateinische Name vermuten lässt,

handelt es sich hier jedoch nicht um eine alte Römerstraße, sondern um einen mittelalterlichen Fernverbindungsweg. Das schließt allerdings nicht aus, dass Teile dieser Straße bereits in römischer Zeit, ja sogar noch früher genutzt wurden, als die Kelten den hiesigen Raum besiedelten. Dafür sprechen einige

Funde in der Nähe dieser Straße. So wurden zum Beispiel nördlich von Bebenhausen nahe der Via Rheni römische Münzen gefunden. Auch ein römischer Töpferofen bei der Schnapseiche könnte ebenso dafür sprechen wie römische Wohnplätze und steinerne Denkmale entlang dieses Weges.

Eher unwahrscheinlich ist jedoch, dass die „Karrenspuren" unterhalb des Widenmann-Denkmals auf eine von den Römern gebaute Straße zurückgehen. Nach Einschätzung der Archäologin Professor Dr. Barbara Scholkmann sprechen zwei Gründe dagegen: Zum einen passt die Spurbreite der römischen Wagen nicht zu den dort vorgefundenen Vertiefungen im Stubensandstein. Zum anderen bauten die Römer die Straßen nicht in der Falllinie eines Hanges, sondern in aller Regel quer zum Hang. Sicher ist jedoch, dass gerade auf diesem Abschnitt, der einen Höhenunterschied von rund 100 Metern ausweist, einst professionelle Straßenbauer am Werk waren. Bis zum heutigen Tag ist auf dem Steilstück das Straßenpflaster erhalten.

Es wird berichtet, dass im Jahr 965 Otto der Große diese Straße benutzt und in Mauren einen Markt gestiftet haben soll. Urkundlich erwähnt wird die „via rheni" in Urkunden des Klosters Bebenhausen von 1191 und 1193. Die Straße führte wohl

direkt durch das Klostergelände weiter in nördlicher Richtung. Über das besagte Steilstück führte die einstige Handelsstraße auf das Böblinger Sträßle und machte dort einen Knick in nordwestliche Richtung zur heutigen Neuhütte. Von dort führte die Straße ins Kleine Goldersbachtal, wo vor einigen Jahren eine Glashütte entdeckt worden war. Direkt an der Via Rheni gab es eine Verladestation für Glaswaren. Diese und andere Waren konnten vom „Klaftersteigle" über die „Altdorfer Heusteige" zur Schnaps-

eiche und schließlich weiter nach Norden transportiert werden. Bis ins 18. Jahrhundert hinein spielte diese Straße eine wichtige Rolle. Danach verlor sie nach und nach an Bedeutung.

Tipp

Es gibt noch weitere historische Straßen im Schönbuch. Die sogenannte Peutinger Tafel ist eine kartografische Darstellung, die das römische Straßennetz im spätrömischen Reich zeigt.

13

BILDER AUS BEBENHAUSEN –
auf den Spuren von Eduard Mörike

Lage
Bebenhausen

Tour
Los geht es am Kloster Bebenhausen. Auf der Böblinger Straße erreicht man nach wenigen Metern linker Hand das Mörike-Haus. Eine Hinweistafel macht darauf aufmerksam, dass der Lyriker hier 1863 seine Gedichte „Bilder aus Bebenhausen" geschrieben hat. Danach folgen wir dieser Straße fast bis zum Waldrand. Dann biegen wir nach links in den Jordan-Traufweg ein, der nach wenigen Metern im rechten Winkel wieder in südöstliche Richtung führt.
Auf diesem Weg erreicht man nach gut 100 m ein Schild mit der Aufschrift „Rundwanderweg 3". Diesem Weg nun steil bergauf folgen, bis wir wiederum in Parallele zum Jordan-Traufweg die Mörike-Ruhe erreichen. Auf demselben Weg geht es dann wieder zurück zum Ausgangspunkt. Der Weg ist insgesamt nur etwa 2 km lang, es geht aber steil bergauf. Ein schöner Blick auf Bebenhausen entschädigt für die Mühen des Aufstiegs.

Der Dichter Eduard Mörike war sein ganzes Leben lang ein rastlos Suchender. Immer war er unterwegs, zigmal ist er umgezogen, manchmal nur für kurze Zeit. So kam er 1863 – und später nochmals im Jahr 1874 – auch nach Bebenhausen. Der äußeren Rastlosigkeit entsprach wohl seine innere Unruhe. Nach dem frühen Tod seines Vaters wurde er gegen seinen Willen in eine Pfarrer-Laufbahn gedrängt. Das Vikariat empfand er folgerichtig als Knechtschaft, seinen Amtspflichten als Pfarrer entzog er sich oft durch Krankheit. Auch als Bibliothekar und Journalist konnte er sich keine sichere Existenz aufbauen – zu unstet war sein Leben.

Private Enttäuschungen kamen schließlich noch hinzu. Lieber sammelte er Versteinerungen oder schrieb Gedichte. Doch auch der geliebte Dichterberuf bot ihm zunächst nicht das sichere Auskommen. In Konstanz wollte er deshalb ein Mädchenpensionat gründen, in Stuttgart wurde er durch Vermittlung seines Freundes Gustav Schwab schließlich Lehrer am Katharinenstift. Doch leider bestimmten wieder Krankheiten sein Leben. Zwistigkeiten mit seinen kriminellen Brüdern machten ihm zusätzlich zu schaffen, ebenso wie Probleme in seiner eigenen Ehe. Nach der Trennung von seiner Frau fand er zusammen mit seiner ihn ständig begleitenden Schwester Klara und seiner älteren Tochter Franziska vorübergehend Zuflucht im Haus seines Freundes Karl Wolff in Bebenhausen. Hier züchtete er Wachteln und war der Natur so nahe wie nirgends sonst. Hier sah er auch auf den Dachreiter der Klosterkirche, der ihn wohl an den Turmhahn in Cleversulzbach erinnert haben mag. Diesem hat er mit einem umfangreichen Gedicht ein richtiges Denkmal gesetzt. Weil sich Mörike lieber solchen Idyllen statt den revolutionären Umwälzungen jener Zeit verschrie-

ben hatte, zog er sich – wie andere Lyriker der Schwäbischen Schule auch – den Spott von Heinrich Heine zu. Schließlich drängte es ihn auch aus der selbst gewählten Idylle der Waldeinsamkeit wieder fort. Zurück blieb der elf Gedichte umfassende Zyklus „Bilder aus Bebenhausen". Eines davon ziert die heute „Mörike-Ruhe" genannte Wanderhütte nördlich des Jordan-Traufwegs bei Bebenhausen:

Drei Uhr schlägt es im Kloster.
Wie klar durch die schwüle Stille
Gleitet herüber zum Waldrande mit

Beben der Schall,
Wo er lieblich zerfließt, in der Biene
Gesumm sich mischend,
Das mich Ruhenden hier unter den
Tannen umgibt.

Tipp

Ein Besuch des Gewürz- und Kräutergartens im Kloster Bebenhausen liegt am Weg. Dieser Garten wurde 1987 in Anlehnung an klösterliche Heilkräutergärten des Mittelalters angelegt. Der Garten ist ganzjährig für Besucher geöffnet.

SCHÖNBUCHMALER PETER SEIP –
Porträts einer Waldlandschaft

14

Lage
Bebenhausen

Tour
Für Peter Seip waren der Goldersbach und die Seen im Schönbuch besondere Lieblingsplätze. Hier war er gerne, hier hat er angefangen zu malen, hier fand er seine „Kraftquelle". Zu seiner Erinnerung geht die Tour entlang des Goldersbaches bis zum Weiher bei der Teufelsbrücke, von dort zum Ochsenschachenweiher und weiter bis zum Birkensee. Diese Tour von insgesamt rund 20 km ist für gute Wanderer geeignet. Mindestens 6 Stunden Zeit einplanen.

Peter Seip ist seit der Veröffentlichung seines Bildbandes „Unser Schönbuch" als „der Schönbuchmaler" bekannt. Anlässlich einer Ausstellung in Gäufelden-Tailfingen fasste der Autodidakt Seip Ausschnitte seiner künstlerischen Tätigkeit in einem Buch zusammen. Darin sind zahlreiche Porträts einer Waldlandschaft versammelt, die alle einen gemeinsamen Nenner haben: die Liebe zur Natur.
Als Naturschutzwart war der Gäufeldener Peter Seip ohnehin viel im Schönbuch unterwegs. Dort fotografierte er, fing die Stimmungen der Jahreszeiten und die Schönheit des Waldgebiets ein, bevor er sich dann zu Hause in Öschelbronn daran machte, seine Eindrücke in Ölgemälden auszudrücken. Das Motiv, das Licht und die Farbe des Augenblicks werden festgehalten und bekommen im Gemälde eine ganz neue Qualität: Die vergängliche Natur verwandelt sich in ewige Kunst. Peter Seip, der 2010 verstarb, arbeitete wie die Impressionisten Ende des 19. Jahrhunderts.

Zu seinen Vorbildern gehörten die Landschaftsmaler Otto Reiniger, der als Vertreter des schwäbischen Impressionismus galt, und Gustav Schönleber, der als Wegbereiter des deutschen Impressionismus betrachtet wird.

Dass Peter Seip den Wald als grundlegendes Motiv ausgewählt hat, mag an seiner Jugend liegen.

Er wurde 1941 in Erbach im Odenwald geboren, wuchs im und mit dem Wald auf und war seit seiner Jugend „waldbegeistert". Im Schönbuch, in der Nähe zu seinem Wohnort Öschelbronn, hat er dann genau die Waldlandschaft entdeckt, die er wohl seit seiner Kindheit gesucht hatte. So entstanden kleine Wunderwerke wie nebenbei: der verzauberte Wald beim Einfall der letzten Sonnenstrahlen, der Goldersbach im Lauf der Jahreszeiten, der Vorfrühling am Ochsenweiher, das Schloss Hohenentringen, das den Wanderern Rast und Einkehr bietet, die Königsjagdhütte in schöner Aussichtslage, die Spiegelungen auf dem Weiher an der Teufelsbrücke, ein Buchenbäumchen im Gegenlicht, der Höhenzug

des Schönbuchs vom Ammertal aus betrachtet. Und natürlich der Birkensee, der ihm zu jeder Jahreszeit immer wieder ein neues Motiv bot. Das alles hielt er in seinen Gemälden fest, die noch immer die Seele des Betrachters in Schwingung bringen.

Zum Steighäusle, das einst als Waldarbeiterhütte diente, merkte Peter Seip in seinem Buch an: „Gerne stelle ich mir vor, dass ein solches Motiv auch Claude Monet gefallen hätte." So viel steht also für ihn fest: Der Schönbuch als romantischer Ort für Inspiration, als schier unendliche Kulisse für Motive, als Klangkörper der Natur, der von den Malern in Kunst verwandelt werden kann, hätte auch den großen französischen Impressionisten gefallen. Wer mit den Augen der Impressionisten durch den Wald gehen und Motive finden möchte, wird in diesem fantastischen Waldgebiet überall fündig. Dem Naturschützer Peter Seip wird man sicherlich in besonderer Weise gerecht, wenn die Kunst nicht nur um ihrer selbst willen sein soll, sondern auch auf das Bewahren des wahrhaft Schönen, nämlich der Natur, zielt.

Tipp

Das Buch „Unser Schönbuch. Die vier Jahreszeiten in Gemälden von Peter Seip" offenbart dessen enge Verbindungen zum Impressionismus.

15 JERG-RATGEB-SKULPTURENPFAD –
späte Ehre für einen großen Künstler

Lage
Stadtzentrum Herrenberg, Kirchgasse 7, 71083 Herrenberg

Tour
Viele Skulpturen wurden rund um die Stiftskirche Herrenberg installiert.
Deshalb beginnt der hier beschriebene Rundgang dort. Es bietet sich zudem an,
das Glockenmuseum in der Stiftskirche Herrenberg zu besuchen.

Das Leben des Künstlers Jerg Ratgeb endete tragisch. Er wurde zum Tode durch Vierteilung verurteilt. Wahrscheinlich war Ratgeb der Liebe wegen nach Herrenberg gekommen, wo er seine Lebensgefährtin aus der Leibeigenschaft von Herzog Ulrich freikaufen wollte. Möglicherweise musste er deshalb sterben.

Beim großen Bauernaufstand im deutschen Südwesten hatte sich Ratgeb dem politischen Manifest des „gemeinen Mannes" möglicherweise aus privaten Motiven angeschlossen. Die Bauern und große Teile der Landbevölkerung verlangten nämlich unter anderem die Aufhebung der Leibeigenschaft. Hinzu kamen zahlreiche weitere Forderungen, wie etwa die steuerliche Entlastung der verarmten Bauern, die freie Wahl des Pfarrers in der Gemeinde, einschließlich seiner möglichen Absetzung, die Rückgabe von Holznutzungsrechten und die Wiedereinführung der Allmende – des allen gehörenden Gemeindelandes.

Das Urteil wurde 1526 in Pforzheim vollstreckt, nachdem Ratgeb zuvor des Hochverrats angeklagt worden war. Qualvoller, martialischer und inhumaner hätte der Schwäbische Bund unter Georg Truchsess von Waldburg-Zeil Jerg Ratgeb nicht bestrafen können. Zuvor war er ein allgemein angesehener Künstler gewesen. Der von ihm geschaffene Herrenberger Altar gehört zu den bedeutendsten Kunstwerken seiner Zeit und befindet sich heute im Besitz der Staatsgalerie Stuttgart.

Voller Stolz verneigen sich jetzt die Bürger der Stadt Herrenberg mit dem Projekt des Skulpturenpfades vor ihrem großen Sohn. Der Skulpturenpfad wurde zu seiner Ehre geschaffen. In Herrenberg erinnern bekannte Künstler mit insgesamt 25 Werken an Jerg Ratgeb. Ingrid Hartlieb, Lothar Hudy, Thomas Dittus, Frederik Bunsen, Hans Dieter Bohnet, Hellmut Ehrath, Peter Lenk, Hans Daniel Sailer, Susanne Immer, Christoph Traub, Dieter Kränzlein, Lutz Ackermann, Stefan Eipper, Timms Ulrichs, Linde Wallner, Peter Römpert, Michaela A. Fischer, Thomas Putze, Hans Bäurle, Stefan Eipper, Johannes Kares, Katharina Heubner, Martina Kändler, Susan Helen Miller und Erich Hauser wollen mit ihren zeitgenössischen Skulpturen Geschichte und Gegenwart verbinden. Vom Bahn-

hof in Herrenberg bis zum Schloss-bergturm reiht sich nun Werk an Werk. Kunstliebhaber sind begeistert. Und die Bürger der einst von den Tübinger Pfalzgrafen gegründeten Stadt Herrenberg erhalten mit den Skulpturen etwas von jenem Glanz zurück, der Jerg Ratgeb menschlich und künstlerisch ausgezeichnet hat.

Tipp

Das Bauernkriegsmuseum in Böblingen würdigt die einstigen Bauernführer und dokumentiert die Protestzüge der Bauern sowie das damalige Kampfgeschehen. Öffnungszeiten und weitere Informationen unter folgendem Link: www.bauernkriegsmuseum.boeblingen.de.

MUSEUM RITTER –
mit dem Quadrat schließt sich der Kreis

Lage
Waldenbuch

Erreichbarkeit
Alfred-Ritter-Straße 27, Waldenbuch

Öffnungszeiten
Dienstag bis Sonntag, von 11 bis 18 Uhr, Telefon 07157/535110,
www.museum-ritter.de

Der bekannte Schweizer Architekt Max Dudler hat das Museum Ritter in Waldenbuch geplant. Seine Grundidee des Museumbaus war dabei das Quadrat – in Anlehnung an die Kunstsammlung von Marli Hoppe-Ritter, die das Quadrat in der Kunst des 20. und beginnenden 21. Jahrhunderts zum Thema hat. Dudlers Architekturstil drückt sich durch eine einfache, klare Formensprache aus. Klare geometrische

Formen entsprechen so ganz seinem architektonischen Selbstverständnis, sodass sich hier Kunstsammlung und Kunstbau harmonisch ergänzen. Das Einfache in Form und Farbe ist dabei Dudlers Credo. Er verwendet nur wenige Materialen. Augenfällig sind der leicht beigefarbene Muschelkalkstein und die großen Glasflächen, die dem massigen Gebäude eine leichte, beschwingte Note geben und die äußere Natur im Museum präsent machen. „Doch nichts ist schwieriger als das Einfache", hat der Stararchitekt einmal geschrieben und bedeutungsvoll hinzugefügt: „Wer weglassen will, muss das Ganze kennen." Max Dudler hat mit

dem Museum nicht nur eine Stätte für Kunst kreiert, er hat selbst ein Kunstwerk geschaffen, das nun wie eine riesige Skulptur begehbar ist. Mit dieser Skulptur hält sich der Architekt jedoch nicht streng an die Form eines gleichseitigen Rechtecks. Vielmehr lockert er das Quadrat in eleganter Weise auf. Das schafft er dadurch, dass er den quadratischen Grundriss des Gebäudes von 44 Meter × 44 Meter beibehält, dazwischen aber eine trapezförmige Passage legt und somit zwei Gebäudehälften – wiederum in Trapezform – erhält: Auf der einen Seite befindet sich das Museum mit Cafeteria, auf der anderen Seite findet man die Verkaufs- und Präsentationsräume der Firma Ritter Sport. Marli Hoppe-Ritter, Miteigentümerin der Firma Ritter Sport, hat dem Museum eine Privatsammlung mit rund 600 Gemälden und Plastiken übergeben, welche nun auf einer Ausstellungsfläche von 700 Quadratmetern gezeigt werden können. Hinzu kommen Sonderausstellungen, die an die Idee der Sammlung anknüpfen. Seit Fertigstellung des Museums im Jahr 2005 wurden bei über 40 Ausstellungen Tausende Besucher nach Waldenbuch an den Schönbuchrand gelockt.

Tipp

Als Kontrastprogramm zu abstrakter Kunst im Museum Ritter bietet sich ein Abstecher ins Schloss Waldenbuch an. Dort gibt es das Museum für Alltagskultur.

17 KELTERMUSEUM IN UNTERJESINGEN –
Schmuckstück einer Kulturlandschaft

Lage
Tübingen-Unterjesingen, Kirchhalde 10

Erreichbarkeit
Das Keltermuseum Unterjesingen ist nur eingeschränkt geöffnet.
Weitere Informationen dazu findet man unter folgendem Link:
www.keltermuseum-unterjesingen.de.

Die Schönbuchgemeinde Unterjesingen war bis ins 19. Jahrhundert hinein ein vom Weinbau dominiertes Dorf. Noch heute werden in der dortigen Sonnenhalde etwa 15 Hektar Rebfläche bewirtschaftet. Der größte Teil dieser Rebflächen liegt im Landschaftsschutzgebiet am Südhang des Schönbuchs. „Der Großteil der Weinberge ist noch in seinem ursprünglichen Zustand", bemerkt der Obst- und Weinbauverein Unterjesingen e.V. nicht ohne Stolz. Weil dort viele Trockenmauern und Magerwiesen beste Lebensbedingungen für seltene Tiere und Pflanzen bieten, leisten die Wengerter und Obstbauern mit der Bewirtschaftung der Rebflächen und Streuobstwiesen einen wichtigen Beitrag zum Erhalt dieser einzigartigen Kulturlandschaft.

Ein kostbares Schmuckstück dieser Kulturlandschaft ist die historische Weinkelter von 1784. Sie ist die einzig verbliebene Kelter in Unterjesingen. Früher gab es hier fünf Keltern – nichts unterstreicht deutlicher die einstige Bedeutung des Weinbaus der kleinen Gemeinde, die heute ein Tübinger Stadtteil ist. Schon im 12. Jahrhundert ist an dieser Stelle eine Kelter nachgewiesen. Sie wurde vom Kloster

Bebenhausen gebaut. Zum Erhalt der historischen Weinkelter hat sich 1986 der Förderverein Unterjesinger Kelter e. V. gegründet. Sein derzeitiger Vorsitzender ist Franz-Josef Schnaidt, der sich zusammen mit seinen Helfern nicht nur um den Erhalt des Gebäudes und seiner Gerätschaften kümmert, sondern auch mit Vorträgen und Führungen die Geschichte des Weinbaus in Unterjesingen lebendig hält.

So erfährt man, dass die jahrhundertelange Erfolgsgeschichte des Weinbaus mit dem Auftreten des echten und falschen Mehltaus sowie der verheerenden Plage der aus Amerika eingeschleusten Reblaus im späten 19. Jahrhundert ihr abruptes Ende fand. Unterjesingen hat dabei kein Alleinstellungsmerkmal: Konnte man den Mehltau noch einigermaßen in den Griff bekommen, breitete sich die Reblaus auf den Weinbergen in ganz Europa aus. Rund zwei Drittel der Weinberge in Europa wurden zerstört. Die unter dieser Katastrophe leidenden Weinbauern waren gezwungen, sich Alternativen zu suchen. In Unterjesingen versuchte man es deshalb ab 1860 mit dem Hopfenanbau, teilweise auf ehemaligen Rebflächen. Im Keltermuseum wird auch dieses neue, sehr arbeitsintensive Gewerbe gewürdigt. In Unterjesingen wurde bis 1976 Hopfen angebaut.

Der Niedergang des Weinbaus war auch für andere örtliche Handwerker ein Desaster. Wagner, Schmid, Küfer, Zimmermann und Sattler, deren wichtigste Einnahmequellen dem Weinbau zu verdanken war, standen plötzlich vor völlig veränderten Bedingungen, manche vor dem Aus. Zum Museumsensemble gehört neben dem sogenannten Wagnerhäusle, das eine voll funktionsfähige Wagnerwerkstatt enthält, auch ein altes Bauernhaus von 1609. Dort kann man dem einstigen Leben nachspüren. Es zeigt das einfache Leben der Bauern zur damaligen Zeit. Der Förderkreis Unterjesinger Kelter hat dieses Gebäude in jahrelanger Arbeit liebevoll restauriert.

Tipp

In Kayh, einer weiteren Gemeinde im Ammertal, gibt es das Heimatmuseum „Seegersches Häusle". Auch dieses Kleinbauernhaus zeigt das einfache und oft karge bäuerliche Leben zur damaligen Zeit.

SCULPTOURA –
Kunst in der Natur

Lage
Bei Hildrizhausen beziehungsweise bei Waldenbuch.

Tour
Erste Variante: Parkplatz Hofgut Mauren. Von dort Richtung Altdorf zur Oberen Linde.
Zweite Variante: Parkplatz Museum Ritter in Waldenbuch.
Von dort auf dem Aichtalradweg Richtung Obere Rauhmühle.
Beide Touren sind etwa 2 km lang.

Information
Auf der Gesamtstrecke zwischen Heckengäu und Schönbuch werden im Zusammenhang mit Wandertipps zum Schönbuch die Skulpturen bei Mauren und bei Waldenbuch herausgegriffen. Damit ist keine Wertung – auch nicht gegenüber den anderen Kunstwerken – verbunden.

Kunst und Natur gelten oft als Gegensatzpaar – schön können jedoch beide sein. Das gilt erst recht, wenn Kunst und Natur als ein zusammenhängendes Natur-Kunst-Werk auftreten. Am nördlichen Schönbuchrand lässt sich dies auf vielfältige Weise bewundern. Die Sculptoura ist ein etwa 40 Kilometer langer Weg zwischen Weil der Stadt und Waldenbuch. Auf der Strecke zwischen Heckengäu und Schönbuch, die überwiegend auf dem Museumsradweg verläuft, werden zahlreiche zeitgenössische Kunstwerke mitten in der Natur gezeigt. Die positiven Reaktionen der Betrachter sind überdurchschnittlich. Selbst bekennende Kunstbanausen bleiben vor den Skulpturen stehen und kommen aus dem Staunen nicht mehr heraus. Ursprünglich war diese Ausstellung in der Natur nur für die Dauer eines Sommers vorgesehen. Doch die Symbiose aus Kultur und Natur erschien danach allen Beteiligten so gelungen, dass aus dieser Idee inzwischen eine Dauerausstellung geworden ist – und das alles kostenfrei für den geneigten Betrachter.

Die Anzahl der Skulpturen und ihre Standorte sollen im Laufe der Zeit etwas variiert werden, damit für

etwas Abwechslung gesorgt wird. Der so geschaffene Spannungsbogen ermöglicht es, immer wieder anderen Kunstschaffenden ein Forum zur Präsentation ihrer Werke aus Holz, Metall und Stein zu geben. Zugleich bietet die wechselnde Präsentation in einer Art Freilichtmuseum den Besuchern immer wieder neue Inspiration. Kunst und Natur – das wird durch dieses Projekt deutlich – können nicht nur im scheinbaren Gegensatz reizvoll wirken, sondern auch miteinander im Einklang stehen. So bieten sie gleichsam eine neue Dimension zum gegenseitigen Gewinn. Wer die Schönheit dieser Kunstwerke unter freiem Himmel in diesem wunderbaren Erholungsgebiet sieht, wird ihnen im Jahreskreislauf immer wieder neue Aspekte abgewinnen. Und wer die Natur unter dem Blickwinkel der Ästhetik betrachtet, wird sie noch mehr wertschätzen lernen als zuvor. Sowohl die Kunst als auch die reine Natur lassen sich durch die Sculptoura neu entdecken, neu erfahren, neu denken.

Tipp

Auf den Internetseiten www.sculptoura.de oder www.schoenbuch-heckengaeu.de findet man Orientierungshilfen und Etappenvorschläge. Dort gibt es auch zusätzliches Kartenmaterial und Vorschläge für Museumsbesuche entlang des Museumsradwegs.

Aussichten

19 MIT DEM MOTORSEGLER ÜBER DEN SCHÖNBUCH –
der Naturpark aus der Vogelperspektive

Lage
Ammerbuch-Poltringen

Erreichbarkeit
Der Flugplatz ist über die Ortschaft Poltringen erreichbar.

Der Flugplatz Ammerbuch-Poltringen erstrahlt an diesem Tag im schönsten Herbstlicht, die Maschine steht bereit. Ein kurzer Gerätecheck, dann startet der ehemalige Schönbuch-Förster Erwin Herre den Motorsegler „Dimona" HK 36 TTC. Wenige Sekunden später liegt uns der Schönbuch zu Füßen. Auch aus der Vogelperspektive erscheint der Naturpark wie ein unendlich großes Waldgebiet. Davor gruppieren sich die hübschen Dörfer im Ammertal, aufgereiht wie an einer Perlenschnur am Schönbuchrand.

Der Flieger gewinnt schnell an Höhe. „Jetzt sind wir schon 400 Meter über dem Gelände", sagt der Pilot. Es geht hinüber nach Herrenberg, wo der Schönbuchturm den Naturpark um eine Attraktion bereichert hat. Licht und Thermik sind optimal. Auch der Wind in der Höhe ist mit etwa zehn Knoten weder störend noch gefährlich. Doch zum Fotografieren durch ein kleines Seitenfenster muss man die Kamera schon ordentlich festhalten. Zweimal umkreist Erwin Herre den Turm und ist dabei bereit, fast jeden Wunsch des Fotografen zu erfüllen. Um den Turm in einem guten Winkel abzubilden, macht er einen Sinkflug und bringt den Segler in eine steile Lage. Bis zu 45 Grad legt Erwin Herre jetzt den Flieger zur Seite. Es wackelt nicht, es ruckelt nicht, der „fliegende Förster" hat alles bestens im Griff.

Das Foto mit dem Aussichtsturm und dem Waldgebiet im Hintergrund ist jetzt im Kasten. Mission erledigt? Keinesfalls! Denn Erwin Herre kennt sich im und über dem Schönbuch aus. Fast 40 Jahre lang betreute er das Revier Breitenholz. So wird der Flug fortgesetzt. Schönbuch total. Die Königsjagdhütte wird angesteuert. Doch sie hält sich unter dem bunten Blätterdach gut versteckt. Dagegen liegen die Burgen Hohenentringen und Roseck wie Edelsteine am Schönbuchtrauf. Dahinter erscheint das Goldersbachtal, dann Bebenhausen von oben, jetzt der Einsiedel, schließlich die Wurmlinger Kapelle und im Hintergrund erhebt sich gleichsam majestätisch die Schwäbische Alb: Fliegen ist ein Traum. Als Förster mit Flugschein hat Erwin Herre schon viele seiner Kollegen über den Schönbuch geflogen. Insbesondere nach dem Orkan „Lothar" an Weihnachten 1999 – da hatte er schon ein paar Jahre den Flugschein – wollten die Forstbeamten das Ausmaß der Schäden aus der Luft betrachten. „Von oben waren wir noch mehr geschockt", schüttelt Erwin Herre noch immer mit dem Kopf. Doch das Ökosystem Wald ist auch ohne Stürme anfällig.

Aktuell setzt die Trockenheit dem Wald zu. Der Borkenkäfer vermehrt sich durch den Klimawandel rasant und hat bei den geschwächten Bäumen leichtes Spiel. Das sorgt erneut für enorme Schäden im Wald. Wie bei einem Frühwarnsystem können diese Schäden von der Luft aus schneller erkannt werden. Und wenn Erwin Herre einen Beitrag zum Schutz dieser einmaligen Natur leisten kann, dann setzt er sich gerne in den Flieger – auch wenn er schon längst in Pension ist.

Tipp

Der Flugplatz Poltringen wird vom Flugsportverein Ammerbuch betrieben, unter dessen Dach sich die Flugsportvereine Unterjesingen und Herrenberg zusammengetan haben. Von hier aus werden auch Flüge zur Schwäbischen Alb und zum Schwarzwald angeboten.

UHLBERGTURM –
die Berge im Blick

Lage
Bei Plattenhardt

Tour
Gut beschildert erreicht man den Uhlbergturm vom gleichnamigen Uhlberg-turmsträßle in Plattenhardt auf einem Schotterweg. Zunächst geht es etwas bergauf. Der etwa 1,5 km lange Weg ist auch für Menschen mit Gehbehinderung geeignet.

Öffnungszeiten
Im Sommer:
Samstag von 13 bis 18 Uhr, Sonn- und feiertags von 10 bis 18 Uhr.
Im Winter jeweils eine Stunde kürzer.

Der Uhlberg am nordöstlichen Schönbuchrand ist ein beliebtes Ausflugsziel. Insbesondere der 25 Meter hohe und begehbare Turm ist ein Besuchermagnet. Er erhebt sich über dem 469,6 Meter hohen Uhlberg und gibt einen fantastischen Blick auf Teile des Schönbuchs und der Schwäbischen Alb frei. Die Heimat sieht man hier aus der Vogelperspektive.

Bei schönem Wetter kann man ein unvergleichliches Bergpanorama sehen: vom Hohenneuffen (743 Meter), über den Jusi (673), Floriansberg (522), Hohen Urach (692), Roßfels (805), Grasberg (778), das Schloss Lichtenstein (817) bis zum Wackerstein (825). Davon etwas abgehoben schieben sich die Reut-

linger Hausberge Achalm (707 Meter) und Georgenberg (602) in den Vordergrund. Zu Füßen des Turms liegen Großbettlingen, Tischart, Grafenberg, Kappishäusern und Neuenhaus. Dominiert wird die Szenerie von der mächtigen Aichtalbrücke, die aus dieser Perspektive wie eine architektonische Meisterleistung erscheint. Richtung Südwesten ist ein Teil des Bezenbergs zu sehen, der inzwischen aber von mächtigen Eichen verdeckt wird.

Auch vom Fuß des Turms präsentiert sich die Schwäbische Alb in ihrer ganzen Schönheit – das gilt erst recht, wenn sich bei regnerischem Wetter mächtige Wolkentürme vor dem Trauf aufbauen. Um die schöne Aussicht zu genießen, sind Wanderer also nicht auf die eingeschränkten Öffnungszeiten des Turmes angewiesen.
Vor dem Uhlbergturm hat der Schwäbische Albverein nicht nur eine Grillstelle, sondern auch eine

kleine Blumenwiese angelegt, auf der über 60 verschiedene Pflanzenarten wachsen. Sie sind ihrerseits Nahrungsquelle für unzählige Wildbienen, Hummeln, Schmetterlinge, Käfer, Spinnen, Eidechsen und Vögel. Auf einer Schautafel werden zahlreiche Pflanzen abgebildet, die Interessierte vielleicht dazu inspirieren, selbst eine Blumenwiese anzulegen. Auch auf dem Weg vom Parkplatz Uhlbergturmsträßle in Plattenhardt bis zum Turm hat der Schwäbische Albverein Schautafeln aufgestellt, die über heimische Pilz- und Vogelarten informieren.

Tipp

Über die Distelklinge kommt man zu einem Mammutbaum. Von dort aus erreicht man über den Uhlberghangweg den Uhlbergturm.

21 SITZBANK MIT ALBBLICK –
Heimat gibt Orientierung

Lage
Bei Walddorfhäslach

Tour
Parken am Herdweg in Walddorf. Diesen in nordöstlicher Richtung über die B 27 bis zur Kreuzung am Waldrand gehen. Dort linker Hand dem Fuchswasenweg in westlicher Richtung über etwa 600 m folgen bis zum rechter Hand liegenden Albblick-Stein. Die insgesamt etwa 1,5 km lange Tour ist einfach zu gehen und auch für Menschen mit Gehbehinderung geeignet.

Um eine grandiose Aussicht auf die Schwäbische Alb zu genießen, muss man weder einen Berg noch einen Turm besteigen. Es genügt, sich auf einen kleinen Spazierweg an den Schönbuchrand bei Walddorfhäslach zu begeben – und schon öffnet sich vor den Augen des Betrachters

ein fantastisches Bergpanorama. Der Blick reicht von der Burg Teck und der Burg Hohenneuffen im Osten bis zur Burg Hohenzollern im Westen. Und dazwischen sieht man den Jusi und den Urselhochberg, den Wackerstein und den Roßberg, den Bolberg und den Filsenberg, den Farrenberg und den Dreifürstenstein, natürlich die Gemeinden Walddorf und Häslach, und vor dem Albpanorama erheben sich die Achalm und der Vulkankegel Georgenberg. Auf einer Stahlplatte wurden die Namen der sichtbaren Berge ein-

graviert und mit Höhenangaben versehen. Die Idee dazu hatten Frauen und Männer des Jahrgangs 1940 aus Walddorfhäslach. Sie stifteten im Jahr 2018 die Platte, die auf einen Sandstein aufmontiert wurde und nun allen Vorbeikommenden eine Orientierung gibt. Der Standort, von dem aus das Albpanorama zu bewundern ist, liegt 485 Meter über dem Meeresspiegel, also gut 250 Meter unter der von hier aus sichtbaren Albhochfläche. Zu dem markanten Aussichtspunkt hat der Schwäbische Albver-

ein, Ortsgruppe Walddorfhäslach, eine massive Sitzgruppe hinzugestellt. Auf meiner Tour dorthin treffe ich Hannelore und Günter Schrade aus Walddorfhäslach, die es sich auf der Bank gemütlich gemacht haben. Nach einem arbeitsreichen Leben lassen sie von hier aus den Blick in die Ferne schweifen, ohne die Heimat aus den Augen zu verlieren. „Denn die Heimat", da waren sich die beiden einig, „ist doch das Wichtigste."

Tipp

Unweit des Albblick-Steins befindet sich die Sulzeiche, der vermutlich älteste Baum des Schönbuchs. Um sie zu erreichen, den Fuchswasenweg zurück bis zum Herdweg gehen. Auf diesem Weg am Waldrand entlang in östlicher Richtung kommt man schließlich zur Sulzeiche.

SCHÖNBUCHTURM –
eine Krone für den Naturpark

22

Lage
Herrenberg

Tour
In Richtung Schönbuchturm geht es los beim Naturfreundehaus Herrenberg, Hildrizhauser Straße 103. Von dort ist der Weg beschildert. Eine Möglichkeit zum Parken gibt es auch beim Waldfriedhof. Die Tour hin und zurück ist weniger als 1 km lang. Zum Stellberg ist allerdings ein steiles Teilstück zu überwinden.

Der Schönbuchturm ist im wahrsten Sinn des Wortes ein Highlight im Naturpark Schönbuch. Wer auf der obersten von insgesamt drei Plattformen steht, genießt eine traumhafte Rundumsicht über einen Großteil des Schönbuchs. Denn tatsächlich wird der höchste natürliche Punkt des Schönbuchs – der 582,6 Meter hoch gelegene „Gipfel" des Brombergs – mit dieser Holz-Stahl-Konstruktion nochmals deutlich übertroffen. Das weitläufige Waldgebiet breitet sich aus der Turmperspektive in östlicher Richtung wie ein grüner Teppich unter den Augen des Betrachters aus. In südlicher Richtung liegt am Horizont die Schwäbische Alb. Im Norden geht der Blick hinüber zu den fruchtbaren Wiesen und Feldern des Gäus. Und im Westen erkennt man die Silhouette des Schwarzwaldes. Der Turm steht auf dem 580 Meter hohen Stellwerk bei Herrenberg und hat eine Gesamthöhe von 35 Metern. Anfang Juni 2018 wurde das Bauwerk für die Besucher freigegeben. Seitdem ist die neue Attraktion ein richtiger Besuchermagnet geworden. In bezauberndes Licht gerückt wurde der Turm auch schon: Eine Lichtillumination machte ihn nachts zu einem farbenfrohen Hingucker. Die Beleuchtungsaktion während der Abendstunden soll jedoch eine Ausnahme bleiben. Denn schließlich ist der Schönbuch nicht nur als erster Naturpark in Baden-Württemberg bekannt, sondern auch als ausgewiesenes Waldgebiet in seiner ökologischen Bedeutung anerkannt.

Sorgen um Natur- und Tierschutz muss sich also niemand machen. Der Schönbuch soll ein attraktives natürliches Ausflugsziel bleiben. Und dazu setzt der Herrenberger Turm dem Naturpark die Krone auf.

Tipp

Für Familien mit Kindern ist ein Besuch des nahe gelegenen Waldseilgartens empfehlenswert. Der Kletterparcours umfasst unterschiedliche Schwierigkeitsgrade und ist geöffnet von April bis Oktober. Hinweise unter www.waldseilgarten-herrenberg.de.

Burgen, Schlösser, Hütten

23

BURG ROSECK UND
BURG HOHENENTRINGEN –
glanzvolle Zeugnisse
mittelalterlicher Machtpolitik

Lage
Burg Hohenentringen liegt bei Entringen, Burg Roseck bei Unterjesingen

Tour
Wir starten direkt bei der Burg Hohenentringen in Richtung Hagelloch/Bogentor. Nach einem Kilometer biegen wir nach rechts auf den Herrschaftsweg. Wir kommen beim Bruderkreuz vorbei zum Bruderbrunnen. Danach immer dem Himbachweg entlang, bis wir diesen zweimal überqueren und danach im rechten Winkel nach rechts abbiegen und so auf den Herrenwiesweg kommen. Dort sehen wir bereits die Burg Roseck. Wieder zurück zum Pferdehof gehen wir von dort den Weg Richtung Norden. Nach wenigen Metern erreichen wir eine alte Eiche (Hindenburgeiche). Weiter in nördlicher Richtung treffen wir nach einem kleinen Weiher auf die geteerte Hagellocher Straße, wo wir nach links abbiegen und so wieder am Ausgangspunkt ankommen. Die Tour ist etwa 5 Kilometer lang, dabei sind 50 Höhenmeter zu überwinden.

Hoch über dem Ammertal erheben sich die Burgen Roseck und Hohenentringen. Wie mittelalterliche Schlösser thronen sie noch heute am südlichen Schönbuchtrauf und verweisen stolz auf die einstige Machtentfaltung ihrer Besitzer. Die Geschichte dieser Burgen geht weit zurück in die Vergangenheit, als die Pfalzgrafen von Tübingen in der Region das Sagen hatten. Zusammen mit den abgegangenen Burgen Graneck bei Entringen und Müneck bei Breitenholz sowie dem Schloss in Herrenberg, das bei einem Erd-

beben im Jahr 1733 schwer beschädigt wurde und schließlich zu Beginn des 19. Jahrhunderts der Spitzhacke zum Opfer fiel, bildeten die Burgen Roseck und Hohenentringen einst ein ganzes Burgen-Ensemble, das in seiner Größe und Bedeutung nur noch von Schloss Hohentübingen übertroffen wurde, das damals gleichfalls den Tübinger Pfalzgrafen gehörte. Diese Geschichte der Pfalzgrafen und deren Burgen endete jäh, als diese, völlig verschuldet, zwischen 1342 und 1382 zum Verkauf der ihnen gehörenden Stadt Tübingen mitsamt den Burgen und Schönbuchwäldern an die württembergischen Grafen gezwungen waren.

Die ehemalige Burg Roseck wurde wahrscheinlich von den Tübinger Pfalzgrafen erbaut. Später kam sie in das Eigentum des immer reicher werdenden Klosters Bebenhausen. Mit der Reformation und Auflösung des Klosters gelangte die Burg in den Besitz der Herzöge von Württemberg. Nach einer langen und wechselvollen Geschichte und dem vorübergehenden Einzug von Franziskanerinnen gelangte die Burg in Privatbesitz. In jüngster Zeit wurde dort ein Pflegezentrum eingerichtet. Wegen verschiedener Verstöße wurde der Heimbetrieb jedoch eingestellt. Schließlich wurde die Burg Roseck erneut an einen privaten Investor verkauft.

Die Burg Hohenentringen hatte bereits verschiedene Vorbesitzer, bevor sie von den Pfalzgrafen von Tübingen erworben wurde. Wie die Burg Roseck ging auch die Burg Hohenentringen später an die Grafen und späteren Herzöge von Württemberg über. Im 15. Jahrhundert wurde die Burg offensichtlich von mehreren Adelsfamilien gleichzeitig bewohnt. Auf diese Zeit geht eine Geschichte zurück, die bis zum heutigen Tag lebendig gehalten wird: Die Adeligen hatten zusammen genau 100 Kinder. Ein Bild im Schloss zeigt, wie der

sonntägliche Zug zur Kirche ausgesehen haben könnte: Als die Ersten die Kirche in Entringen erreichten, verließen die Letzten die Burg.
Etliche Wappenschilder erinnern an
diese Adelsgeschlechter.

Der heutige Bau stammt aus dem
Jahr 1720. Seit 1877 gehört die
Burg zum Besitz der Familie von
Ow-Wachendorf, die auf ihrem Eigentum im angrenzenden Schönbuch vor wenigen Jahren einen
Friedwald errichten ließ. Die Burg-
gaststätte ist sehr beliebt und insbesondere während der Sommermonate sehr stark von Wanderern
frequentiert.

Tipp

Auch die Geschichte der Burg und Festung Hohentübingen geht auf die Grafen von Tübingen zurück, denen im Jahr
1138 die Pfalzgrafenwürde verliehen
wurde. Erstmals erwähnt wurde diese
Burg im Jahr 1078. Später kam sie in
Besitz des Hauses Württemberg, deren
Herzöge die Burg zu einer mächtigen
Schlossanlage ausbauten. Heute beher-
bergt das Schloss Hohentübingen etliche Institute der Universität Tübingen.
Im Museum „Alte Kulturen" werden
dort die 32 000 Jahre alten Wildpferd-
und Mammutskulpturen aus der Vogel-
herdhöhle ausgestellt.

DER EINSIEDEL –
„Attempto" – „Ich wag's"

24

Lage
Einsiedel, Gemeinde Kirchentellinsfurt

Tour
Auf dieser Tour begibt man sich auf die Spuren von Graf Eberhard. Beginn ist direkt am Schloss. Bei schönem Wetter bietet es sich an, das Hofgut Einsiedel vom Waldrand aus zu umrunden. Dazu am besten gegen den Uhrzeigersinn gehen, damit man bei Bedarf eine günstigere Abkürzung nehmen kann. Vom Schlossgarten aus entlang des Schlierbachs auf die Altenburger Allee gehen. Im spitzen Winkel wieder hinauf zur Rübgarter Allee. Direkt am Weg liegt eine gefasste Quelle. Entlang der Wolfsgartenklinge stehen immer wieder starke Eichen. Die Bebenhäuser Allee beim Parkplatz queren und immer weitergehen, bis man kurz vor dem Sendemast über die Kirschenallee zum Ausgangspunkt zurückgeht. Wem dieser insgesamt etwa 7 km lange Weg zu kurz ist, der geht weiter über die Pfrondorfer Allee bis zum Speicherbecken und dann am Waldrand entlang über die Altenburger Allee zurück zum Ausgangspunkt.

Der Einsiedel im Schönbuch gehört zu den geschichtsträchtigsten Orten des Landes. Auf kleinem Raum spiegelt sich hier württembergische Geschichte wider. Doch bereits lange vor den Württembergern war die auf dem Bergrücken über dem Neckartal gelegene Hochfläche besiedelt. Die keltische Viereckschanze, der römische Viergötterstein und der auf dem Einsiedel gefundene römische Silberschatz legen davon Zeugnis ab.

Eine besondere und bis in die heutige Zeit reichende Bedeutung erlangte der Einsiedel jedoch erst durch Graf Eberhard im Bart (1445–1496), der zugleich erster Herzog in Württemberg war. Er gründete – neben der Universität Tübingen – auf dem Einsiedel das Stift St. Peter, baute dort zudem ein Jagdschloss und etablierte ein Hofgestüt.

Die Gebäude für das Stift wurden im Jahr 1492 errichtet. Dieses Stift war eine Art klösterliche Gemeinschaft. Die Brüder trugen blaue Kutten, gekreuzte Schlüssel waren ihr Symbol. In der Bruderschaft sollten laut Stiftungsbrief die drei Stände Klerus, Adel und Bürgertum zusammenwirken. Der Herzog erhoffte sich von dieser Gemeinschaft Ratschläge für eine Reform der Kirche, Anregungen für ein harmonisches Miteinander, aber auch Impulse für die von ihm 1477 gegründete Universität in Tübingen. Tatsächlich lehrten dort auch Brüder des Stifts St. Peter. Als Stifter der Gemeinschaft fand Herzog Eberhard nach seinem Tod 1496 in der Kirche des Stifts seine erste Ruhestätte. Im Zuge der Reformation wurde das Stift 1534 aufgelöst, Graf Eberhard wurde 1537 in die Stiftskirche Tübingen überführt.

Das Gestüt blieb jedoch bestehen. Der spätere Herzog Carl Eugen erweiterte es sogar. Ab dem Jahr 1765 plante Carl Eugen ein neues Schloss auf dem Einsiedel, das er „Château Neuf" nannte – wohl in Abgrenzung zum Stuttgarter Neuen Schloss. Um das Jahr 1770 war das Schloss größtenteils fertiggestellt. Der Herzog nutzte es für einige Jahre vor allem zur Jagd. Um dieses Schloss herum wurden Barockgärten angelegt, die mit Wegen und Alleen vernetzt waren. Möglicherweise hat Herzog Carl Eugen jedoch bald nach der Erbauung dieses

Schlosses dem Schloss Grafeneck und dem dort in der Nähe stehenden Gestüt Marbach den Vorzug gegeben. So würde sich erklären, dass das Château Neuf alsbald verfiel. Nach dem Tod von Herzog Carl Eugen im Jahr 1793 wurde das Schloss faktisch nicht mehr genutzt. Württembergs erster König Friedrich ließ es schließlich ganz abbrechen. Kurz nach Beginn des Dreißigjährigen Krieges waren das zuvor erbaute Jagdschloss von Graf Eberhard und das Stift Opfer eines Brandes geworden. Das Schloss wurde jedoch später in Teilen wieder aufgebaut – und steht in dieser Form noch heute. Mindestens

genauso bekannt wie das Schloss selbst ist ein Weißdorn im Garten dieses Schlosses – angeblich ein Ableger jenes sagenumwobenen Baumes, den Graf Eberhard als kleines Bäumchen von seiner Fahrt nach Palästina mitgebracht und auf dem Einsiedel eingepflanzt hat. „Attempto" – „Ich wag's", war fortan sein Lebensmotto.

Tipp

Schlüsselsteine markierten einst die Grenze des Stifts St. Peter. Es bietet sich an, zumindest ein paar davon aufzusuchen (siehe Seite 137).

25 TSCHERNINGHÜTTE –
ein Kleinod, verborgen im Wald

Lage
Bebenhausen, Gewand „Erlen"

Tour
Wir starten am Parkplatz „Weißer Stein" an der B 464 bei Weil im Schönbuch. Auf dem Tübinger Sträßle gehen wir am Rotwildgehege vorbei bis zur Schlagbaumlinde. Dort biegen wir nach rechts auf den sogenannten Troppenden Wasen ab. Nach gut 500 m kommen wir nach einem Linksbogen zur Neuhütte. Dort befindet man sich bereits auf dem Altdorfer Sträßle, dieses etwa 400 m bis zur Nestelesallee weitergehen. An dieser Schnittstelle nach rechts in westlicher Richtung auf den Waldweg einbiegen, der nach etwa 250 m eine Biegung nach links in südlicher Richtung macht. Auf diesem Weg bleiben, bis nach etwa 300 m das Steinhäusle linker Hand etwa 20 m im Wald sichtbar wird. Im Bogen zurück zur Nestelesallee. An der Lenihütte vorbei kommt man nach 300 m auf das Böblinger Sträßle. Dort geht es in nördlicher Richtung wieder über die Schlagbaumlinde zurück zum Ausgangspunkt „Weißer Stein". Die Tour ist rund 7,5 km lang, dabei sind etwa 60 Höhenmeter zu überwinden. Mindestens 3 Stunden Zeit einplanen.

Wie ein Kleinod verborgen, liegt diese Hütte im Wald. Wer ihren Standort nicht ungefähr kennt, wird sie kaum finden: die Tscherninghütte. Selbst erfahrene Wanderer gehen oft achtlos an ihr vorbei. Dabei ist sie – man darf das wahrscheinlich ohne Übertreibung sagen – die schönste der öffentlich zugänglichen Hütten im ganzen Schönbuch. Von außen erscheint sie wie ein märchenhaftes Hexenhäuschen, in ihrem Inneren strahlt sie das Flair einer bewohnbaren Puppenstube aus. Ihre kleinen Fenster geben den Blick auf eine große Waldwiese frei. Drei riesige Nadelbäume stehen dicht bei der Hütte und sind Heimat für zahllose Vögel. Waldeinsamkeit und träumerische Idylle – wo hätten die Leitmotive der deutschen Frühromantik besser gepasst als hier?

Wer die Hütte einmal gefunden hat, kommt nicht nur wegen dieser einzigartigen Atmosphäre gerne zurück. Es gibt auch praktische Motive: Im Sommer ist es hier angenehm kühl, im Winter wird es in Gesellschaft mit anderen schnell warm. Sechs bis acht Personen finden problemlos in ihr Platz. Hier findet man auch sicheren Schutz vor plötzlichen Unwettern oder kann eine kleine Rast im weiten Schönbuch-Rund einlegen. Am schönsten dürfte es jedoch für die meisten in der Nacht sein, wenn funkelnde Kerzenlichter den kleinen Raum in eine romantische Wohlfühloase verwandeln.

Erbaut hat diese Hütte Friedrich August Tscherning, der von 1845 bis 1892 zunächst Revierleiter, dann Forstmeister in Bebenhausen war. Wegen seiner Verdienste um die Wiederaufforstung der damals brachliegenden Wälder wurde er an der Land- und Forstwirtschaftlichen Akademie in Hohenheim zum Professor ernannt. Ausweislich des Steins über der Eingangstür wurde

die Hütte im Jahr 1847 erbaut. Sie steht damit im direkten Zusammenhang mit den Revolutionswirren, die Deutschland bald darauf erfasst haben. In dieser Waldhütte versteckte Tscherning politisch verfolgte Freunde. Es darf angenommen werden, dass in dieser Hütte etliche Demokraten der ersten Stunde ein- und ausgegangen sind. In der Waldabgeschiedenheit mussten sie keine Bespitzelung befürchten und konnten ihren Gedanken zu Freiheit, Demokratie und Rechtsstaat freien Lauf lassen.

Nach ihrem Erbauer heißt die Hütte offiziell Tscherninghütte; im Volksmund wird sie aber auch als „Steinhäusle" bezeichnet, weil sie ganz aus Stein gebaut worden ist.

Tipp

Wer sich auf die Spuren Tschernings begeben möchte, kann auch dessen Grab auf dem alten Friedhof des Klosters Bebenhausen aufsuchen. Zum Andenken an Friedrich August Tscherning wurde nach dessen Tod bei der Kälberstelle ein Stein gesetzt. Er wurde mit dem Titel „Patri Scainbuochensi" – Beschützer des Schönbuchs – geehrt.

FALKENKOPFHÜTTE –
Zimmer mit Aussicht

26

Lage
Altdorf, Bromberg

Tour
Vom Sportplatz in Altdorf gehen wir den Weg in Verlängerung der Laienstraße geradewegs in den Wald hinein. An der ersten Gabelung halten wir uns nach links, an der zweiten nach rechts. So kommen wir am Eselstrittweg zum Rotwildgatter. Nach etwa 100 Metern erreichen wir den Eselstritt. Dort treten wir durch das Gatter ein. Nach nicht ganz einem Kilometer erreichen wir den höchsten Punkt des Schönbuchs. An der Kreuzung folgen wir dem Häusletrieb-sträßle und erreichen so den Dürrstein. Von dort aus kommen wir auf den Falkenkopfweg, dem wir etwa 600 Meter folgen und so die Falkenkopfhütte erreichen. Wieder zurück zum Dürrstein, folgen wir nun dem Scheiterhausträßle bis wir nach etwa 400 Meter einem Fußweg nach rechts folgen. Dieser bringt uns wieder zurück zur Kreuzung am höchsten Punkt des Schönbuchs. Wenn wir nicht denselben Weg zurückgehen wollen, folgen wir dem Weinweg und kommen so zum Orkan-Wiebke-Stein. Dort weiter zum Eselstrittweg. Wir bleiben auf dem Weinweg bis nach wenigen Metern beim Kreuzwiesenbach ein Fußpfad links abbiegt. Folgen wir diesem Weg immer in nord-westlicher Richtung erreichen wir wieder den Sportplatz.
Die Tour ist etwa 6 Kilometer lang und ist in drei Stunden gut zu schaffen.

Eine Auszeit im Wald? Warum nicht! Ein Buch in den Rucksack gepackt, klassische Musik auf das Smartphone gespielt und schon kann der Kurztrip zur Falkenkopf-hütte losgehen. Eines gibt es bei der Tour zur Falkenkopfhütte kos-tenlos dazu: eine atemberaubende Aussicht über das Goldersbach-tal hinweg zur Höhe des „Stein-gart" und hinüber zum Herrenber-ger Stadtwald. Die Ruhe kann man

allerdings am besten auf dem Weg zur Plattform genießen.

Wer es nicht ganz so ruhig haben möchte, wird auf eine Unterhaltung mit anderen Wanderern kaum verzichten müssen. Die hölzerne Plattform, das „Zimmer mit Aussicht", ist ziemlich beliebt und liegt für viele Wanderer gut erreichbar am Bromberghang. Viele Wanderer kommen nur kurz auf die Plattform, um die Aussicht zu genießen. Manche bleiben etwas länger und verewigen sich mit einer kleinen Schnitzerei im Holz oder lassen den Blick still über die Höhen des Schönbuchs schweifen. Eines sollte man dabei jedoch nicht übersehen: Der Buchenwald ins westliche Tal hinab gehört zu den schönsten im ganzen Naturpark und macht dem Namen des Schönbuchs alle Ehre.

Tipp

Die Tour eignet sich auch als Radtour – allerdings sollte man dann noch den Weg ins Goldersbachtal nehmen und von dort aus über die Neue Weinsteige zurückfahren. Dort sieht man an einer Stelle aufgeschlossene Sandsteinbänke.

27

GLASHÜTTE –
glitzernde Glassteine
im Goldersbach

Lage
Bei Bebenhausen

Tour
Von Bebenhausen über die Golderstalbachstraße und den Leichtsweg bis zur Teufelsbrücke. Dort erfährt man auf einer Schautafel Wissenswertes zu dem mittelalterlichen Schmelzofen. Von der Teufelsbrücke geht man exakt 1 km den Talweg des Kleinen Goldersbachtales entlang. Die Glashütte stand auf der großen Wiese westlich des Baches, der an dieser Stelle in spitzer Form zum Ilgenlochweg zeigt. An der Schnittstelle von Goldersbachtalweg und Altdorfer Sträßle, 300 m talaufwärts, war der Umschlagplatz, von dem aus die Glaswaren weitertransportiert wurden. Die Tour ist insgesamt rund 9 km lang und einfach zu gehen.

Die Glashütte im Schönbuch verdankt ihre Entdeckung einem Zufall: Spielende Kinder fanden 1986 im Kleinen Goldersbach – nicht weit von der Teufelsbrücke entfernt – glitzernde Glassteine. Welchen Sensationsfund dabei Antonia und Katharina Scholkmann in ihren Händen hielten, war ihrer Mutter, einer Professorin am Tübinger Institut für Ur- und Frühgeschichte und Archäologie des Mittelalters, sofort klar. Denn Barbara Scholkmann hatte kurz zuvor bei der Ausgrabung einer Glashütte im Nassachtal mit exakt gleichen, von einer Glasschmelze überzogenen Steinen zu tun: Es musste sich also bei den Fundstücken ihrer Töchter um die Steine einer Glashütte handeln. Ohnehin deuteten Quellen des Klosters Bebenhausen daraufhin, dass die Zisterzienser einst eine Glashütte betrieben hatten. Und schon auf den alten Forstkarten von Gadner (1596) und Kieser (1683) tauchten auf dem Bromberg die Flurnamen „Glashau" und „Glaswasen" auf. Schließlich wurde die Ausgrabung 1992 vom Landesdenkmalamt begonnen und von Professor Barbara Scholkmann und ihrem Team fortgeführt. Dabei wurde ein wahrer Schatz entdeckt. Die Wissenschaftler fanden heraus, dass dort einst ein großer zentraler Schmelzofen stand, der Platz hatte für sechs Tiegel. Somit konnten sechs Glasbläser gleichzeitig arbeiten. Neben dem großen Ofen fand man weitere Öfen, die dazu dienten, die fertigen Gläser herunter zu temperieren. Dieses Verfahren ist notwendig, um die Glasmasse verarbeiten zu können. Der freigelegte Unterbau des großen Schmelzofens hatte das Ausmaß von 5 Meter × 3,5 Meter. In ihm konnten Temperaturen von über tausend Grad erzeugt werden. Es wird geschätzt, dass etwa ein Raummeter Holz benötigt wurde, um 5 Kilogramm Glas zu produzieren. Der enorm hohe Holzverbrauch musste natürlich auch im Schönbuch zu einer enormen Dezimierung des Baumbestandes geführt haben. Neben Holz waren zudem weitere Rohstoffe wie Sand, Pottasche, Kalk oder Metalloxide zum Färben notwendig. In der Nähe gibt es acht Gruben, in denen Sandstein abgebaut wurde – darunter auch jene mit dem Namen „Silbersandgrube".

Möglicherweise wurde die Glashütte wegen des enormen Verbrauchs an Ressourcen bald wieder aufgegeben. Wissenschaftler wie Aline Kottmann und Sören Frommer schätzen, dass die Glashütte nur etwa 30 Jahre lang, nämlich von etwa 1470 bis 1500, betrieben wurde – wahrscheinlich als „Joint Venture" zwischen Graf Eberhard

und dem damaligen Abt des Zisterzienserklosters, Bernhard von Magstadt. Die entscheidende Phase für den Bauboom nach Gründung der Universität Tübingen im Jahre 1477 wurde von der Glashütte damit begleitet. Möglicherweise war die Universität sogar der Anlass für den Bau der Glashütte. Denn es wurden nicht nur Trinkgläser, Flaschen, Gefäße, Glasbecher, Destilliergeräte oder gläserne Lampen hergestellt. Das Hauptprodukt waren Glasfenster, die für den Bau der Universität und vieler Bürgerhäuser in Tübingen in großer Zahl benötigt wurden.

Nicht ohne Grund wurde die Glashütte auch in der Nähe der Via Rheni angelegt, einer damals wichtigen Nord-Süd-Achse, die die großen Kaiserstädte Worms, Mainz und Speyer mit Oberitalien verband. An einem früheren Um-

schlagplatz, direkt an dieser Verbindungsstraße ungefähr 300 Meter nördlich der Glashütte, wurden zahlreiche Glasreste aus jener Zeit entdeckt. Davon ist heute nichts mehr zu sehen. Doch vielleicht findet man mit etwas Glück noch ein paar glitzernde Glassteine im Goldersbach – wie einst die Kinder von Barbara Scholkmann.

Tipp

Im Kloster Bebenhausen sind Exponate aus der Glasproduktion im Kleinen Goldersbachtal ausgestellt.

KÖNIGSJAGDHÜTTE –
ein Publikumsmagnet

28

Lage
Auf dem Steingart

Tour
Es gibt viele Möglichkeiten, zur Jagdhütte zu kommen. Wir starten in Bebenhausen. Vom Parkplatz am Goldersbach entlang über die Goldersbachtalstraße
bis zum „Geschlossenen Brunnen" gehen. Am Schnittpunkt von Arenbach und
Großer Goldersbach geht es steil den Postbotenweg hinauf. Am Gatter dann
links halten, bis nach etwa 1,5 km die Happsteige erreicht wird. Dort an der
Platoeiche vorbeigehen und nach links in das Kayher Sträßle einbiegen. Nach
etwa 300 m erreicht man den Neuen Jagdhüttenweg, dem bergwärts so lange
folgen, bis man rechter Hand die Königsjagdhütte erreicht. Die Tour ist insgesamt
etwa 8 km lang; es gibt einige steile Streckenabschnitte. Wenn man sich an der
Königsjagdhütte eine Pause gönnen möchte, sollten mindestens 3 bis 4 Stunden
Zeit eingeplant werden.

Für viele Wanderer ist die Königsjagdhütte eines der wichtigsten Ausflugsziele im Schönbuch. Dies hat gleich mehrere Gründe. Die Hütte liegt zum einen relativ zentral im Schönbuch und ist deshalb von allen Seiten aus gut erreichbar. Zudem ist die Aussicht von dem 566 Meter hoch gelegenen Plateau des Steingart fantastisch. Bei klarem Wetter sieht man von dort die Wurmlinger Kapelle, den Rammert und darüber hinweg die Schwäbische Alb. Doch insbesondere schätzen viele Besucher die einzigartige Atmosphäre rund um die Jagdhütte, die für den Publikumsverkehr jedoch geschlossen ist. Auch wenn das Bauwerk mit dem königlichen Attribut im Prinzip nichts

anderes ist als eine etwas größere Blockhütte, so strahlt sie doch ein gewisses Flair aus. Dazu bietet sie bei Regen unter dem ziegelgedeckten Vordach Schutz; bei trockenem Wetter kann man die daneben liegende Grillstelle nutzen.

Erbaut wurde die Hütte im Jahr 1888. Die Initiative ging von Prinz Wilhelm von Württemberg aus, dem späteren König Wilhelm II., der zugleich letzter württembergischer König war. Nachdem seine erste Frau, Marie von Waldeck-Pyrmont, im Jahr 1882 an den Folgen einer Totgeburt starb, pachtete Prinzip Wilhelm ab April 1886 die Staatswaldungen der Reviere Bebenhausen, Entringen, Herrenberg und Weil, um seiner zweiten Frau, der jagdbegeisterten Prinzessin Charlotte zu Schaumburg-Lippe eine Freude zu machen. Zwei Jahre später ließ er eine Jagdhütte bauen, die zu jener Zeit noch „Jagdhütte Schönbuch" hieß. Erst nachdem „Prinz Willi", wie er genannt wurde, am 6. Oktober 1891 als König Wilhelm II. die Regierungsgeschäfte in Württemberg übernahm, bekam auch die Hütte ein königliches Attribut. Seitdem wird sie „Königliche Jagdhütte" oder „Königsjagdhütte" genannt.

König Wilhelm II. von Württemberg hielt sich gerne und häufig dort auf. Die Hütte kann beheizt werden, die Wände sind mit Bildern und

Hirschgeweihen dekoriert. Wasser schöpften die Diener des Königs am nahen „Königsbrünnele". Dem König fehlte es also an nichts. Er musste nicht einmal auf wichtige Post verzichten. Die ließ Wilhelm II. auf der kürzesten Verbindung von Bebenhausen zur Hütte bringen. Deshalb wird dieser Weg auch heute noch Postbotenweg genannt. Schon zu Königszeiten diente die Hütte vornehmlich der Jagd im Schönbuch. Wie einst wird nach Abschluss der Jagd noch heute vor dieser Hütte die „Strecke gelegt"; das erlegte Wild wird auf der dafür vorgesehenen Fläche in genau festgelegter Form präsentiert, zu der die Jagdbläser den feierlichen Rahmen bilden. Danach sitzen Jäger und Treiber in den königlichen Gemächern zusammen.

Tipp

Von der Hütte aus kann man das „Königsbrünnele" aufsuchen. Es ist allerdings nicht ganz einfach zu finden: Von der Königsjagdhütte geht man den Futterbuchenweg bis zum Ringweg. An diesem Schnittpunkt geht man etwa 30 Meter in östlicher Richtung und folgt dort einem kaum sichtbaren Pfad in nordöstlicher Richtung. Nach etwa 100 Metern steht man vor dem Königsbrünnele, das wie zu Königszeiten noch immer Wasser fördert.

Bäume und Naturdenkmale

29 OBERE LINDE IM WÜRMTAL –
ein Baum trotzt allen Stürmen

Lage
Bei Hildrizhausen; auch von Altdorf aus gut erreichbar.

Tour
Los geht es an der Nikomedeskirche in Hildrizhausen. Von dort entlang der Würm die Talstraße hinuntergehen. An deren Ende erreicht man die Obere Linde. Die Tour ist insgesamt etwa 1,5 km lang und einfach. Der asphaltierte Feldweg eignet sich auch für Rollstuhlfahrer.

Die Obere Linde bei Hildrizhausen ist als Naturdenkmal ausgewiesen und gilt damit als besonders schützenswerter Baum. Schon von Weitem prägt diese Linde das Landschaftsbild, und je näher man ihr kommt, umso beeindruckender wirkt sie auf den Betrachter. Wanderer bleiben hier oft stehen und blicken ehrfurchtsvoll an ihr hinauf, selbst eilige Radfahrer rasten gerne auf der sie umgebenden Rundbank. Auch junge Paare treffen sich dort zum Stelldichein, ganz so, als ob ihnen das 25 Meter breite Kronendach etwas Privatsphäre bieten würde. Das mag vielleicht daran liegen, dass die Linde an sich in vielen Volksliedern als Baum der Liebe beschworen wird und während der Blütezeit in den Sommermonaten Juni und Juli ihr Duft die Liebenden betören soll.

Auch viele Ortsansässige machen diese alternde Schönheit zum Ziel ihres sonntäglichen Spazierganges. Immer wieder sieht man Kinder fröhlich und manchmal etwas übermütig in ihrem Geäst spielen. Den Baum zu berühren und in ihm ein wenig herumzuklettern macht ihn auch für die Kleinsten zur Attraktion. In Hildrizhausen oder Altdorf gibt es wohl niemanden, der diesen Solitär nicht kennt. Doch der Baumveteran zieht auch Fotografen und Künstler aus größerer Entfernung an. Sie alle sind fasziniert von diesem alten Baum, der gelegentlich auch „Alte Linde" genannt wird. Wer unter ihm steht, wird sich des Eindrucks erhabener Schönheit nicht entziehen können. Selbst die starken Winterstürme des letzten Jahrhunderts, „Wiebke" (1990) und „Lothar" (1999), konnten diesem auf freier Flur stehenden Baum nichts anhaben. Wie eine hölzerne Festung steht er im Würmtal und scheint allen Naturgewalten zu

trotzen – und das schon seit Jahrhunderten.

Das Alter des Baumes lässt sich nicht genau bestimmen. Es wird angenommen, dass diese Winterlinde rund 400 Jahre alt ist. Möglicherweise wurde sie nach dem Ende des Dreißigjährigen Krieges als Symbol des Friedens gepflanzt. Friedenslinden aus dieser Zeit gibt es in vielen Teilen Deutschlands: Der nicht enden wollende Krieg von 1618 bis 1648 zehrte an den Kräften und löschte viele Familien ganz

aus – umso erleichterter waren die Überlebenden über den Friedensschluss und pflanzten in der Hoffnung auf bessere Zeiten eine Linde. Manche schätzen das Alter dieses Baumes sogar auf bis zu 500 Jahre. Damit könnte die Jugend dieses Baumes sogar in jene Zeit zurückreichen, als in Württemberg die Reformation eingeführt wurde.

Tipp

Für eine größere Tour bietet sich das Hofgut Mauren als zusätzlicher Zielort an. Auf dem Weg dorthin gibt es in der „Ketterlenshalde" einige sehenswerte Weiher. Wer nicht so viel Zeit zur Verfügung hat, kann in einem Bogen über das freie Feld zur Bergstraße und von dort aus wieder zum Ausgangspunkt zurückgehen.

DIE SULZEICHE –
der älteste Baum im Schönbuch

30

Lage
Bei Walddorfhäslach

Tour
Über den Herdweg in Walddorfhäslach erreicht man den CVJM-Vereinsgarten.
Vom dortigen Parkplatz geht die Tour über den Waldenbucher Weg zur
Sulzeiche und über den Feldweg wieder zurück zum Ausgangspunkt.
Am Waldrand gibt es Sitzbänke, die zum Verweilen einladen. Schöner, etwa
1,5 km langer Rundweg, auch für Menschen mit Gehbehinderung geeignet.

Die Sulzeiche bei Walddorfhäslach ist der wahrscheinlich älteste Baum im Schönbuch. Das Alter dieser Stieleiche wird auf 450 bis 500 Jahre geschätzt. Wegen ihres landschaftsprägenden Charakters wurde dieser Methusalem als Naturdenkmal ausgewiesen.

In landschaftlich reizvoller Umgebung liegt die Sulzeiche eingebettet zwischen angrenzenden Streuobstwiesen und dem Naturschutzgebiet Schaichtal.

Vom Standort des Baumes auf der Walddorfhäslacher Höhe bieten sich beeindruckende Ausblicke zum Trauf der Schwäbischen Alb. Bei klarem Wetter sieht man in der Ferne unter anderem den Hohenzollern, den Dreifürstenstein, den Roßberg, die Burg Hohenneuffen und die Burg Teck.

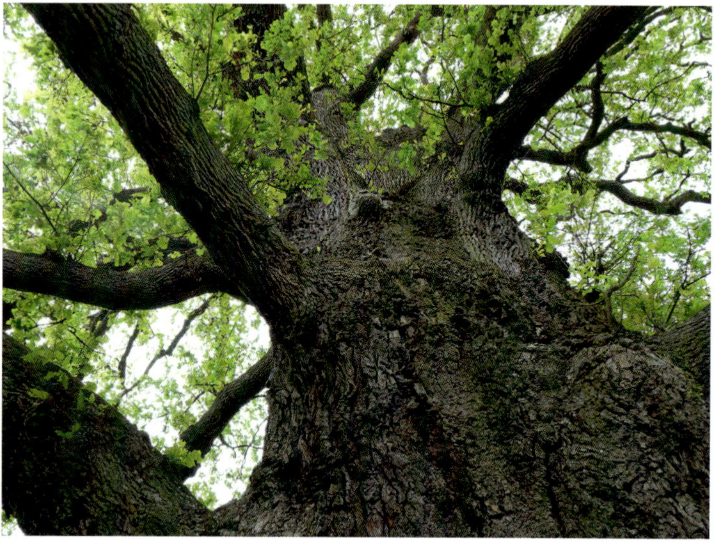

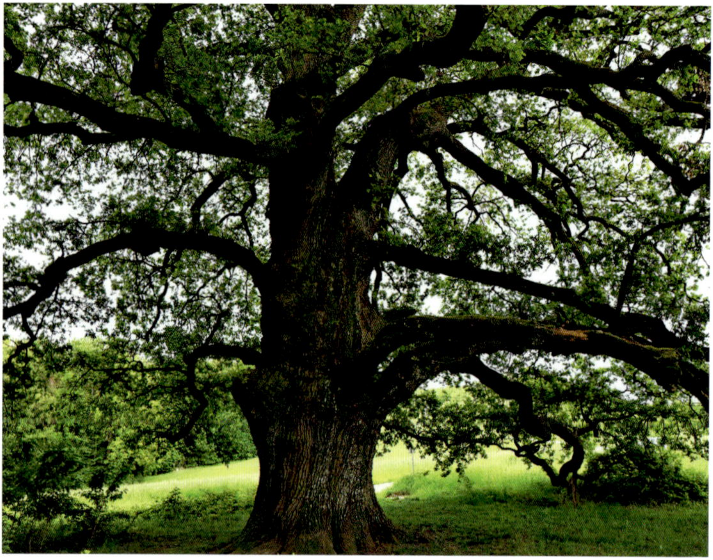

Allein der Umfang der Sulzeiche von 6,5 Metern in Brusthöhe ist monumental und zieht die Besucher in ihren Bann.

Noch mehr wird von diesem Wunder der Natur überwältigt sein, wer unter den weit ausladenden Ästen steht, von denen sich einige bereits bis auf den Boden neigen. Dieser Baum ist zu allen Jahreszeiten eine Attraktion.

Die Schönheit des Baumes und seine auch im hohen Alter vorhandene Vitalität täuschen allerdings über den tatsächlichen Gesundheitszustand der Sulzeiche hinweg. Nach einer neueren forstlichen Untersuchung durch die Forstingenieure Martin Müller und Andreas Christoph vom Februar 2020 ist der Baum im Inneren weitgehend hohl. An der dünnsten Stelle hat die etwa zwei Meter dicke Eiche nur noch eine Wand von 4 Zentimeter, an der dicksten Stelle weist sie noch etwa 25 Zentimeter stabiles Holz aus. Der Zerfallsprozess dieser Eiche hat also schon längst begonnen. Neben Vögeln und Kleinsäugetieren finden hier immer mehr Pilze, Moose, Flechten und Insekten einen Lebensraum.

Wer einmal dort war, wird wiederkommen, sind sich Naturfreunde sicher. Viele Liebes- und Hochzeitspaare versichern sich dort ihrer Liebe.

Inzwischen gibt es auch einen barrierefreien, rund zwei Kilometer langen Rundweg, der an der Sulzeiche vorbeiführt.

Als Startpunkt dafür bietet sich der Parkplatz beim CVJM-Vereinsgarten an. Für ambitioniertere Wanderer kann die Sulzeiche auch zum Ausgangspunkt für eine längere Tour in das Schaichtal genommen werden.

Tipp

Der Förderverein Naturpark Schönbuch e. V. hat eine Broschüre mit dem Titel „Barrierefrei durch den Naturpark Schönbuch" herausgegeben. Dort werden 13 Wege vorgestellt, die nahezu ohne Hindernis genutzt werden können. Diese Broschüre ist auch im Internet abrufbar unter https://naturpark-schoenbuch.de.

31 ZWEI EICHEN ERINNERN AN DEN ERFOLG DER FLUGHAFEN-GEGNER –

ein Sieg der Vernunft

Lage

Im Kirnbachtal südlich von Dettenhausen beziehungsweise nahe der Teufels-brücke bei Bebenhausen.

Tour

Den Einstieg ins obere Kirnbachtal findet man auf der alten Stuttgarter Straße zwischen Pfrondorf und Dettenhausen. Etwa 100 m südlich des Kreisverkehrs führt ein Weg durch das Gatter ins Kirnbachtal. Weiter talwärts findet man die Mahneiche am Kirnbachsträßchen, noch ehe man die Heuallee erreicht. Zur Oskar-Klumpp-Eiche kommt man von dort über Bebenhausen. Die einfachste und sicherste Variante ist es, weiter bis zur Mauterswiese zu gehen. Dann in westlicher Richtung auf das Einsiedlersträßchen.

Am „Langen-Rücken" in südwestlicher Richtung das Einsiedlersträßchen talwärts gehen bis zum Pfeiffer-Stein-Parkplatz. Dort – am Waldrand entlang – auf den Dianaweg wechseln. Beim Spötterweg am König-Karl-Stein vorbei und schließlich nach Bebenhausen gehen. Am Goldersbach die geteerte Goldersbachtalstraße bis zum „Geschlossenen Brunnen" nehmen und dort rechts halten. Beim Tellerbrun-nen entweder auf den Leichtsweg wechseln oder über die Brücke geradeaus zum Jungfernhäulesweg gehen. Beide Wege führen bei der Teufelsbrücke wieder zusammen. Neben dem Rastplatz steht die Oskar-Klumpp-Eiche. Von dort geht es wieder zurück in Richtung Bebenhausen. Erneut zum Dianaweg wechseln, jedoch jetzt in südöstlicher Richtung bis zum Kirnbachsträßchen gehen. Auf diesem Weg talaufwärts bis zur Mauterswiese und schließlich wieder zur Mahneiche gehen. Von dort ist es bis zum Ausgangspunkt der Tour nicht mehr weit.

Die Tour stellt bereits wegen ihrer Gesamtlänge von rund 18 km für viele Wanderer eine Herausforderung dar. Daher sollte sie am besten als Tagestour geplant werden.

Der Schönbuch war in seinem Be-stand schon mehrfach existenziell gefährdet. Nicht nur die mittelalter-liche Waldweide und die hoheitliche Jagd mit ihren viel zu hohen Rot-wildbeständen setzten dem Wald bis zu Beginn des 19. Jahrhunderts zu. In jüngster Zeit kamen Bedrohun-gen ganz anderer, aber nicht weni-ger schwerwiegender, Art hinzu. In den 1960er-Jahren plante die damalige Landesregierung unter Ministerpräsident Filbinger (CDU) hier einen Großflughafen. Quer über das Kirnbachtal sollten zwei Start- und Landebahnen – vier Kilometer beziehungsweise 2,5 Kilometer lang – gebaut werden, um so den Stuttgarter Flughafen zu entlasten. Pläne für ein gigantisches Bauprojekt im hügeligen Gelände des Schönbuchs lagen schon zum Absegnen in der Schublade bereit. Rund 1 100 Hektar Wald sollten gerodet und 100 Millionen Kubikmeter Erde bewegt werden. Erst durch den vehementen Protest der Bevölkerung wurde diesen Plänen der Garaus gemacht. An diesen Protest und den Sieg der Vernunft erinnern heute zwei Eichen: Die Mahneiche im oberen Kirnbachtal und die Oskar-Klumpp-Eiche bei der Teufelsbrücke.

Insbesondere dem breiten Bürgerprotest, angeführt vom damaligen Tübinger Landrat Oskar Klumpp, ist es zu verdanken, dass dieser Wahnsinn wieder in den tiefen Schubladen der Landesregierung verschwand. Anstelle eines neuen Großflughafens gab es nun etwas anderes: Der Schönbuch wurde 1972 zum ersten Naturpark des Landes Baden-Württemberg erklärt. Weite Teile stehen seitdem unter Naturschutz. Trotzdem wird immer wieder versucht, auf das große zusammenhängende Waldgebiet Zugriff zu

nehmen. So erwog die Familie des Herzogs von Württemberg als Eigentümer der Domäne Einsiedel im Jahr 2011 ein 340 Hektar großes Gelände an die Daimler AG für eine Teststrecke zu verkaufen. Auf einem vier Kilometer langen Ovalkurs sollten Fahrzeuge des schwäbischen Autobauers getestet werden. Viele Bürger fühlten sich dabei an die Pläne zum Bau des Großflughafens erinnert. Aufkeimender Widerstand bei Bürgern und eindeutig ablehnende Haltungen von Ortschafts- und Gemeinderäten der umliegenden Kommunen brachten dieses Projekt zum Glück in einem noch recht frühen Planungsstadium zu Fall.

Tipp

Der Schönbuch ist der erste Naturpark in Baden-Württemberg. Ein Teil des Nordschwarzwaldes wurde 2014 als erster Nationalpark Baden-Württembergs ausgewiesen. Auch der Nationalpark musste hart erkämpft werden. Es lohnt ein Besuch zum Vergleich.

DACHSBÜHL-EICHE –
ein starkes Lebenszeichen

32

Lage
Bei Pfrondorf

Tour
Vom Parkplatz Rotes Tor geht es den Fußweg in westlicher Richtung entlang des Einsiedlersträßchens bis zum Dachsbühlsträßchen. Dort geht es etwa 200 m in nördlicher Richtung. Rechter Hand sieht man einen liegenden Baumriesen; einen Steinwurf davon entfernt steht die Dachsbühl-Eiche auf der freien Trasse der Bodenseewasserversorgung. Gesamtstrecke hin und zurück etwa 1,5 km, einfach zu gehen. Auch für Menschen mit Gehbehinderung geeignet.

Eine der eindrucksvollsten Eichen im Schönbuch steht auf dem Einsiedel. Die Eiche am Dachsbühlsträßchen übertrifft ihre Verwandten in der Nähe um einiges: In Brusthöhe hat sie einen Umfang von 6,15 Meter. Zusammen mit der Sulzeiche bei Walddorfhäslach ist dies gegenwärtig der stärkste und mit rund 350 bis 400 Jahren nunmehr der zweitälteste Baum des Naturparks Schönbuch, nach dem die Dicke Eiche in der Kaupenklinge bei Hildrizhausen im Winter 2012 von einem schweren Sturm dahingerafft wurde. Nicht anders erging es auch jenem Baumveteran, der in unmittelbarer Nachbarschaft der Dachsbühl-Eiche vor gut 30 Jahren sein physiologisches Ende fand und nun in Sichtweite des Methusalems am Boden liegt.
Alle diese mächtigen Bäume haben eines gemeinsam: Es sind die

Überbleibsel der mittelalterlichen Waldweide, von denen es im Schönbuch noch einige Hundert gibt. Ihre Frucht, die Eichel, diente einst der Schweinemast. Für die Bauern, die während des Mittelalters und in der frühen Neuzeit ihre Schweine in großen Herden in den Wald getrie-

ben haben, waren die Eichen neben den Buchen besonders wertvoll. Noch heute sind Eichen – nach den Buchen – die zweithäufigste Laubbaumart in Deutschland. Im Schönbuch haben Eichen einen Anteil von etwa 15 Prozent an der Waldgesellschaft.

Besonderes Kennzeichen der mächtigen Dachsbühl-Eiche ist ihr starker Seitenast. Bei weiterem Wachstum könnte er durch sein Eigengewicht abbrechen und somit den gesamten Baum irreparabel schädigen. Bislang ist der Baum jedoch noch vital. Noch mehr: Zusammen mit dem Hauptstamm und dem starken Seitenast scheint die Eiche ihre hölzernen Glieder wie ein überdimensionales Victoryzeichen in die Höhe zu recken: Ein starkes Lebenszeichen der langlebigen Eiche.

Tipp

Weitere mächtige Eichen in der Nähe sind die Eiche beim Eisenbachstein nahe des Parkplatzes Rotes Tor und die Burger-Eiche beim Eisenbachhain. Eine weitere Eiche steht im dortigen Bannwald, für den jedoch ein Betretungsverbot gilt.

33

MAMMUTBÄUME –
die Königssaat
ist aufgegangen

Lage
Nahe der Königsjagdhütte

Tour
Ausgangspunkt für diese Tour ist der Parkplatz Saurucken beim Entringer Sport-
platz. Von dort kommt man über die Bebenhäuser Straße noch vor dem Gatter
zum Klebweg, der in den Winterweg übergeht. Nach einer großen Wegschlaufe
erreicht man wieder ein Gatter. Hier links halten zum Sommerstichweg. Am
Schnittpunkt mit dem Kayher Sträßle sieht man schon die ersten Mammutbäume.
Danach geht es auf dem Kayher Sträßle in südöstlicher Richtung weiter bis zur
Münst-Eiche. Dort kommt man in südwestlicher Richtung zum Sohlweg. Bei der
Pflanzschule sieht man linker Hand zahlreiche Wellingtonien. Danach zurück zum
Dickneweg, der talwärts zum Erlenweiher führt. Nach einem kleinen Abstecher
zum Wildgehege über die Bebenhäuser Straße zurück zum Ausgangspunkt.
Die Tour ist rund 5 km lang und mittelschwer.

Zu den meisten Baumarten gehören in Deutschland Fichte und Kiefer sowie Buche und Eiche. Die Tanne wird zwar oft besungen, doch mit einem Flächenanteil von lediglich zwei Prozent gehört sie hierzulande eher zu den Raritäten. Mammutbäume gehören noch weniger zum traditionellen Waldbild in Deutschland – in der zahlenmäßigen Verteilung spielt dieser auch Wellingtonie genannte Baum überhaupt keine Rolle.

Im Schönbuch kommen sie trotzdem vor – und das hat einen Grund: Der württembergische König Wilhelm I. orderte im Jahr 1864, seinem Todesjahr, aus Nordamerika Samen des Riesenmammutbaums und ließ sie in der Wilhelma aussäen. Was die Württemberger damals nicht wussten: Der Sequoiadendron giganteum, wie sein wissenschaftlicher Name lautet, hat einen sehr kleinen Samen. Und so hätten die damals gekauften 500 Gramm ausgereicht, um über 100 000 Wellingtonien zum Leben zu erwecken. 5 000 davon wurden schließlich in der Wilhelma aufgezogen und später im ganzen Land verteilt. Die meisten Setzlinge erfroren jedoch im kalten Winter 1879/1880.

Etwa 200 dieser Baumriesen gibt es noch heute im Südwesten, etliche davon stehen im Schönbuch. Allein bei der Pflanzschule am Sohlweg

und an der Schnittstelle von Sommerstichweg und Kayher Sträßle sind rund 20 dieser Baumriesen auf engem Raum versammelt. Jeder Einzelne von ihnen kann auf immerhin 150 Lebensjahre verweisen. Vergleicht man damit jedoch ihr mögliches Alter von über 2 000 Jahren, so befinden sich die Schönbuch-Riesen noch nicht einmal in der Pubertät. Dabei überragen sie das „Stammpersonal"

der heimischen Bäume bereits erheblich. Ihre direkten Verwandten im US-Bundesstaat Kalifornien schaffen es auf eine Höhe von über 80 Metern. Der Mammutbaum auf dem Bezenberg hat immerhin eine Höhe von 41 Metern erreicht.

Tipp

Es gibt im Schönbuch mehrere Standorte von Riesenbäumen. Ein Exemplar mit kindgerechten Erklärungen dazu befindet sich auf dem Bezenberg bei Waldenbuch.

LINDENALLEE –
wo sich Kultur und Natur die Hand geben

34

Lage
Beim Einsiedel

Tour
Vom Parkplatz „Eichenfirst" auf der „Alten Stuttgarter Straße" (K 6912) zwischen Pfrondorf und Dettenhausen in nordöstlicher Richtung das Roterlensträßchen entlang gehen. Dort erreicht man bereits nach 200 m die Lindenallee; diese in südöstlicher Richtung etwa 1,5 km immer geradeaus gehen, bis zum Parkplatz bei der Bebenhauser Allee. Hier hat man eine grandiose Sicht bis zur Schwäbischen Alb. Nun wieder zurückgehen bis zum Schnittpunkt Lindenallee/Judensträßchen/Hofmeistersweg. Dort die erste Möglichkeit nach rechts (Judensträßchen) in östliche Richtung nehmen. Nach etwa 600 m (Bank auf der rechten Seite) links abbiegen. Nach wenigen Metern erreicht man den von der Büchelersklinge gespeisten Weiher. Dann etwas bergauf bis zur Grillstelle gehen. Dort den Hofmeistersweg nach links nehmen. Rechts sieht man einen kleinen Weiher und ein Häuschen. Dem Hofmeistersweg weiter folgen zur Lindenallee. Von dort auf gleichem Weg in nordwestliche Richtung zurück. Leichte Tour über etwa 5 km, für Familien mit Kindern geeignet.

Wer auf der Lindenallee beim Einsiedel flaniert, wird sich in längst vergangene Zeiten zurückversetzt fühlen. Schnurgerade führt dieser Weg durch den Wald und ist noch immer von zahlreichen Linden begrenzt. Auf Geheiß des württembergischen Herzogs Carl Eugen haben Landschaftsarchitekten und Gärtner vor rund 250 Jahren in den Naturraum des Schönbuchs eingegriffen und rund um den Einsiedel Baumschulen und Alleen angelegt. Noch heute macht die Symbiose

aus exakter, geplanter Symmetrie und natürlicher Wildheit, aus künstlerischer Gestaltung und urwüchsiger Landschaft diese Allee zu etwas Besonderem. Hier kann man eintauchen in eine baumbestandene künstliche Anlage – mitten im Wald.

Kultur und Natur geben sich auf dieser kilometerlangen Nord-Süd-Achse einig die Hand. Dazu passt, dass Herzog Carl Eugen auf dem Einsiedel um das Jahr 1765 im Schnittpunkt von sieben Alleen ein Lustschlösschen anlegen ließ. Teile dieser einstigen Prachtstraßen sind noch unter den Namen Pfrondorfer-, Kirschen-, Bebenhäuser-, Waldenbucher- und Rübgarterallee erhalten. Doch Prunk und Pracht des Adels sind längst Geschichte: Von dem Schlösschen sind nicht einmal mehr die Grundmauern zu sehen.

Geblieben ist jedoch bis zum heutigen Tag eine einzigartige Atmosphäre. Dazu trägt nicht nur die bis heute sichtbare Handschrift der damaligen Landschaftsarchitekten bei. Auch die Linden selbst, von denen etliche ein stattliches Alter von rund 250 Jahren auf dem Buckel

haben und damit zur Erstbepflanzung gehören dürften, verleihen der fast ebenerdigen Hochfläche natürliche Schönheit und außerordentlichen Glanz, die sich zu allen Jahreszeiten sehen lassen können. Doch was wäre dieses Idyll im Wald ohne Wasser? Bitte schön – auch das gibt es in der Nähe. Ein Weiher im östlichen Dachsbühl spiegelt Bäume und Wolken wider und lässt auch hier nochmals die Vergangenheit aufblitzen. Denn tatsächlich gab es auf dem Einsiedel einst auch vier Weiher. Vielleicht haben weitere Teiche – wie der im Dachsbühl – dazugehört. Wer etwas Glück hat, kann hier gelegentlich einen Reiher oder sogar einen Eisvogel sehen. Abhängig von der Jahreszeit können hier regelmäßig Enten und Frösche beobachtet werden.

Tipp

Entlang der Lindenallee gibt es einen Schlüsselstein, der relativ einfach zu finden ist. An der Kreuzung Hofmeistersweg und Lindenallee geht man rund 80 Meter die Lindenallee entlang in nordöstlicher Richtung. Dort erreicht man eine Eiche. Vom Weg im rechten Winkel nach rechts in den Wald hineingehen. Nach 40 Metern kommt man direkt zum Schlüsselstein (Schlüsselsteine, siehe Seite 137).

35

SCHNAPSEICHE –
ein Feuerwässerchen im Schönbuch

Lage
Beim Schaichhof

Tour
Beim Schaichhof das Franzensträßle bis zum hinteren Parkplatz fahren. Von dort aus den Steinigen Weg in Richtung Süden nehmen, vorbei am Alten Bannwaldsträßle. An der Wegegabelung zum Brombergebenesträßle links halten, am Neuen Bannwaldsträßle vorbeigehen bis zur Schnapseiche an der nächsten Wegegabelung. Von dort aus die Schnapsallee entlang gehen und auf dem Hauptweg immer rechts halten. So kommt man in einem Bogen über die Seitentalstraße wieder zurück zum Steinigen Weg und zur Schnapseiche. Einfache, etwa 4 km lange Tour.

Die einen nennen es Zielwasser, Rachenputzer oder Obstler, die anderen Droge, Sterbehilfe oder Himmelfahrtskommando. Gemeint ist der Schnaps. Auch im Schönbuch – und um den Schönbuch herum – hat dieses hochgeistige Getränk eine lange Tradition. Die sogenannte Schnapseiche legt dafür ein beredtes Zeugnis ab. Doch was hat es mit dieser Eiche eigentlich auf sich?

Wahrscheinlich war der mächtige Vorgänger dieser nach wie vor so bezeichneten Eiche einmal ein markanter Treffpunkt für die Bevölkerung der Gegend. Das hat vermutlich den einfachen Grund, dass diese Eiche einst ein kaum zu übersehender Baum gewesen sein muss – vergleichbar etwa mit der heutigen Sulzeiche bei Walddorfhäslach. Doch während der Standort bei der Sulzeiche eine weite Aussicht bis zur Schwäbischen Alb erlaubt, ging es bei der Schnapseiche wohl eher um den Blick zum Gegenüber in kurzer Distanz – zum Prost mit einem Gläschen Schnaps. Zur Zeit der Waldweide mag der Baum auch für die Hirten von Schafen, Kühen oder Ziegen, Orientierungspunkt gewesen sein. Möglich ist aber auch, dass ein viel älterer Treffpunkt namensgebend war. Strategisch günstig – etwa zum Tausch von Schnaps gegen andere Waren – liegt dieser Platz an einer schon immer wichtigen Schnitt-

stelle. Das zeigt auch ein römischer Töpferofen, der nahe der Schnapseiche gefunden wurde.

Am wahrscheinlichsten ist jedoch, dass man sich hier einst zu Treibjagden verabredete. Die Bauern, die hier zur Zeit der absolutistisch regierenden Herrscher nicht nur von hohen Abgaben und Steuern, sondern auch durch Frondienste geplagt waren, sollten dazu wohl durch einen Schnaps bei Laune gehalten werden – ein gutes Geschäft für die württembergischen Herzöge und Könige, die nach erfolgter Jagd ihre Entourage an ihrem luxuriösen Lebensstil teilhaben ließen. Besonders unrühmliche Beispiele

dafür sind Herzog Carl Eugen und der erste württembergische König Friedrich. Machte sich der Herzog durch einen besonders verschwenderischen Lebensstil und einen gigantischen Schuldenberg beim Volk unbeliebt, so protzte König Friedrich noch im Jahr 1812 bei einer Jagd nach französischem Vorbild, der sogenannten Festin- oder Dianenjagd, mit einem mehrtägigen Festgelage, während das Volk darbte.

Das Obst in flüssiger Form als Most, Wein oder Schnaps haltbar zu machen und es dabei zu veredeln, ist Ziel von Mostereien, Keltereien oder Brennereien. Aus den Streuobstwiesen rund um den Schönbuch lässt sich mancher edle Tropfen gewinnen. Das demonstrieren zum Beispiel die Mosterei Martin Brennenstuhl in Weil im Schönbuch oder die „Schönbuchbrennerei" in Pliezhausen-Gniebel, die

von Brigitte Nonnenmacher betrieben wird. Warum nicht einen Edelbrand an der Schnapseiche probieren? Auf dem Weg entlang der Schnapsallee sollte allerdings nicht an jeder Eiche Hochprozentiges verkostet werden. Auf dieser Allee gibt es nämlich so viele dieser Bäume, dass sie auch Eichenallee genannt werden könnte. Als ausgesprochene Schnapsidee gilt bis zum heutigen Tag der Plan, aus dem Schönbuch einen Flughafen zu machen. Dank massivem Bürgerprotest ist daraus zum Glück nichts geworden.

Tipp

Von der Eichenallee aus kann ein Abstecher zum Ochsenschachenweiher gemacht werden. Bei der Schnapseiche gibt es auch eine Grillstelle.

KÖNIGSSTEINE –
ein Denkmal für die Royals

36

Lage
Bei Bebenhausen

Tour
Startpunkt ist der Pfeifferparkplatz (erster Ausweich-Parkplatz von Bebenhausen Richtung Kälberstelle). Auf dem Dianaweg geht es von dort aus Richtung Bebenhausen. Nach 200 m den unteren Hangweg nehmen (Spötterweg). Nach weiteren 50 m sieht man schon den König-Wilhelm-Stein auf der rechten Seite. Weiter auf dem Spötterweg erreicht man bald das Dorf Bebenhausen. Der Schönbuchstraße folgend geht es bis zur Brücke über den Goldersbach. Dann etwas steiler hangaufwärts Richtung Waldhausen (Am Ziegelberg). Nach etwa 300 m wird linker Hand der König-Karl-Stein erreicht. Der Platz bietet einen beeindruckend schönen Blick über Bebenhausen. Insgesamt 5 km lange Tour. Angesichts des steilen Anstiegs Richtung Waldhausen mindestens 2,5 Stunden Zeit einplanen.

als Folge des revolutionären Umsturzes nach dem Ersten Weltkrieg vierter und letzter württembergischer König, also ebenso 27 Jahre lang. Beiden Königen wurde bei Bebenhausen ein steinernes Denkmal gesetzt. Der Anlass war jeweils derselbe: das 25-jährige Regierungsjubiläum.

Der Stein für Karl wurde 1889 auf der „Waldhäuser Höhe" aufgestellt. Hans Haug fängt diese Szene in seinem Buch „Im Schatten des Klosters" ein: „Mit vielen Ochsen wurde der Stein geholt und den Berg hinaufgeführt, dort meißelte Bildhauer Krauss die Widmung ein." Und so kann man es noch heute lesen: „Bebenhausen – Zur Erinnerung an das 25-jährige Regierungs-Jubiläum S. M. des Königs Karl – 1889." Kloster und Dorf Bebenhausen haben ihm einiges zu verdanken: Kein anderer als König Karl rettete das Kloster vor dem Totalzerfall und veranlasste seinen Wiederaufbau. Bei der Einweihung des Gedenksteins, zu der sich das ganze Dorf Bebenhausen herausgeputzt hatte, glänzte der König jedoch durch Abwesenheit.

Ganz anders war es bei dem leutseligen und im Volk sehr geschätzten König Wilhelm II., der sich oft in Bebenhausen aufhielt – schon allein wegen der Hofjagden. Noch als Kronprinz hatte er die königliche Jagdhütte auf dem Stein-

Wer von den beiden letzten württembergischen Königen deutlichere Spuren in der Geschichte des Landes hinterlassen hat, ist schwer zu sagen. Zu unterschiedlich waren die Aufgaben jener Zeit, zu unterschiedlich waren auch die Persönlichkeiten. Beide jedoch prägten Württemberg in besonderer Weise. Dafür spricht schon die Dauer ihrer Machtentfaltung. Karl, der dritte württembergische König, regierte vom 12. Juli 1864 bis zu seinem Tod am 6. Oktober 1891, mithin über 27 Jahre lang. Sein Nachfolger, Wilhelm II. war von 1891 bis zu seiner Abdankung am 30. November 1918

gart erbauen lassen, einen Steinwurf von Bebenhausen entfernt. Sein 25-jähriges Regierungsjubiläum am 6. Oktober 1916 fiel mitten hinein in die Wirren des Ersten Weltkriegs. Deshalb wollte der König von allen öffentlichen Kundgebungen und festlichen Veranstaltungen absehen und allein einen Dankgottesdienst akzeptieren. Das hielt die Bürger jedoch nicht davon ab, einen Gedenkstein nordöstlich von Bebenhausen zu errichten. Dazu schreibt Hans Haug: „In einer schlichten Feier gab der König seiner Freude über diese Art des Gedenkens in ernster Zeit Ausdruck und wünschte dem Heimatland, insbesondere dem Schönbuch, dauerhaften Frieden."

Nimmt man Größe und Gewicht der beiden Königssteine zum Maßstab, so ist der Gedenkstein für König Wilhelm II. unübertroffen. Der Findling zu seinen Ehren wiegt über zehn Tonnen, und mit den Maßen von 3,20 Metern Höhe, 1,50 Metern Breite und 1,30 Metern Tiefe kann es im Schönbuch kein anderer Gedenkstein mit ihm aufnehmen. Die Inschrift ist dagegen bescheidener als beim König-Karl-Stein. Sie lautet schlicht: König-Wilhelm-Stein. 1916.

Tipp

Ein Besuch des Klosters Bebenhausen bietet sich förmlich an.

ENTRINGER STEIN –
ein Wegweiser im Schönbuch

37

Lage
Bei Altdorf

Tour
Vom hinteren Parkplatz Franzensträßle beim Schaichhof zum Birkensee in südlicher Richtung über den Steg auf den Schneißenweg gehen. Geht man von dort in westlicher Richtung, kommt man nach dem rechter Hand liegenden Hochbehälter auf die Kreuzung Diebsteig/Entringer Allee. Auf der rechten Seite steht dort unübersehbar der Entringer Stein. Den Stein mit den Koordinaten 48°593.67, 9°002.15 kann man als Ausgangspunkt für eine Tour zu einem der dort angegebenen Orte nehmen. Die kürzeste Tour führt zum Schaichhof oder nach Altdorf, die längste nach Bebenhausen, die anstrengendste nach Entringen. Diese Tour führt über Diebsteig und das Goldersbachtal nach Bebenhausen. Mit dem Bus geht es zurück zum Schaichhof. Für die etwa 4 km lange Strecke vom hinteren Parkplatz Franzensträßle bis zum Entringer Stein sollte man mindestens eine Stunde Zeit einplanen.

Der Entringer Stein ist ein sogenannter Stundenstein. Solche Steine informieren die Wanderer über die Gehzeit bis zu einem angegebenen Ort. Wer also an diesem Steinquader auf dem Bromberg steht, hat sich laut den eingemeißelten Daten von Bebenhausen „1 ¾ St" entfernt und hat bis Altdorf noch einen Weg von „1 St" vor sich. Bis Entringen benötigt der Wanderer danach „1 ½ St", bis zum Schaichhof noch eine „¾ St". Summiert man die Entfernungen auf, so kommt man auf fünf Stunden. Wer als Wanderer die angegebene Zeit einhalten will, darf nicht viel Zeit vergeuden. Die Entfernungsangabe in Stunden lässt vermuten, dass der Stein bereits vor der Einführung des metrischen Systems in Württemberg am 1. Januar 1871 stand. Nach diesem Datum wurden die Entfernungen nämlich in Kilometern angegeben und nicht mehr in Stunden.

Entscheidend für den Standort des Entringer Steins könnte sein, dass die dort angeführten Orte durch ein mittelalterliches Wegenetz miteinander verbunden gewesen waren. Altdorf und Bebenhausen lagen einst an einer mittelalterlichen Fernstraße, der sogenannten Via Rheni. Eine vermutlich noch ältere und möglicherweise auf die Römerzeit zurückgehende Straße traf beim Schaichhof im rechten Winkel auf diese Rheinstraße und führte von dort zu den Gemeinden im Ammertal, darunter Mönchberg, Breitenholz und Entringen. Der Entringer Stein könnte also exakt im Schnittpunkt dieser ehemaligen Verkehrsachsen liegen.

Dass der im Sprachgebrauch der Region meist als „Entringer Stein" bezeichnete Quader die Herkunftsbezeichnung des Steins enthält, also in einem Entringer Steinbruch gebrochen wurde, ist dagegen unwahrscheinlich. Der Entringer Stubensandstein ist nämlich eher porös und würde in relativ kurzer Zeit zerfallen. So bleibt noch als Möglichkeit, dass an diesem Schnittpunkt auf der Straße von Bebenhausen nach Altdorf der Abzweig nach Entringen angezeigt wurde. Der Entringer Stein liegt auf Altdorfer Gemarkung direkt an einem mit „Entringer Allee" bezeichneten Weg, weist also von Altdorf aus auf einen Weg, der möglicherweise einmal in direkter Linie nach Entringen geführt hat. Nicht ausgeschlossen ist, dass es an diesem Standort zuvor andere steinerne Zeugnisse gab. Eine alte Wegemarkierung könnte also einfach durch den Stein ersetzt worden sein. Als gesichert kann gelten, dass der Stein in der jetzigen Fassung jüngeren Datums

ist. Dafür sprechen die Schriftart, der gut erhaltene Schriftzug und das insgesamt tadellose Erscheinungsbild des Steins. Verlässliche Angaben dazu fehlen allerdings. Und noch etwas ist augenfällig. Die Namensendungen der bezeichneten Dörfer sind allesamt grundverschieden.

Die Schrift ist in Fraktur gehalten, eine Schriftart, die im deutschsprachigen Raum zwischen Mitte des 16. Jahrhunderts bis Anfang des 20. Jahrhunderts am häufigsten verwendet wurde. In seiner Erhabenheit und schlichten Schönheit ist der 700-Kilo-Koloss mit den Maßen 165 cm × 42 cm × 42 cm im Schönbuch unübertroffen.

Tipp

Im Schönbuch wurden insgesamt 241 Kleindenkmale erfasst. Die Informationsschrift „Zeugen der Vergangenheit. Kleindenkmale im Naturpark Schönbuch" des Fördervereins Naturpark Schönbuch ruft diese steinernen Zeugen aus längst vergangener Zeit in Erinnerung.
www.Kleindenkmale-Schoenbuch.de;
www.Denksteine-Schoenbuch.de

PFEIFFERSTEIN –
Kriminalfall im Wald

38

Lage
Bebenhausen

Tour
Der erste Ausweichparkplatz von Bebenhausen in Richtung Kälberstelle ist der Pfeifferstein-Parkplatz. Von dort aus das Einsiedlersträßchen bergauf gehen. Nach etwa 500 m, kurz nachdem ein Weg links abgeht, sieht man rechts einen Pfad, auf dem man nach etwa 150 m den Pfeifferstein erreicht. Wieder zurück geht es hangwärts das Einsiedlersträßle weiter bis kurz vor dem Rotwildgatter auf den Weg „Am Stöckle". Durch einen schönen Buchenwald geht es weiter bergauf bis zur Schautafel. Von dort aus geht es in einer Schleife immer bergab bis zum Ausgangspunkt. Die Tour ist etwa 4 km lang und einfach zu gehen, obwohl der Weg bis fast auf die Höhe des Kirnbergs ansteigt.

Der Pfeifferstein erzählt eine schreckliche Geschichte. Exakt am Standort dieses Denksteins wurde am 26. Februar 1822 der erst 16 Jahre alte Forstlehrling Wilhelm Pfeiffer von einem aufgebrachten Bürger erschlagen. Ein Steinkreuz erinnert an diese Freveltat. Auf der Vorderseite des Steines stehen der Name des Opfers und das Todesdatum. Auf der Rückseite wurden die Worte „Jäger Mordplaz" eingemeißelt. Die Mörder des jungen Burschen wurden nie gefasst.
Zu Beginn des 19. Jahrhunderts hatten die Förster einen schweren Stand. Bei der Bevölkerung waren sie oft verhasst, denn durch die Wiederaufforstungsprogramme hatten sie die schwierige Aufgabe,

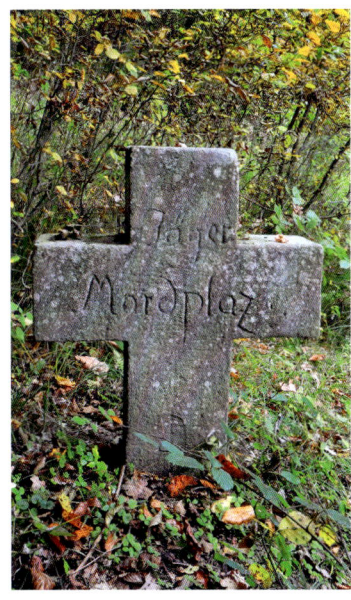

die Abschaffung der Holznutzungs- und Weiderechte durchzusetzen. Das war umso schwieriger, als sich die Bevölkerung der umliegenden Schönbuch-Gemeinden bis dahin auf verbriefte Rechte berufen konnte, die ihnen diese Nutzung im Schönbuch erlaubten. So gesehen war es nicht überraschend, dass sich die Wut der Bevölkerung entlud und der junge Försterlehrling dies mit dem Leben bezahlen musste.

Tipp

Auch Wilddiebe waren nicht zimperlich, wenn ihnen Forstbeamte in die Quere kamen. So wurde der Forstknecht Johann Heinrich Müller am 23. März 1758 von Wilddieben tödlich verwundet. Daran erinnert ein Epitaph an der Martinskirche in Weil im Schönbuch. Ebenso erging es am 19. Juli 1913 dem erst zwanzig Jahre alten Forstanwärter Wilhelm Klingler auf dem Bezenberg, der von zwei Wilderern erschossen wurde.

39 SCHWELLERSTEIN –
Erinnerung an eine Tragödie

Lage

Im Schaichtal auf Gemarkung Walddorfhäslach.

Tour

Die Tour startet am Parkplatz Hofmeistersteige an der B 464 zwischen Walddorf und Dettenhausen. Im Zickzackkurs geht es in langen Schleifen die Hofmeistersteige hinunter. Dabei lohnt es sich, gelegentlich innezuhalten und einen Blick auf die markanten Klingen zu werfen. Beim Hofmeistersteigbrunnen hat man einen schönen Blick auf den Steigweiher im Tal. Von diesem Weiher geht es den Schaichtalweg etwa 150 m talwärts, bis sich auf der rechten Seite eine Wiese aufschließt. Dem Pfad folgend erreicht man nach etwa 100 m den Schwellerstein. Vorsicht! Bei Starkregen ist dieser Pfad unbedingt zu meiden! Die Tour hin und zurück ist etwa 4,5 km lang. Steiler Anstieg vom Tal zum Ausgangspunkt. Deshalb mindestens 2 Stunden einplanen.

Im Schönbuch erinnern etliche Gedenksteine an Mord und Totschlag, an Suizid, Unglücksfälle und wahre Tragödien. Einer dieser Steine, der Schwellerstein im Schaichtal, verweist auf eine Kuriosität, die von all dem etwas hat. Die Geschichte – so man ihr glauben darf – ist schnell erzählt: Demnach hat der Unterförster Karl Schweller aus Eifersucht seine Geliebte, die 19-jährige Katharina Heim aus Walddorf, am 21. August 1814 erschossen und danach sich selbst gerichtet: Er schoss sich eine Kugel in den Kopf und war, wie seine Geliebte, auf der Stelle tot. Heute würde man wohl von einem „erweiterten Suizid" sprechen.

Während die Tochter des Ochsenwirts Karl Heim und dessen Frau Anna Maria, geborene Kuom, auf dem inneren Friedhof in Walddorf ihre letzte Ruhestätte fand, blieb dem aus Waldsee stammenden Mann ein christliches Begräbnis versagt, da Suizid einst als Todsünde galt. Deshalb wurde Karl Schweller, wie es hieß, „auf Oberamtlichen Befehl in der sogenannten Fuchsklinge eingescharrt". Sehr viel später, wohl im Jahr 1890, wurde dort ein Gedenkstein gesetzt, der an diese Tragödie erinnern soll. Leise Zweifel an der Wahrheit der Geschichte sind allerdings angebracht: Laut dem Walddorfer Heimatbuch erinnerte sich ein Wald-

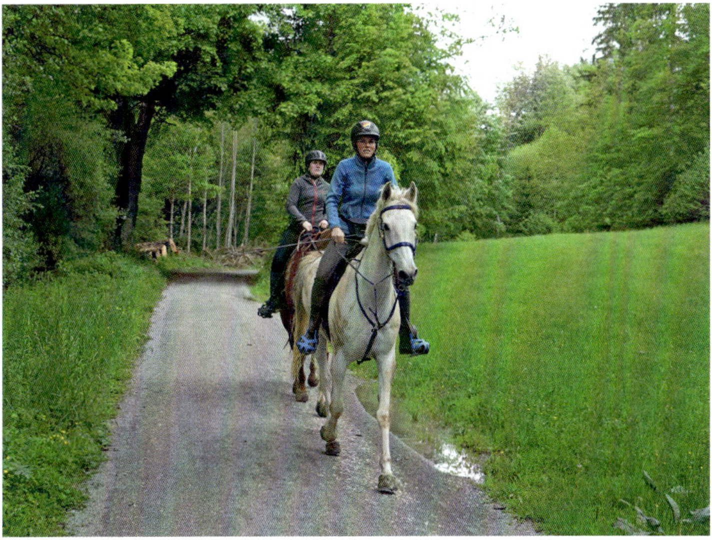

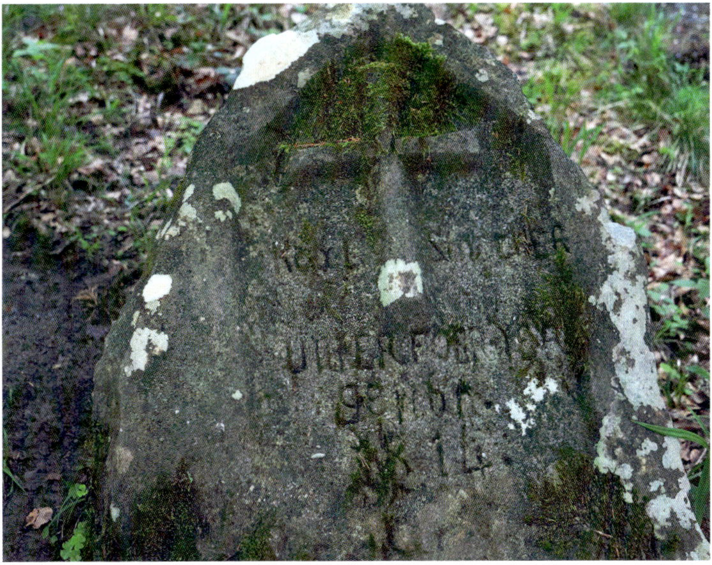

dorfer Bürger, der als Bub die Tragödie miterlebt hat, wie folgt: „Es ist Sünd und Schad für den Mann, der dort begraben liegt, bräver und ehrlicher als er hat es nicht leicht einen gegeben und doch hat er nicht einmal ein ehrliches Begräbnis erhalten." Auch die Umstände der angeblich vorgenommenen Bestattung sind recht kurios. Nach örtlichen Erzählungen hatte eine Frau „aus Mitleid mit dem Selbstmörder" dessen sterbliche Überreste mit einem Pferdefuhrwerk ins Schaichtal bringen lassen, wo der Tote an jener Stelle beerdigt worden ist, die heute ein großer Stein markiert.

Er war „katholisch", wie der Pfarrer im Sterberegister der Kirchengemeinde anmerkte. Spielte diese Hervorhebung im pietistischen Walddorf vielleicht auch eine Rolle? Und warum wurde ihm die späte Ehre eines Gedenksteins zuteil, der zudem mit einem überdimensionierten christlichen Kreuz versehen ist? Der Stein, der in einer Klinge liegt und bei starkem Regen von einem kleinen Bachlauf umspült wird, ist heute von Moos bewachsen. Die Inschrift ist jedoch immer noch gut zu erkennen.

Tipp

Für Krimifreunde gibt es ein besonderes Schmankerl, denn der Autor Veit Müller hat sich mit dieser Tragödie in seinem Regionalkrimi „Tod im Schönbuch" befasst.

DIE SCHLÜSSELSTEINE –
Relikte aus alter Zeit

40

Lage
Rund um den Einsiedel

Tour
Die Tour beginnt beim nordwestlich vom Einsiedel gelegenen Parkplatz Rotes Tor am Einsiedler-Sträßle. Von dort auf der Straße Richtung Pfrondorf fast 500 m bis zum Waldrand auf der rechten Seite gehen. Dem Lauf des Tiefenbachs auf der rechten Seite bis zu der umgestürzten Eiche folgen und von dort aus rund 40 m fast rechtwinklig in den Wald hineingehen. Hier trifft man auf den ersten von insgesamt noch acht erhaltenen Schlüsselsteinen. Wer alle Schlüsselsteine aufsuchen möchte, sollte sich mindestens 4 Stunden Zeit nehmen.

Koordinaten
Einsiedler Straße 48°33.765, 9°06.638
Lindenallee 48°34.057, 9°07.182
Dachswiesenweg 48°34.249, 9°07.339
Büchelersklingenweg 48°34.145, 9°08.480
Auchterthütte 48°33.908, 9°08.669
Unterämtler Allee beim geschichtlichen Lehrpfad 48°33.719, 9°08.710
Ochsenklinge 48°33.594, 9°08.741
Schlierbach 48°32.715, 9°09.030

Die Schlüsselsteine rund um den Einsiedel sind ein Relikt aus der Zeit Graf Eberhards im Bart (1445–1496), des ersten württembergischen Herzogs. Neben der Universität Tübingen (1477) gründete Eberhard auch das Stift St. Peter auf dem Einsiedel im Schönbuch (1492), wo er nach seinem Tod im Jahr 1496 beigesetzt wurde. Erst später, nach Aufgabe des Stifts im Zuge der Reformation, wurde er in die Tübinger Stiftskirche überführt (1534).

Nach seinem Willen sollten in einer geistigen Gemeinschaft weltliche, adelige und geistliche Brüder zum Wohle Gottes zusammenleben. Als Grundlage ihrer wirtschaftlichen Existenz war ihnen eine zum Stift gehörende Fläche im Schönbuch zugedacht, auf der Land- und Forstwirtschaft betrieben wurde. Auch ein Gestüt gehörte dazu, das Eberhard jedoch vorwiegend selbst nutzte. Namensgeber des Stifts war Apostel Petrus, dessen persön-

liches Attribut der Schlüssel ist. Und auch die Brüder im Stift trugen den Schlüssel auf ihren blauen Mänteln. Die Grenze der rund 7,5 Quadratkilometer großen Fläche des Stifts wurde mit Steinen markiert, die ein gekreuztes Schlüsselpaar zeigen. Von ehemals zehn bekannten Schlüsselsteinen existieren heute nur noch acht. Sie zeigen zum Teil sehr starke Verwitterungsspuren. Die beiden Schlüsselsteine an der Schönbuchsteige und im Poppelesloch gelten als verschollen. Der Fischstein im Neckartal gehört nicht zu den Schlüsselsteinen.[1]

Tipp

Aus der Zeit des Stifts St. Peter sind neben den Schlüsselsteinen noch Reste der alten Grundmauern unterhalb des Schlosses Einsiedel als die einzig verbliebenen steinernen Zeugen erhalten.

---

1   Die Positionen sind folgendem Beitrag von Klaus Hermann entnommen: Die Schlüsselsteine des Stifts St. Peter im Schönbuch, Seite 77, in: Andreas Heusel, Peter Maier: Der Einsiedel im Schönbuch. Kirchentellinsfurt 2018

41 VOGTSTEIN –
Dichtung und Wahrheit

Lage
Oberes Kirnbachtal, nördlich von Pfrondorf

Tour
Start an der Alten Stuttgarter Straße bei der Verbindungsstraße zum Einsiedel. Von dort in westlicher Richtung über den Ziegelhäulesweg hinweg hinab ins Kirnbachtal gehen. Nach Erreichung des Kirnbachs weiter entlang des Kirnbachsträßchens talaufwärts an der Mauterswiese vorbeigehen. Bei der Katzensteige in westlicher Richtung über die kleine Kirnbach-Brücke bis zur Bärlochallee gehen. Dort findet man in südlicher Richtung nach rund 100 m den Vogtstein. Zurück zum Ausgangspunkt geht es über denselben Weg. Die Tour ist rund 3 km lang und einfach zu gehen.

Ein Unglück kommt selten allein, heißt es im Volksmund. Das trifft in besonderem Maße auf Bernhart Vogt zu, der am 18. Januar 1865 im Schönbuch von einer Buche erschlagen wurde. Er starb in der

Nähe der Ladstockbuche im oberen Kirnbachtal. Offenbar hatte sich eine Buche beim Fällen im Geäst eines benachbarten Baumes verfangen. Deshalb wollte Bernhart Vogt zusammen mit seinem Bruder einen weiteren Baum ansägen, um durch die Wucht seines Sturzes den Fall der Buche herbeizuführen. Doch hier nahm das tragische Unglück seinen Lauf, als der Baum unerwartet fiel und den älteren der beiden Brüder erschlug. Er war auf der Stelle tot. Dabei war Bernhart Vogt ohnehin ein vom Leben gezeichneter Mann: Seine Frau war bereits verstorben und hatte ihm acht Kinder hinterlassen, wobei das jüngste von ihnen erst im Jahr zuvor konfirmiert worden war. Zum Gedenken an Bernhart Vogt wurde

an der Unfallstelle ein Stein gesetzt, der im Volksmund „Vogtstein" genannt wird.

Wie es der Zufall will, fiel im Winter 2018/2019 eine Buche exakt auf diesen Gedenkstein. Glücklicherweise kam dabei niemand zu Schaden, und auch der Stein blieb weitgehend unversehrt. Ein vom Westen herkommender Sturm hatte mehrere Buchen erfasst und wie Streichhölzer umgelegt. Dabei fiel eine gut 10 Meter hohe Buche genau in Richtung des Vogtsteins, wobei zum Glück nur ihre äußersten Äste das Denkmal mit voller Wucht trafen. Um den Vogtstein rankt sich noch

eine andere Geschichte. Danach war der Walddorfer Bauer Vogt in Tübingen gewesen, um seine Ochsen zu verkaufen. Auf dem Rückweg soll er hier überfallen, beraubt und ermordet worden sein. Wie bei vielen anderen Geschichten aus dem Schönbuch handelt es sich auch dabei um eine Legende ganz nach dem Motto „im Wald da sind die Räuber". Und wie es im Reich der Legenden oft ist, so liegen Dichtung und Wahrheit meist weit auseinander: In Walddorf gab es zu jener Zeit keinen Bauern namens Vogt, und die Schwarzwälder Kreiszeitung vom 22. Januar 1865 berichtet kurz und bündig über

den Unfall. Von einem Überfall ist dabei nicht die Rede. Und auch das Kirchenbuch in Lustnau weist aus, dass Bernhart Vogt „beim Holzmachen von einer Buche erschlagen" wurde und am 18. Januar 1865 vormittags um 10 Uhr gestorben ist.

Tipp

In der Nähe des Vogtsteins steht die Ladstockbuche. Diese Buche ist als Naturdenkmal ausgewiesen und befindet sich etwa 150 Meter westlich des Vogtsteins mitten im Wald. Wer möchte, kann diesen imposanten Baum suchen. Man findet ihn unter den Koordinaten: 48° 34.372, 9° 51.589.

Am Wasser

42 DER BIRKENSEE –
ein einzigartiges Kleinbiotop

Lage
Südlich vom Schaichhof

Tour
Von der B 464 kommend fährt man das sogenannte Franzensträßle rund 1,3 km bis zum hinteren Parkplatz südlich des Golfplatzes. Von dort sind es in südlicher Richtung nur wenige Schritte bis zum Rotwildgatter. Danach auf dem Weg geradeaus bleiben. Bei einer Wegkreuzung erfährt man auf einer Infotafel Neues aus dem Schönbuch. Rechts halten und etwas bergauf gehen zum kleinen Biotop (rechts). Eine Infotafel informiert über den Bannwald Silbersandgrube. Dem Weg in einem leichten Rechtsbogen folgen, bis links ein Schild den Weg zum Birkensee weist. Leichte Tour. Die Wegstrecke hin und zurück beträgt knapp 6 km.

Der Birkensee liegt auf der höchsten Erhebung des Schönbuchs, dem 582,6 Meter über dem Meeresspiegel gelegenen Bromberg. Eine Frage stellt sich hier fast zwangsläufig: Wie kommt ein See auf den höchsten Punkt des Schönbuchs? Die Antwort ergibt sich aus der früheren Nutzung dieses Gebiets. Einst gab es dort einen Steinbruch, in dem der wertvolle Rhätsandstein abgebaut wurde. Nachdem die Baugrube ausgedient hatte, hat sich in der Vertiefung im Laufe der Jahre Wasser angesammelt. So entstand vermutlich zunächst eine Tränke für das auf dem Höhenzug weidende Vieh. Nachdem die Bauern jedoch im Zuge der Wiederaufforstungspläne zu Beginn des 19. Jahr-

hunderts ihre Tiere nicht mehr in den Schönbuch eintreiben durften, wurde das Gewässer wohl als einer von einst zahlreichen Fischweihern im Schönbuch genutzt.

Die Tatsache, dass der Begriff „See" heute nicht mehr passt, schmälert jedoch die einzigartige Schönheit dieses Biotops in keiner Weise. Es handelt sich eher um kleine, aneinandergereihte Tümpel, die eine Moor- und Heidelandschaft umspülen. Im Zuge der Wiederaufforstung wurde der See mittels Gräben entwässert, woraufhin das Gebiet vollständig austrocknete. Als die Gräben vor rund 30 Jahren wieder geschlossen wurden, konnte sich hier ein bis heute einzigartiges Kleinbiotop mit Moor bilden. Durch die Anlage eines Damms wurden neue Wasserflächen geschaffen, die nun dazu beitragen, dass das Moorgebiet beständig mit Wasser gefüllt ist und nicht austrocknet. Die zunehmend trockenen Sommer gefährden leider das Gebiet und drohen, es in eine Sumpflandschaft zu verwandeln.

Noch ist der Birkensee jedoch ein Feuchtbiotop, das zahlreiche seltene Pflanzen beheimatet. Das auf-

recht stehende Pfeifengras wiegt sich hier im Wind. Das kräftige Grün der Torfmoose bildet zusammen mit der zwischen grün und braun changierenden Flatterbinse die Grundfarbe des Biotops. In den Sümpfen, Flachmooren und Feuchtwiesen des Birkensees finden aber auch Wollgras, Moosbeere, Heidenelke und Heidelbeere ideale Lebensbedingungen. Dominiert wird das Biotop allerdings vom satten Azur des von Birken und Kiefern umstandenen Sees, der aber, je nach Jahreszeit und Lichteinfall, seine Farbe wie ein Chamäleon ändern kann. Das Landratsamt Böblingen hat dieses Gebiet am 1. März 1993 als Naturdenkmal ausgewiesen. Es liegt vollständig auf der Gemarkung Altdorf und hat eine Fläche von 2,25 Hektar. Beim Birkensee handelt es sich um ein Gewässer, das seit mindestens vier Jahrhunderten besteht. Er

wird bereits im historischen Atlas von Georg Gadner aufgeführt, der im Auftrag der württembergischen Herzöge Christoph und Ludwig die württembergischen Forstbezirke kartierte. Eine dieser Karten datiert von 1592 und zeigt den Tübinger Forst samt Schönbuch. Das Gewässer auf dem Bromberg wird dort als „Birckense" bezeichnet. Der See muss also zu jener Zeit einen stark landschaftsprägenden Charakter gehabt haben, sonst wäre er in dieser Karte erst gar nicht aufgeführt worden.

Tipp

Der Besuch des Birkensees lohnt sich bei jedem Wetter und zu jeder Jahreszeit. Ein Damm führt durch das Biotop und darf nicht verlassen werden, um diese einzigartige Landschaft zu schützen.

KOHLWEIHER UND DICKE EICHE –
Glanzstücke des Schönbuchs

43

Lage
Hildrizhausen

Tour
Start und Zielpunkt dieser Tour ist das „Kohltor" bei Hildrizhausen. Von dort geht es in südlicher Richtung den sogenannten Saufangweg entlang, bis man nach etwa 500 m auf der rechten Seite zur Lausterer-Eiche kommt. Rechter Hand sieht man bereits den Kohlweiher. Dem Vorderbachweg folgt man in westlicher Richtung. Nach 300 m steht rechts die Hubertuseiche. Dem Trampelpfad folgend erreicht man nach etwa 100 m die Kauppenklinge. Über das Bächlein weiter dem Pfad in nordwestlicher Richtung folgen. So erreicht man nach etwa 50 m die Reste der „Dicken Eiche". Von dort quer durch den Wald in nördlicher Richtung kommt man zur Kohlhauhütte. Nun in östlicher Richtung zurück auf den Saufangweg gehen. Einfache Tour, besonders geeignet für Familien mit Kindern. 2 Stunden Zeit für 2 km einplanen.

Baumstumpf zeigt. Wer vor diesem Baumriesen steht, kann sich das Krachen des Sturzes bestimmt noch lebhaft vorstellen: Ein Holzkörper mit einem Gewicht von vielleicht 20 Tonnen stürzte innerhalb weniger Sekunden zu Boden. Die Erde bei der Kohlhauhütte muss dabei fürchterlich gezittert haben. Damit war das Ende einer Stieleiche besiegelt, über die wohl noch die Wirren des Dreißigjährigen Kriegs (1618–1648), möglicherweise sogar die Geburtsstunde der Reformation in Württemberg (1534) hinweggegangen sind.

Laut Reinhold Kratzer, Leiter der Kreisforstverwaltung Böblingen, handelte es sich bei diesem Naturdenkmal um den bis dahin zweitältesten Baum in der gesamten Region Stuttgart. Selbstredend war der 30 Meter hohe Riese der älteste und mit einem Stammumfang von 6,85 Metern auch der stärkste Baum im gesamten Schönbuch. Das Alter dieses Seniors unter den Bäumen hat alle anderen im Schönbuch um rund 100 Jahre übertroffen. Seine sterblichen Überreste bleiben liegen. Zurück zur Natur heißt die Ökodevise.

Der Kohlweiher bei Hildrizhausen und die umgestürzte „Dicke Eiche" bei der nahe gelegenen Kauppenklinge zählen zu den Glanzstücken des Schönbuchs. Sie aufzusuchen, gehört zum Pflichtprogramm für jeden Schönbuch-Wanderer. Obwohl die Dicke Eiche nicht mehr steht, ist sie auch liegend eine Attraktion. Sie brach im Dezember 2012 nach einem Wintersturm zusammen. Das Innere des Baumes war da schon teilweise ausgehöhlt, wie es auch der noch stehende

Wesentlich jüngeren Datums ist hingegen der Kohlweiher. Er wurde 1975 künstlich angelegt. Galt er zunächst nur als Geheimtipp, so hat sich der etwa 3 200 Quadratmeter große Weiher inzwischen zu einem wahren Publikumsmagneten entwickelt. Er bietet aber nicht nur den Wanderern Ruhe- und Rastmöglichkeit. Unzählige Tierarten haben sich inzwischen im und um das Biotop herum angesiedelt, das vom Vorderbach gespeist wird. Zahlreiche Wasservögel finden dort Nist- und Brutplätze. Und immer wieder machen hier auch Zugvögel kurz Station. Bei Waldbränden dient das Gewässer als Reserve für Löschwasser. In den Jahren 2017 und 2018 wurde der Kohlweiher grundlegend saniert. Danach sollten dort Regenbogenforellen eingesetzt werden. Aktuell warten die Naturschützer auf die Rückkehr des Bibers.

Übrigens wurde der Name dieses Gewässers in Anlehnung an das Waldstück „Kohlhau" gewählt. Dieser Name wiederum verweist darauf, dass dort einst Kohlenmeiler qualmten. Die Köhler stellten früher die von den Dorfschmieden benötigte Holzkohle her.

Tipp

Wem der Rundweg am Kohlweiher vorbei zur Dicken Eiche und zur Kohlhauhütte zu kurz ist, der kann den beschilderten Weg „Saufang" über die Eichenallee zu urigen Buchen-Eichenwäldern nehmen. Am Försterstein vorbei zum Mähdertal und Lindachtal zurück zum Kohlweiher. Länge dieser Tour 5,5 Kilometer, Dauer 2 Stunden. Eine Alternative dazu ist die beschilderte Tour „Lindach": Sie geht vorbei an der Gabeleiche durch das Lindachtal zurück zum Kohlweiher. Länge dieser Tour 8,6 Kilometer, Dauer 3 Stunden.

44 BRÜHLWEIHER –
Ein Paradies für Kinder

Lage
Bei Bebenhausen

Tour
Beginn am Parkplatz Seebach nördlich von Bebenhausen. Vorsicht: Diesen Parkplatz erreicht man nur von der Kälberstelle kommend. Dem Brühlklingenweg bis zum Brühlweiher folgen. Dann geht es in südlicher Richtung auf dem Böblinger Sträßle bis zum Widenmannsdenkmal und von dort steil bergab bis zum Schwarzwildgehege. Denselben Weg zurück zum Ausgangspunkt. Diese etwa 5 km lange Tour ist besonders für Familien mit Kindern geeignet.

Der Schönbuch ist ein Paradies für Kinder. Er bietet alles, was das Kinderherz begehrt: Man kann Tiere beobachten oder in einem der vielen Weiher schwimmen. Wer will, kann eine Radtour machen oder Beeren pflücken. Und warum soll nicht auch einmal eine nächtliche Tour oder ein Kindergeburtstag im Wald auf dem Programm stehen?

Der Fantasie sind dabei keine Grenzen gesetzt: Je mehr Kinder bei einer gemeinsamen Entdeckungsreise durch den Wald dabei sind, umso besser. Natürlich sollten sie von den Eltern oder anderen Bezugspersonen begleitet werden. Schon die ersten Meter entlang des Brühlklingenwegs nach dem Parkplatz Seebach nördlich von Bebenhausen könnten sich als kleines Abenteuer erweisen, dann nämlich, wenn es – entsprechendes Wetter vorausgesetzt – den Kindern erlaubt ist, bachaufwärts durch das Brühlbächle zu waten. Schon nach kurzer Wegstrecke erreicht man die Brühlweiher. Und auch wenn die Grillstelle und die Selbstversorgerhütte noch so einladend aussehen:

Die Vesper kann man zunächst noch im Rucksack lassen. Denn rund um den Tümpel gibt es viel zu entdecken. Und wenn man Glück hat, kann man dort sogar Schnepfen beobachten. Einige Zeit sollte man den Kindern für den Abenteuerspielplatz geben. Die findigen unter ihnen werden schnell den Mammutbaum ausfindig machen. Vielleicht wagen es die Kinder, durch den Brühlweiher zu schwimmen. Und wer möchte, kann auch die dortige Kneippanlage nutzen.

Linker Hand geht es auf dem Böblinger Sträßle in Richtung Bebenhausen. Nach etwa 500 Metern erreicht man das Widenmannsdenkmal, das an den Forstmann Wilhelm von Widenmann (1798–

1844) erinnert, der sich im Sinne der nachhaltigen Waldwirtschaft einen Namen um die Wiederaufforstung des damals brachliegenden Schönbuchs gemacht hat. Dann geht es auf einem mit Pflastersteinen belegten Weg steil bergab. Ob sich die Kinder vorstellen können, dass diese einst „via rheni" genannte Straße (Rhein–Straße) während des Mittelalters stark frequentiert war? Die Wagenladungen wurden damals natürlich von starken Pferden gezogen. Das war sowohl bergabwärts als auch bergaufwärts eine echte Herausforderung. Nach wenigen Metern erreicht man auf diesem Weg das Schwarzwildgehege – eine besondere Attraktion für Kinder! Mit etwas Ausdauer kann man dort regelmäßig Schwarzwild beobachten. Danach geht es denselben Weg zurück, um dann schließlich am Brühlweiher das mitgebrachte Essen und die Getränke auszupacken. Für ein Grillfeuer sollte man ein paar Streichhölzer und Papier dabeihaben. Holz findet man vor Ort genug. Danach geht es gemütlich zurück zum Parkplatz.

Tipp

In den Sommermonaten gibt es am Brühlweiher Gottesdienste der „Kirche im Grünen". Die evangelischen Kirchengemeinden Lustnau und Bebenhausen laden am Brühlweiher zudem zur Weihnachtszeit zu einer Waldweihnacht ein.

EPPLESEE –
Mekka für Freizeitsportler und Refugium für geschützte Vögel

45

Lage
Kirchentellinsfurt

Erreichbarkeit
Autofahrer können den Parkplatz am Baggersee direkt über die B 27 anfahren. Fußgänger und Radfahrer können den See auch über die Neue Steige von Kirchentellinsfurt aus erreichen. Ausgangspunkt ist hier die Kreuzung Neue Steige/Im Gässle. Die Neue Steige entlang bis zur Triebstraße gehen. Auf der Triebstraße den Neckar überqueren und direkt nach der Brücke rechts auf den Fußweg abbiegen. Dieser führt direkt zum Baggersee.

Der Baggersee bei Kirchentellinsfurt liegt in landschaftlich reizvoller Lage, eingebettet zwischen Neckar und dem bewaldeten Schönbuchhang südlich des Einsiedels. Der rund 1,2 Kilometer lange und bis zu 250 Meter breite See entwickelt sich Sommer für Sommer zu ei-

nem wahren Mekka für Freizeit-sportler. Schwimmer, Segler und Surfer kommen hier ebenso auf ihre Kosten wie Angler und Erho-lungsuchende, die am grünen Ufer des Gewässers Muße und Entspan-nung finden. In jüngster Zeit sorgt die Idee, dort eine sogenannte Wakeboard- und Wasserskianlage zu bauen, für Gesprächsstoff.

Insbesondere aber ist der Bagger-see auch ein Refugium für zahlrei-che Vögel im und am Wasser. Die insgesamt fast neun Hektar umfas-sende Zone soll bedrohten Tier- und Pflanzenarten Schutz bieten. Zu-dem grenzt der Baggersee unmit-telbar an den Schönbuch an, der im Jahr 2010 als Europäisches Vogel-schutzgebiet ausgewiesen wurde. Die dadurch geschützten Vögel wie Baumfalke, Schwarzmilan, Rotmi-lan, Wespenbussard, Wendehals, Grauspecht, Schwarzspecht, Mittel-specht, Halsbandschnäpper, Hohl-taube und Neuntöter nutzen den

Baggersee als Nahrungshabitat. Sogar der Eisvogel wurde dort schon gesichtet.

Der Baggersee entstand zwischen 1929 und 1984 durch Kiesabbau. Nach den Unternehmern und Eigentümern Karl und Ernst Epple wird der Baggersee auch Epplesee genannt. Zwischen Mai und September wird dieser Badesee von rund 100 000 Menschen aufgesucht. Dadurch muss die Wasserqualität regelmäßig vom Gesundheitsamt überprüft werden. An der Nordseite gibt es einen Parkplatz, der während der Badesaison von Anfang Mai bis Mitte September kostenpflichtig ist.

Tipp

Bei der Einmündung der Echaz in den Neckar wurde eine kleine Aussichtsplattform erstellt, die über die Triebstraße erreichbar ist. Dort lassen sich Vögel besonders gut beobachten. Zum Fotografieren sollte man sich – um Gegenlicht zu vermeiden – jedoch schon am Morgen hier einfinden.

46 BRÜNNELESTOUR –
die Brunnen vor den Toren

Lage
Bei der Königsjagdhütte auf dem Steingart.

Tour
Das Königsbrünnele liegt gut versteckt im Wald. Die Tour beginnt deshalb bei einem beliebten Treffpunkt, der Königsjagdhütte auf dem Steingart. Von dort aus geht man nordöstlich den Futterbuchenweg bis zum Ringweg. An diesem Schnittpunkt geht man etwa 30 m in östlicher Richtung den Ringweg entlang und folgt dann einem kaum sichtbaren Pfad in nordöstlicher Richtung. Nach etwa 100 m steht man vor dem Königsbrünnele. Über den Futterbuchenweg geht es zurück zur Königsjagdhütte. Dann den Alten Jagdhüttenweg hinunter zur Münst-Eiche. Von dort den Sohlweg bis zur Pflanzschule, und am Schnittpunkt von Dickneweg und dem an der Pflanzschule entlangführenden Weg im rechten Winkel in südöstlicher Richtung in den Wald hineingehen, bis man nach etwa 50 m am Steilhang zur Garmerklinge auf das erste Brünnele stößt. Ein zweites Brünnele liegt noch etwas tiefer im Tal in der Garmerklinge. Dann das Steilstück wieder zurück bis zum Dickneweg, der in den Sohlweg mündet, und dann weiter zur Münst-Eiche. Von hier aus wieder zur Königsjagdhütte, dem Ausgangspunkt dieser Tour. Die Strecke von der Königsjagdhütte übers Königsbrünnele, das Garmerbrünnele zurück zur Königsjagdhütte ist etwa 3 km lang und wird nur für erfahrene und gut ausgerüstete Wanderer empfohlen.

Durch die Verniedlichungsform der Brunnen klingt die Brünnelestour fast etwas harmlos. Doch den Schönbuch sollte man nicht unterschätzen. Das gilt nicht nur für die teilweise schwierige Orientierung im Gelände, die durch mangelhaftes Kartenmaterial – etwa die offizielle Schönbuchkarte – noch zusätzlich gesteigert wird. Auch das Gelände selbst kann extrem schwierig zu begehen sein – wie diese Tour zeigt.

Es gibt Steilhänge und Abbruchkanten, die jenen im Hochgebirge nur um weniges nachstehen und manche Wanderer vor echte Herausforderungen stellen. Für ungeübte Tourengeher ist dies teilweise sehr gefährlich.
Bei Sturm und Blitzschlag sollte man sich ohnehin nicht im Wald aufhalten. Die Waldruhezonen müssen respektiert werden. Und in den Bannwäldern besteht ohnehin ein

Betretungsverbot. Wenn immer es geht, sollte man sich bei Wanderungen und Ausflügen auf befestigten Wegen aufhalten. Auf die Darstellung von extremeren Touren wurde in diesem Buch bewusst verzichtet, da niemand zu lebensgefährlichen Wanderungen animiert werden soll. Es gibt auch so noch genügend Gefahren, die teilweise auch von recht unerwarteter Seite kommen. So gehört der Schönbuch seit vielen Jahren zum Zecken-Risikogebiet. Letztlich gilt: Jeder geht in eigener Verantwortung und auf eigenes Risiko.

Und wer sich dennoch für außergewöhnliche und extremere Wanderungen begeistert, muss wissen, dass eine entsprechende Ausrüstung unentbehrlich ist: wetterangepasste Kleidung, gutes Schuhwerk, Tagesrucksack mit ausreichender Verpflegung, insbesondere mit ausreichend Getränken. Auch wenn aus den zahlreichen Brunnen noch so angenehm kühles Wasser sprudelt, trinken Sie nie davon – das Wasser könnte bakteriell verunreinigt sein. Dieser Grundsatz gilt auch für diese Tour. Bei schwierigeren Wanderungen sollte man sich zudem nicht allein auf den Weg machen, sondern mindestens einen weiteren Erwachsenen mitnehmen. Und man sollte sich dabei nie auf das Handy verlassen – der Empfang ist in weiten Teilen des Schönbuchs sehr schlecht. Das bedeutet, dass man sich nicht auf elektroni-

sches Kartenmaterial wie Open-StreetMap, Opentopomap, Google-Maps, oder Komoot verlassen kann. Für die Tour vom Königsbrünnele zum Garmerbrünnele sollte man einen Tag mit trockenem Wetter auswählen. Da das Gelände auf dieser Strecke teilweise sehr steil ist und hier ausnahmsweise der normale Weg verlassen wird, empfiehlt es sich, Wanderstöcke mitzunehmen. Los geht's zu den Brunnen vor den Toren Bebenhausens!

Tipp

Diese Tour lässt sich für geübte Wanderer auch zu einer großen „Brünnelestour" ausbauen:

Von Bebenhausen kommend geht man vom Schwefelbrunnen zum Senftenbrunnen, dann Tellerbrunnen, Elefantenbrunnen, Hermann-Löns-Brunnen, Königsbrünnele, Garmerbrünnele, Happsteigbrunnen, bis zum Geschlossenen Brunnen und von hier aus wieder nach Bebenhausen zurück.

DÖRSCHACHSEE –
Waldbaden liegt im Trend

47

Lage
Weil im Schönbuch

Tour
Vom Parkplatz des Kleintierzuchtvereins Weil im Schönbuch den geteerten Weg nach rechts in südlicher Richtung zum Wald gehen. Kurz vor dem Wald führt ein Pfad zum Dörschachsee hinunter. Von dort aus kann man am nördlichen Seeufer den Weg in Richtung Schießstandweg nehmen und kommt dann zurück zum Ausgangspunkt. Leichte Tour mit einer Länge von etwa 2 km. Zum Entspannen am See sollte man sich möglichst kein Zeitlimit setzen.

Waldbaden liegt offenbar im Trend. Allerdings ist damit nicht das Schwimmen in einem Waldsee gemeint. Vielmehr wird hiermit „das achtsame Eintauchen in die Atmosphäre des Waldes" bezeichnet, wie es in einer Erklärung der „Deutschen Akademie für Waldbaden" heißt. Was in Japan „Shinrin Yoku" genannt wird und nun als Heilsbringer zur „Entschleunigung für Körper, Geist und Seele" auch in Deutschland mehr und mehr Nachahmer findet, gibt es hierzulande jedoch schon längst. Das zeigen zahlreiche Gedichte aus der Zeit der Romantik, in denen die Schönheit des Waldes besungen wird. Damals nannte man diese wunderschöne Beschäftigung mit dem Wald auch „Waldsehnsucht".
Und wahrscheinlich ist jeder Waldbesucher immer wieder aufs Neue beeindruckt vom alljährlichen Erwachen der Natur im Frühling, von uralten Bäumen, von leise plätschernden Waldbächen durch saftig-grüne Wiesen, vom Farbenspiel des Lichts zwischen den Bäumen,

von einem bunten Blätterwald im Herbst oder von zugefrorenen Waldseen zur stillen Jahreszeit. Man muss nicht gleich esoterisch angehaucht von der „Heilkraft der Bäume" reden, um eines zu erkennen: Viele Menschen fühlen sich im Wald einfach wohl – die Ruhe und die Verbundenheit mit der Natur, die man im Wald erleben kann, senken den Stresspegel und den Blutdruck, sorgen für ein gutes Gefühl und gute Laune und führen letztlich zu einem als glücklich empfundenen Zustand. Wer zusammen mit anderen im Wald spazieren geht oder wandert, hat dazu noch sozialen Austausch, kann seine Freude teilen und sich über die gemeinsamen Erlebnisse freuen. Erfahrenere Waldgeher lassen sich dabei weder von Wind und Wetter noch von

der Jahres- oder Tageszeit abhalten. Wirklich gefährlich ist der Wald allerdings bei Sturm und Gewitter. Vielleicht macht der neue Begriff des Waldbadens aber auf ein Defizit aufmerksam. Denn das häufig rastlose Gehen von einem Ausgangspunkt zu einem geplanten Ziel, das hektische Vorbeihasten an den Schönheiten der Natur und der in Kilometerangaben bemessene „Erfolg" einer Tour lassen oft nicht viel Raum für das Staunen am Wegrand, für das Bewundern eines Individuums in seiner ureigenen Schönheit, gleich, ob es sich dabei um eine Pflanze oder ein Tier handelt. Die auf „Strecke" abonnierten Wanderer mögen zwar ein gutes Grundgefühl im Wald vorfinden, doch für eine Orchidee am Waldrand, für eine Bartflechte im Geäst

eines Baumes oder für einen mit Moos bewachsenen Stein haben sie oft weder Sinn noch Zeit. In einer sich immer schneller beschleunigenden Welt haben Wörter wie „innehalten" und „rasten" ihren eigentlichen Sinn eingebüßt.

„Waldbaden" versteht sich wohl auch als Gegenentwurf zu dieser hektischen Welt voller Reizüberflutung. Und schon bemächtigen sich die ersten professionellen Nachahmer dieses Themas: Burnout-Coaches, Meditationslehrer, Entspannungspädagogen, Stressmanagement-Trainer und andere selbst ernannte Natur-Gurus bieten Kurse in „Heilwäldern" an. Gegen Bares taucht dann der Waldbademeister mit seiner Klientel in die Natur ein. Wo vorher nur ein schöner Wald war, riecht es jetzt angeblich noch würziger nach Harz, das Licht schimmert noch milder als sonst, die Luft ist noch klarer als nach einem Regentag und die Wipfel wiegen sich so sanft im Wind wie nie zuvor. Begleitet wird dies alles von wissenschaftlichen Forschungsprogrammen, die allesamt nachweisen sollen, dass ein Aufenthalt im Wald sehr gesund ist. Aber das wissen die meisten Menschen ohnehin. Für einen Waldspaziergang muss man auch keinen Waldbademeister buchen.

Tipp

Tatsächliches Baden ist im Dörschachsee allerdings verboten. Die Bänke rund um den Weiher laden aber zum Verweilen ein.

48

BACHWANDERUNG –
kein Gold im Goldersbach

Lage
Bei Bebenhausen

Tour
Die Tour beginnt bei Bebenhausen. Im Lauf der Tour wird dem Goldersbach so oft es geht ein direkter Besuch abgestattet. Den Ziegelweiher wählen wir als Zielpunkt der Tour. Wer Zeit hat, geht bis zu den beiden Quellbächen Fischbach und Lindach bei der Neuen Brücke. Bei dieser etwa 13 km langen Tour gibt es sehr viel zu entdecken. Deshalb sollte man dafür mindestens 5 Stunden Zeit einplanen.

Im Schönbuch plätschern ungezählte Bächlein die Keuperberghänge hinab oder durchfließen die seit Jahrtausenden tief eingegrabenen Täler im Schönbuch, so auch die Schaich, der Arenbach, der Bettelbach oder der Kirnbach. Der Krebsbach und die Würm entwässern das Schönbuchgebiet nach Norden, die Ammer streift den Naturpark im Süden. Viele kleinere Bächlein haben gar keine eigenen Namen. Doch es gibt einen Bach im Schönbuch, der ist so bestimmend wie kein anderer: der Goldersbach, der mit den beiden Quellbächlein Fischbach und Lindach bei der Neuen Brücke begründet wird und sich bei der Teufelsbrücke mit dem Kleinen Goldersbach vereint, bis er schließlich in Tübingen in die Ammer mündet. Sein Einzugsgebiet umfasst eine Fläche von rund

73 Quadratkilometer und damit fast die Hälfte des gesamten Naturparks von 156 Quadratkilometer.

Warum nicht eine Bachwanderung wagen? Man muss dazu nicht durch das gesamte Bachbett waten, es genügt, dem Goldersbach entlang des Talwegs immer wieder einen Besuch abzustatten. Doch wer das gesamte Ufer zwischen Bebenhausen und Ziegelweiher entlang gehen möchte, muss sich auf eine größere Tour einstellen, denn der Goldersbach mäandert durch das liebliche Tal. Er ist mit den zahlreichen Biegungen und Windungen also viel länger als es die offizielle Angabe von 14,1 Kilometern vermuten lässt. Egal welchen Weg oder welchen Einstieg man auch wählt, im Bach und am Ufer entlang gibt es viel Interessantes zu entdecken. Für Fotografen sind die Motive schier unerschöpflich, für Naturliebhaber sind sie eine Augenweide. Im Gegenlicht glitzert der Goldersbach golden, der Auenwald wirft seinen Schatten auf das Wasser, das über Zigmillionen Jahre alte Sandsteinbänke plätschert. Milzkraut und Brunnenkresse kann man entlang des Baches entdecken, auch Scharbockskraut, Bach-Nelkenwurz oder Gelbweiderich. Im feucht-kühlen Kleinklima finden Moose besonders gute Wachstumsbedingungen, sie wuchern über Steine und Uferbäume und geben dem Gebiet einen

märchenhaft-romantischen Charakter. Farne und Schachtelhalme stehen wie gemalt. Und natürlich ist die Sumpfdotterblume zu sehen. Im Frühjahr blühen Waldmeister und Bärlauch, manchmal sieht man auch Schneeglöckchen im Winter. Und im Sommer ist es hier angenehm kühl.

Zahlreiche Vögel haben sich rund um den Goldersbach angesiedelt,

weil sie hier optimale Lebensbedingungen finden. Wasseramseln huschen über die Steine, Bachstelzen wippen am Ufer entlang, hier brüten auch das Braunkehlchen und das Schwarzkehlchen. Vereinzelt haben im Sommer sogar schon Schwarzstörche die Wiesenauen aufgesucht. Auch der Reiher jagt hier – die zahlreichen Frösche und Kröten sind für ihn ein gefundenes Fressen. Mit etwas Glück kann man sogar den Eisvogel sehen – für ihn wurde eigens ein Vogelhaus gebaut. An einigen Stellen sind die Uferhänge aufgeschlossen. Die riesigen Steinbrocken lassen den Goldersbach dabei wie ein Bergbächlein aussehen. Wer will, kann auch Steine sammeln. Die Überreste der letzten Eiszeit, als das Tal tief in das Keuperbergland eingeschnitten wurde, liegen so unberührt da, als hätte sich das Wasser erst gestern zurückgezogen. Nur eines darf man im Goldersbach nicht erwarten: Gold. In früherer Zeit hatte der Goldersbach einen ganz anderen Namen: Er hieß „Ober Stainachfluss".

Tipp

Im Goldersbach leben einige bedrohte Fischarten wie die Bachforelle oder das Bachneunauge. Um diese Fische zu beobachten, benötigt man jedoch mitunter viel Zeit.

WEIHER-TOUR IM HERRENBERGER STADTWALD –

Feuchtbiotope fördern die Artenvielfalt

49

Lage
Herrenberg

Tour
Wir starten am Parkplatz des Waldfriedhofs Herrenberg. Schon beim Einbiegen in die Urschelrainstraße sieht man links den sogenannten „Entensee". Nach dem Damwildgehege den Ludwig-Schmidt-Weg queren und weiter auf der Urschelrainstraße bleiben. Vorbei am Sommertalbrunnen erreicht man nach wenigen 100 m den Oberen Sommertalweiher. Im Kayhertal angekommen geht es weiter talwärts in östlicher Richtung bis zu den Kayhertalwiesen. An den dortigen Tümpeln geht es bergwärts die Lindensteige hinauf bis zum kleinen Tümpel am Kayher Sattel. Danach die Neue Steige wieder hinab, bis links ein kleines Gewässer zu sehen ist. Dort nach links in östlicher Richtung zum Glockenrainweg. Diesem in seiner geschlängelten Form folgen, bis links der Glockenrainweiher zu sehen ist. Danach talwärts zum Kayher Talsträßle, das aber jetzt in westlicher Richtung talaufwärts zu gehen ist. Beim Sommertalsee eine kleine Rast einlegen und dann an der Viehweide entlang dem Ludwig-Volz-Sträßle folgen. So kommt man bei der Fresseiche wieder auf die Urschelrainstraße und geht auf bekanntem Weg zum Ausgangspunkt zurück. Es gibt viel zu entdecken auf dieser 20 km langen, bergauf und bergab führenden Tour, die im Verbund einen Tagesausflug von 8 Stunden wert ist. Man kann die einzelnen Weiher natürlich auch in Etappen ansteuern.

Nur wenige Schönbuch-Besucher wissen, dass es im Naturpark Schönbuch gezielt angelegte Feuchtbiotope für Amphibien gibt. So wurden im Herrenberger Stadtwald bereits in den 1980er-Jahren gezielt Tümpel gebaut, um einen gesonderten Lebensraum für Lurche zu schaffen. Diese wurden nach den

Stürmen „Wiebke" (1990), „Vivian" (1990) und „Lothar" (1999) ergänzt durch natürlich entstandene Nassflächen.

Auf Initiative von Forstamtsrat Winfried Seitz, der sich dem Waldnaturschutz besonders verpflichtet fühlt und als ausgezeichneter Amphibien-Kenner gilt, wurden in den vergangenen 15 Jahren im westlichen Teil des Schönbuchs weitere Feuchtbiotope angelegt und zu einem Biotopverbund für Amphibien vernetzt. „Es ist wichtig, dass wir ein engmaschiges Biotopnetz bekommen", betont Winfried Seitz und erklärt den Grund: „Während die Laubfrösche einen Aktionsradius von etwa fünf Kilometern haben, wandern Gelbbauchunken und Kammmolche nur rund 500 Meter." Da ist es natür-

lich von Vorteil, wenn diese Amphibien auch nach der Wanderung wieder ein Gewässer in der Nähe finden. Der Erfolg ist nicht ausgeblieben: Inzwischen gibt es im Herrenberger Stadtwald 13 nachgewiesene Amphibienarten. Erdkröte und Wechselkröte, Teichfrosch und Laubfrosch, Gelbbauchunke und Kammmolch sind einige von ihnen. Allen ist gemeinsam, dass sie sich nur im Gewässer fortpflanzen können. Wasser ist also die Grundvoraussetzung für die Erhaltung dieser Art.

Es leben natürlich nicht nur Amphibien in den Gewässern des westlichen Schönbuchs. Im Sommerbach kann man die Kleine Bachforelle und die Mühlgroppe zu Gesicht bekommen. Der Obere Sommertalweiher ist ein Lieblingsplatz der

Ringelnatter. Auch Zwergtaucher und Blesshühner brüten in diesem Refugium. Waldnaturschützer Winfried Seitz erklärt, wie modernes Forstmanagement heutzutage aussieht: Ökonomie, Ökologie und Erholung sind gleichbedeutende Teile eines Gesamtkonzepts. Kein Wunder, dass sich inzwischen auch der Schwarzstorch auf der Durchreise blicken lässt.

Nur einen Steinwurf vom Oberen Sommertalweiher entfernt liegt der Sommertalsee. Er ist vielen Schönbuch-Wanderern bekannt. Der Graureiher fischt hier regelmäßig. Was viele nicht wissen: Auch der Eisvogel hält sich gerne hier auf. Drei kleine Tümpel gibt es in den Kayhertalwiesen. Vielleicht machen sie optisch nicht so viel her

wie der Sommertalsee. Doch ökologisch sind auch sie überaus wertvoll. Laubfrösche lassen sich hier blicken, und auch Wechselkröten waren schon da. Über den Glockenrainweiher kommt man zu dem Tümpel am Kayher Sattel. Wahrscheinlich wurde dieser Teich während der praktizierten Waldweide angelegt und diente einst als Viehtränke. Winfried Seitz hat ihn zu neuem Leben erweckt.

Tipp

Es gibt viele weitere Gewässer im Schönbuch, die nur darauf warten, entdeckt zu werden. Auch Kleinstgewässer, wie Fahrspuren, sind für Amphibien nicht zu unterschätzen.

50 ZIEGELWEIHER IM GOLDERSBACHTAL –
Idylle pur zu jeder Jahreszeit

Lage
Goldersbachtal, beim Soldatengrab

Tour
Es gibt viele Möglichkeiten, um zum Ziegelweiher zu kommen. Hier liegt der Ausgangspunkt in Breitenholz. Eine Parkgelegenheit beim Spielplatz Breitenholz-Ammerbuch nahe der Müneckstraße suchen. Dann geht es diesen Weg, die Verlängerung der Müneckstraße, unterhalb der Ruine Müneck hinauf. Ungefähr auf Höhe der Ruine an der Weggabelung den linken Weg nehmen. Kurz darauf, bei der nächsten Weggabelung, dann denn rechten Weg wählen. Diesem Weg geradeaus weiter folgen, bis man oben beim Stöcklesweg durch das Gatter tritt. Am Schnittpunkt der Wegegabelung die Dachsbausteige wählen und diesem Weg in nördlicher Richtung talwärts folgen, bis man – fast im Tal angelangt – auf den Goldersbachtalweg trifft. Diesem in östlicher Richtung folgen bis zum etwa 600 m weiter links liegenden Ziegelweiher. Der Rückweg führt über den Diebsteigweg, der direkt am Ziegelweiher in südlicher Richtung abzweigt. Nach etwa 1 km bergauf auf das Kayher Sträßle wechseln und diesem nun in westlicher Richtung folgen. Nach etwa 800 m erreicht man wieder den Stöcklesweg. Von dort denselben Weg zurück bis zum Spielplatz Breitenholz nehmen. Der Weg ist etwa 6 km lang, erfordert aber zur Überwindung der Höhen – jeweils rund 100 m – eine gewisse Kondition. Der Ziegelweiher ist jedoch alle Mühe wert.

Der Ziegelweiher liegt im Herzen des Schönbuchs und ist umgeben von weitläufigen Talauen. Nach Süden geht es steil hinauf zum Steingart, im Norden erhebt sich der Bromberg. Und im Tal dazwischen plätschert der Große Goldersbach durch das Keuperbergland. Auf dem Ziegelweiher blühen im Sommer weiße Seerosen, im umgebenden Schilfgürtel brüten Wasservögel. Im Frühling sorgen die blühenden Bäume um den Weiher für eine unverwechselbare Atmosphäre. Doch ein Besuch lohnt sich auch im Herbst oder im Winter. Der Ziegelweiher verheißt Idylle pur, und das zu jeder Jahreszeit.

Wer den Weg hierher gefunden hat, und das ist angesichts der zentralen Lage nahe des Soldatengrabs nicht besonders schwer, hat nichts mehr

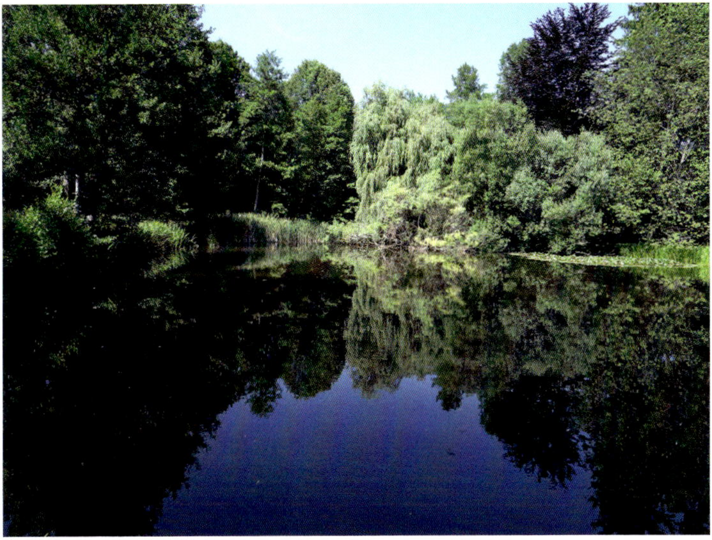

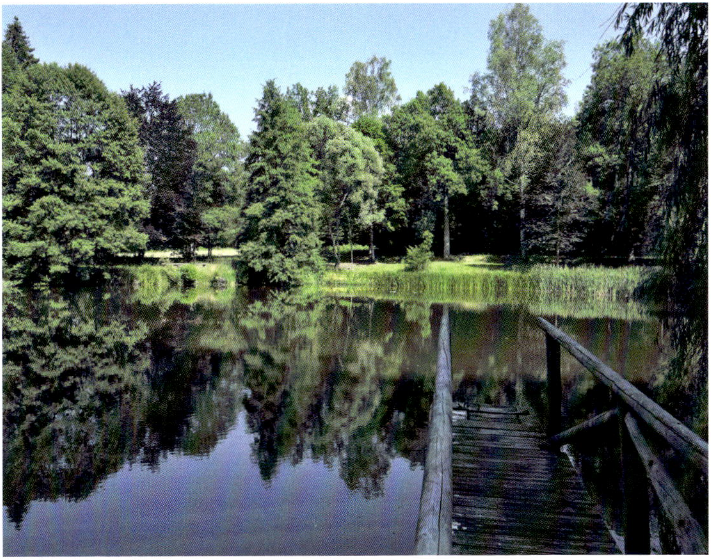

zu beklagen. Die Besucher finden nur Superlative für diesen charmanten Platz, der gerne von Familien mit Kindern aufgesucht wird. Doch auch sportlich ambitionierte Wanderer oder Radfahrer legen hier gerne eine Pause ein. Denn der Ziegelweiher ist wie geschaffen zum Rasten, Entspannen und Sonnenbaden. Wer Wald in Kombination mit Wasser sucht, kommt hier auf seine Kosten. Und an der Grillstelle wird meist sogar Brennholz bereitgehalten – und das alles kostenlos.

Tipp

Man kann eine Weiher-Tour planen und dabei zum Beispiel den Ziegelweiher mit dem Birkensee und dem Ochsenweiher verbinden.

WÜRM- UND SCHAICHURSPRUNG –
mit jeder Quelle beginnt neues Leben

Lage
Bei Hildrizhausen und Altdorf

Tour
Wir starten in Hildrizhausen bei der Weggabelung Herrenberger Straße/ Sandäcker. Beim Aussiedlerhof kann man schon den Bachlauf der Würm erkennen. Diesem folgen wir auf dem Sandäcker bis zum Ursprung. Von dort aus auf dem Wiesengelände der Würm bis zur Schönbuchhalle (Im Sommerfeld) gehen. Über Feldwege erreicht man den Riedwiesenweg in Altdorf. Von dort liegt der zweite Würmursprung nur einen Steinwurf entfernt. Weiter über Feldwege orientieren wir uns nun an den hohen Lindenbäumen, die in Altdorf die Laienstraße säumen. Dort ist ein Wasserhäuschen zu sehen, in dem noch aktiv Wasser gefördert wird. Von dort aus erreicht man nach wenigen Schritten den Sportplatz. Am Waldrand geht es nun den ersten Weg links in östlicher Richtung entlang. An den nächsten beiden Wegegabelungen jeweils links halten. Ein schmaler Fußpfad führt nun über große Steinplatten – exakt dort ist der Ursprung der Schaich. Nun bleibt nichts anderes übrig, als denselben Weg zurückzugehen und eventuell eine andere Variante auf dem Feldwegnetz zu nehmen. Der Weg hin und zurück ist etwa 7 km lang. Weil es teilweise über Wiesengelände geht, sollte man die Tour nur bei trockenem Wetter gehen.

Zahlreiche Quellen entspringen im Schönbuch und speisen die Bäche, die durch ihn hindurchfließen. Das schafft neuen Lebensraum für Pflanzen und Tiere. Der Reichtum an Quellen hat damit zu tun, dass die porösen und klüftigen Sandsteine das Wasser hindurchlassen, während die tonigen Mergelschichten relativ wasserundurchlässig sind. Wo beide Gesteinsformatio-

nen aufeinandertreffen, kommt es zu Quellaustritten.

So entspringen im nördlichen Teil des Schönbuchs die Würm und die Schaich. Die Würm hat sogar zwei Quellbäche. Nach ihren Herkunftsgemeinden werden sie Hildrizhauser Würm und Altdorfer Würm genannt. Beide vereinen sich im Tal zwischen den beiden Gemeinden noch vor Mauren zu einem einheitlichen Fließgewässer, das nach rund 54 Kilometern bei Pforzheim in die Nagold mündet. An ihrem Oberlauf entwässert die Würm den nördlichen Teil des Schönbuchs, ihr gesamtes Einzugsgebiet ist riesig. Der Höhenunterschied der Würm beträgt von den Quellbächen bis zur Mündung rund 240 m.

Wer die Ursprünge der Würm aufsucht, darf sich jedoch keine munter sprudelnden Quellen vorstellen. Vielmehr handelt es sich in diesem Fall um ein Grabensystem, das bei Regen rasch Wasser aufnimmt und ins Tal führt. Die Bachläufe entfalten jedoch zu jeder Jahreszeit ihren besonderen Reiz. Flora und Fauna bringen am Wasser immer spezielle Lebensformen mit sich.

Nicht weit von den beiden Würmbächen entfernt liegt die Quelle der Schaich. Sie führt vom nördlichen Rand des Schönbuchs in östlicher Richtung, quert dabei den Schaichhof, die Gemeinden Weil im Schönbuch und Dettenhausen, durchfließt

das Schaichtal – dem sie ihren Namen gegeben hat – und mündet nach etwa 24 Kilometern bei Neuenhaus in die Aich. Am Unterlauf der Schaich plante der Wasserverband Aich 1984 einen 17 Meter hohen Damm. Eine Bürgerinitiative konnte dies jedoch verhindern. So blieb mit dem Schaichtal ein wahres Naturparadies erhalten.

Tipp

Wer möchte, kann einen weiteren Bach aufsuchen, der den Schönbuch in nördlicher Richtung entwässert: den Krebsbach. Er entspringt mitten im Wald zwischen dem Hildrizhauser Sportplatz und dem Herrenberger Stellberg.

52 LINDACH UND MÄHDERTAL –
wie im Garten Eden

Lage
Bei Hildrizhausen

Tour
Ausgangspunkt für diese Tour ist das „Kohltor" in Hildrizhausen. Auf dem Saufangweg geht es am Kohltorweiher vorbei. Den Weiher rechts liegen lassen, den Weg in südlicher Richtung überqueren. An der nächsten Wegegabelung nach rechts auf die Eichenallee abbiegen und von dort – an der Förstereiche vorbei – in einem großen Bogen zurück zum Saufangweg gehen. Dort angekommen, in der Verlängerung des Saufangwegs das steile Stück hinunter bis zur Lindach, wenige Meter talabwärts bis zur Lindachspitzhütte und dort entlang der Lindach talaufwärts gehen. Nach etwa 3 km nach rechts auf den Mähdertalweg biegen. Nach etwa 600 m kommt man auf die Prinz-Friedrich-Allee. Der Allee so lange folgen, bis man auf den Stellrückenweg trifft. Diesem in nördlicher Richtung bis zum Ausgangspunkt Kohltor folgen. Die Tour ist etwa 9 km lang, es sind dabei rund 60 Höhenmeter zu überwinden. 4 Stunden Zeit einplanen.

Ruhig plätschert das Bächlein vor sich hin: die Lindach im Schönbuch. Sie ist neben dem Fischbach der zweite Quellbach des Großen Goldersbaches. Die Fließgeschwindigkeit der Lindach ist stark reduziert. Doch das hängt nicht nur mit der relativ geringen Neigung des Talgeländes zusammen. Das Wasser der Lindach wird vor allem durch die zahlreichen Bachschleifen gebremst. Sie ist ein mäandernder Bach wie aus dem Bilderbuch. Dementsprechend sieht man in diesem Tal immer wieder Landschaftsmaler und Hobbyfotografen. Doch was für das Auge des Betrachters reine Idylle ist, bietet auch Lebensraum für zahlreiche Tier- und Pflanzenarten. Gesäumt wird das Fließgewässer von Bäumen und Sträuchern. Sie geben dem Bachbett Halt und verhindern bei Starkregen, dass die Bachschlingen ausgewaschen werden. Der Waldrand bildet mit dem Bächlein, seinen Uferstreifen und den Talauen einen intakten Biotopverbund. Flora und Fauna präsentieren sich hier wie im Garten Eden. Und über all dem thront auf der Hildrizhausener Höhe der Schonwald Mähdertal. Schöner und lebensbunter geht es kaum. Bei Pflanzen und Tieren entwickelt sich die Artenvielfalt hier wie von selbst – in jeder Hinsicht ein wahrer Schatz des Schönbuchs. Entsprechend ist ein Spaziergang entlang der Lindach einschließlich ihres Oberlaufs – der früher „Meder" hieß und dem „Mähdertal" den Namen gab – zu jeder Jahreszeit empfehlenswert: Im Frühjahr blühen auf den Talwiesen die Märzenbecher und Schlüsselblumen und sorgen so – wenn oben auf den Höhen des Brombergs oder des Steingarts noch Schnee liegen kann – für die ersten Farbtupfer in dem weitläufigen Waldgebiet. Im Sommer erscheint das Tal zwischen den steilen Flanken der Lindach-Höhe und dem Wolfsberg wie geschaffen für ein schattiges Plätzchen und bietet dabei in relativer Abgeschiedenheit meist himmlische Ruhe. Im Herbst leuchten dann die bunten Farben über dem breiten Tal und geben jetzt einen besonders schönen Kontrast zu den Pastelltönen rund um den Bachlauf. Und im Winter schließlich, wenn auch in der Natur Ruhe eingekehrt ist, kann man besonders gut erkennen, wie sich die Lindach durch die verschneite Schneelandschaft schlängelt.

Tipp

Man kann die Tour durch das Mähdertal so planen, dass man dabei auch an der beeindruckenden Förster-Eiche samt Försterstein vorbeikommt. In der Nähe informiert eine Schautafel über Waldrefugien, die sogenannten „Mini-Urwälder". Eine Rast bei der Lindachspitzhütte mit neu geschaffenen Sitzmöglichkeiten bietet sich an. In der Nähe jagte einmal Wilhelm II., der letzte deutsche Kaiser. Ein Gedenkstein legt davon Zeugnis ab.

Tiere im Wald

53

BEOBACHTUNGSKANZELN –

wie geschaffen für Naturfotografen

Lage
Am Troppenden Wasen

Tour
Tourbeginn ist am Parkplatz Ranzenpuffer, dem ersten Parkplatz von der Kälberstelle in Richtung Bebenhausen. Von dort aus geht es auf dem Dettenhäuser Sträßle in Richtung Westen. An der Schlagbaumlinde gehen wir weiter zum Troppenden Wasen und sehen nach etwa 200 m die erste Besucherkanzel linker Hand. Zu einer weiteren Kanzel, Castell genannt, kommt man nach weiteren 300 m. Weiter zum Altdorfer Sträßle kommen wir bei der Neuhütte zu einer Beobachtungsblende. Von dort aus gehen wir in südöstlicher Richtung über das Altdorfer Sträßle zur Nestelesallee. Dieser folgen wir in östlicher Richtung, gehen an der Lenihütte vorbei und kommen zum Böblinger Sträßle. Nun in nördlicher Richtung bis zur Schlagbaumlinde weitergehen. Über das Dettenhäuser Sträßle kommt man zum Parkplatz Ranzenpuffer zurück.
Die Tour ist etwas über 4 km lang. Zur Wildbeobachtung sollte man jedoch mindestens 3 bis 4 Stunden Zeit haben.

Im Schönbuch gibt es mehrere Beobachtungskanzeln. Sie ermöglichen es den Besuchern mit einer relativ hohen Wahrscheinlichkeit, Rotwild aus nächster Nähe zu beobachten. So können Interessierte von dort aus ohne den Zaun von Schaugehegen ein eindrucksvolles Naturschauspiel erleben. Insbesondere zur Paarungszeit des Rotwilds, wenn brunftende Hirsche die Nähe zu paarungsbereiten Hirschkühen suchen, ihr Revier verteidigen und sich dazu sogar auf rivalisierende Kämpfe einlassen, werden

die Beobachtungskanzeln zu Besuchermagneten. Aber auch zu anderen Jahreszeiten ist die Chance durchaus gut, Rotwild von dort aus zu beobachten. Das wissen auch viele Naturfotografen, die dort sehr häufig anzutreffen sind.

Vier von fünf Beobachtungskanzeln liegen am Rand von Wildruhezonen. In diesen Zonen besteht für alle Besucher ein Betretungsverbot. Ziel dieses sogenannten Rotwild-Managementplans ist es, dem Rotwild einen Ruheraum zu gewähren, in dem es sich frei von äußeren Störungen zurückziehen kann. Ebenso sollen aber auch die Besucher die Möglichkeit bekommen, das in den Wildruhezonen vertrautere und tagaktivere Rotwild häufiger zu Gesicht zu bekommen. Dies geschieht

dadurch, dass angrenzend an die meisten Wildruhezonen Beobachtungskanzeln gebaut wurden. Die Beobachtungskanzel am Dickenberg besteht am längsten. Sie bietet Platz für etwa 20 Personen.

Der Managementplan, der die Interessen von Schönbuch-Besuchern, Naturschutz und Forstwirtschaft unter einen Hut bringen will, ist in Fachkreisen auf ein überwiegend positives Echo gestoßen. Mit diesem Plan ist es gelungen, die vom Rotwild durch Verbiss, Schälen und Fegen verursachten Schäden zu minimieren und auf bestimmte Gebiete zu begrenzen. Der Erfolg dieses Plans zeigt sich daran, dass die hier gewonnenen Erkenntnisse auch auf andere Rotwildgebiete übertragen wurden.

Wie zu erwarten, ist Kritik an der Umsetzung dieses Plans nicht ausgeblieben. Ob zu Recht oder zu Unrecht, wissenschaftlich fundiert oder nicht, wird moniert, dass die Abschusszahlen für Rotwild im Schönbuch zu hoch sind. Kritisiert wird mitunter auch, dass die rund 100 Hektar großen Wildruhezonen zu klein sind, dass dort Drückjagden stattfinden und es zu wenige Wildwiesen in diesen Einständen gibt.

Inzwischen finden auch die Erkenntnisse von Professor Dr. Walter Arnold (Wien) immer mehr Anhänger, wonach Rotwild in unseren Regionen im Winter nicht gefüttert werden soll, weil die Tiere ohnehin auf Energiesparmodus schalten, wenn sie in Ruhe gelassen werden. Dazu trägt laut Arnold beim Rotwild im Winter deren geringere Bewegungsaktivität und die Verkleinerung ihrer inneren Organe bei. Um den Energieverbrauch auf Sparflamme zu halten, fordert Arnold jedoch absolute Ruhe für Rotwild im Winter. Spätestens an Weihnachten sollte die Jagd auf Rotwild beendet sein. Zur Wildruhe gehört auch, dass sich nicht nur Wanderer, sondern insbesondere auch Pilzsammler und Fotografen an das Betretungsverbot in den Wildruhezonen halten.

Tipp

Während der Brunftzeit, etwa vom 10. bis 30. September, kann man von den Beobachtungskanzeln auch bei Tageslicht Rotwild gut beobachten.

SCHAUGEHEGE –
Wild aus nächster Nähe

54

Lage
Bei Herrenberg, Entringen, Bebenhausen und Weil im Schönbuch.

Tour
Ein Damwildgehege erreicht man vom Waldfriedhof Herrenberg aus.
Ein weiteres Damwildgehege vom Parkplatz Weißer Stein bei Weil im Schönbuch.
Das Rotwildgehege „Josefsruhe" liegt am Böblinger Sträßle und ist ebenfalls vom Parkplatz Weißer Stein aus erreichbar.
Vom Parkplatz Saurucken bei Entringen erreicht man das Entringer Wildgehege. Dort kann man Rotwild, Schwarzwild und Muffelwild beobachten.
Ein weiteres Schwarzwildgehege liegt am Böblinger Sträßle, nördlich von Bebenhausen.
Alle Schaugehege liegen weniger als 1 km vom Ausgangspunkt der jeweiligen Tour entfernt und eignen sich deshalb auch besonders für Familien mit Kindern.

Im Naturpark Schönbuch gibt es insgesamt sieben Schaugehege. Sie aufzusuchen, ist für Eltern mit Kindern besonders reizvoll. Denn hier können sie Wild in seiner natürlichen Umgebung aus nächster Nähe direkt beobachten.

In einem Gehege beim Herrenberger Waldfriedhof und einem weiteren Gehege bei der Schlagbaumlinde kann man Damwild zu Gesicht bekommen. Mit ihren mächtigen Schaufelgeweihen beeindrucken sie die Besucher. Ein Damhirsch ist größer als ein Reh, aber kleiner als ein Hirsch. Auffallendstes Merkmal dieser Tierart sind neben den Schaufeln die weißen Flecken im Sommerhaarkleid.

Das Vorkommen von Schwarzwild ist im Schönbuch besonders hoch. Die Tiere finden hier optimale Lebensbedingungen. Das durchgängig hohe Mastaufkommen bei Eichen und Buchen sowie das wärmere Klima begünstigen die ohnehin guten Voraussetzungen. Das führt jedoch immer häufiger zu Wildschäden, die von Landwirten und Förs-

tern beklagt werden. In zwei Gehegen kann man das Verhalten der Schwarzkittel studieren: im Gehege am Böblinger Sträßle bei Bebenhausen und im Wildgehege beim „Saurucken" oberhalb von Entringen. Das ist besonders im Frühjahr interessant, wenn die Frischlinge ihre ersten Gehversuche wagen.

Beim „Saurucken" gibt es noch zwei weitere Wildgehege: eines für Rotwild und eines für Mufflons. In diesen Gehegen kann man nicht nur die jeweiligen Tierarten nahezu ungestört beobachten. Auf Schautafeln erhält man dort auch zusätzliche Informationen. So erfährt man zum Beispiel, dass Rotwild die größte bei uns lebende Wildtierart ist, dass Muffelwild ursprünglich aus den Bergen Korsikas und Sardiniens stammt und dass die natürlichen Feinde der Wildschweine, wie Wolf, Bär oder Luchs, heute fehlen. Ein weiteres Rotwildgehege gibt es beim Parkplatz „Weißer Stein". Dieses Gehege wird wegen des dazugehörigen Rotwild-Erlebnispfads als eine separate Tour in diesem Buch dargestellt.

Tipp

Besonders lohnenswert ist ein Besuch des Wildgeheges bei Entringen für Familien. Dort gibt es auch einen sehr weitläufigen Spiel- und Picknickplatz. Allein dieser Platz zeigt, dass der Naturpark Schönbuch allen Besuchergruppen etwas bieten will und auch unter dem Blickwinkel der Erholungsfunktion des Waldes zurecht „Waldgebiet des Jahres 2014" geworden ist.

55 TREIBJAGD IM SCHÖNBUCH –
„Halali" im bunten Blätterwald

Lage
Bei Dettenhausen

Tour
Jäger und Treiber finden sich an diesem Tag beim Parkplatz Langer-Rücken-Sträßchen ein. Von dort verteilen sie sich im Ostgatter des Schönbuchs.

Wenn sich im Spätherbst die ersten Nebel auf das Land legen und der erste Raureif des herannahenden Winters die Natur weiß anmalt, dann beginnt sie, die Zeit der Treibjagden. Schon in aller Herrgottsfrühe treffen sich im Schönbuch Jäger und Treiber. Bereits der Auftakt zur Treibjagd mit einer Ansprache von Götz Graf Bülow macht den Tag zu etwas Besonderem. Es geht um waidgerechte Jagd, bei der viele

Regeln zu beachten sind. Sicherheit geht vor und ist oberstes Gebot. Die Jagdhunde können es nun kaum erwarten. Auch sie wissen, dass ihr Einsatz unmittelbar bevorsteht. Doch bevor es so weit ist, setzt eine Gruppe von Jagdhornbläsern an und gibt das Jagdsignal. Zuerst wird zur „Begrüßung" geblasen, ihr folgt „Aufbruch zur Jagd". Dann setzt sich der Tross in Bewegung. Diesmal ist die Jagd im sogenannten Ostgatter des Schönbuchs. Treiber und Jäger werden eingewiesen und wissen nun, wie sie sich zu verhalten haben. Laute Rufe hallen nun durch den bunten Blätterwald. Die Treiber und ihre Hunde bringen das Wild in Bewegung. Die Schützen warten auf dem Sitzstand. Es geht dabei nicht um blindwütiges Schießen. Mangels natürlicher Feinde soll der Wildbestand aber so weit reduziert werden, dass er sich gesund entwickeln kann. Das gilt insbesondere für das Rot- und Rehwild. Auch soll der Wald durch den gezielten Abschuss geschützt werden, weil ein zu hoher Rot- und Rehwildbestand erhebliche Verbiss-, Schäl- und Fegeschäden verursacht.

Wildschweine verursachen insbesondere auf den dem Wald angrenzenden landwirtschaftlichen Flächen Schäden, weil sie bei der Nahrungssuche Felder und Wiesen umbrechen. Durch die warmen Winter und die guten Verstecke vermehren sich diese Tiere rasant und gefährden mit ihrer Überpopulation sogar Spaziergänger. Deshalb hofft die Jagdgesellschaft, insbesondere die Schwarzkittel zu dezimieren. Wie schwierig das aber ist, zeigt die Bilanz dieses Tages. Zwar können etliche Dutzend Wildschweine erlegt werden. Doch der Preis dafür ist hoch. Zwölf Hunde werden an diesem Tag beim Aufstöbern von

Wildschweinen verletzt, einer sogar tödlich.

Am Spätnachmittag wird bei der Bärlochhütte die Strecke gelegt. So nennen Jäger das Aufbahren der erlegten Tiere nach altem Brauch. Auch dies geschieht nach genau festgelegten Regeln. Schwedenfeuer rahmen die Szenerie ein. Die Treiber versammeln sich um ein

Lagerfeuer. Sie haben hart gearbeitet an diesem Tag. Kreuz und quer ging es für sie durch den Wald, bergauf, bergab. Bis zu 20 Kilometer haben manche zurückgelegt. Auch den Jagdhunden, die einen noch größeren Aktionsradius hinter sich haben, merkt man die Anstrengung an. Nach und nach kommen die Jäger dazu. Manche tragen einen Tannen- oder Fichtenzweig am Hut. Das ist das Zeichen, dass sie ein Stück Wild erlegt haben.

In einem genau vorgeschriebenen Reglement haben dann wieder die Jagdhornbläser ihren Auftritt. Sie erweisen dem erlegten Wild die letzte Ehre: „Hirsch tot", „Reh tot", „Sau tot", „Jagd vorbei", „Halali", „Zum Essen", heißt jetzt die Reihenfolge. Während dann Jäger und Treiber den Tag noch einmal Revue passieren lassen, wird das erlegte Wild von Forstbediensteten zur Wildkammer nach Bebenhausen gebracht, ehe Alexander Köberle, Leiter der Abteilung Forst beim Landkreis Tübingen, die Treibjagd offiziell beschließt.

Tipp

Frisches und preiswertes Wildbret aus den Beständen des Schönbuchs kann beim Landratsamt Tübingen bestellt werden (Telefon 07071/207-1418, -1414 oder -1426). Es wird bezogen aus der Wildkammer Bebenhausen.

WO EINST DIE WÖLFE JAGTEN –
kommt der Beutegreifer wieder?

Lage
Bei Bebenhausen

Tour
Startpunkt für die Tour zur Wolfsgrube ist der Parkplatz Pfeifferstein nördlich von Bebenhausen. Das Einsiedler Sträßle bergauf gehen und die erste Abzweigung links liegen lassen. Noch bevor man die Wegegabelung „Am Stöckle" erreicht, führt ein kurzer Weg in westlicher Richtung zum Gatter. Dort das Tor anheben und innerhalb des Zauns parallel zu ihm talwärts gehen. Nach etwa 200 m kommt man zu der Vertiefung, in der einst Wölfe mit Ködern angelockt, gefangen genommen und schließlich getötet wurden. Die Tour ist etwa 2 km lang, einfach zu gehen. Etwa 1 Stunde sollte man sich dafür Zeit nehmen. Zwar gleicht die Wolfsgrube lediglich einem Loch im Waldboden, doch historisch bedeutsam ist diese Vertiefung in der Erde allemal. Sie dürfte sogar als Naturdenkmal gelten. Und diese Wolfsgrube hat dem Gebiet auch seinen Namen gegeben. Sie ist auch in einer alten Schönbuchkarte von 1815 ausgewiesen.

Mehrere Flurnamen weisen darauf hin, dass der Schönbuch einst von Wölfen besiedelt war. So gibt es die „Wolfsgartenklinge" beim Einsiedel, das „Wolflöchle" und die „Wolflöchlesklinge" bei Hagelloch, die „Wolfsgrube" bei Bebenhausen, den „Wolfsberg" im Herrenberger Stadtwald zwischen Lindach und Fischbach, den Waldenbucher „Wolfenberg" nördlich des Schaichtals und den „Wolfsgraben" zwischen Breitenholz und Kayh.

Das Gemeindewappen von Breitenholz enthält bis zum heutigen Tag das Symbol eines Wolfseisens. Mit solchen Geräten, sowie mit Fanggruben und Waffen wurden einst den Wölfen nachgestellt. Mit Erfolg – wie man weiß: Der letzte in Württemberg heimische Wolf wurde nach einem jahrhundertelangen Vernichtungsfeldzug 1847 im Zabergäu erlegt.

Zaghafte Versuche einer Rückkehr des Beutegreifers in den deutschen Südwesten endeten bislang mit dessen Tod. Ein aus der Schweiz kommender Wolf wurde 2015 an der Autobahn 5 bei Lahr überfahren, ein weiteres Jungtier fand wenig später beim Überqueren der Autobahn 8 östlich von Merklingen den Tod.

Dennoch gilt Baden-Württemberg als Wolfserwartungsland. Tierschützer und Wildbiologen hoffen, dass die streng geschützte Tierart auch im Südwesten wieder heimisch wird. Ob sich Wölfe dabei ausgerechnet den stark frequentierten Schönbuch aussuchen würden, darf allerdings bezweifelt werden. Mit 156 Quadratkilometern ist das Waldgebiet für die scheuen Jäger relativ klein, um sich ausschließlich hier dauerhaft niederzulassen. Zudem würden die urbanen Zentren rund um den Schönbuch mitsamt ihren Verkehrsachsen die Wölfe in ihrem Bewegungsdrang stark einschränken. Insbesondere aber ist der Schönbuch nicht mehr wie einst eine riesige Waldweide für Schafe, Ziegen, Schweine, Gänse, Hühner und Rinder, die den Wölfen die Nahrung wie auf dem Servierbrett lieferten.

Für Menschen sind Wölfe ungefährlich, weil sich diese scheuen Wildtiere bei einer Begegnung sofort zurückziehen. In das Beuteschema des Wolfes fallen jedoch neben wild lebenden Paarhufern wie Rotwild, Rehwild oder Schwarzwild auch außerhalb von menschlichen Besiedelungen lebende Weidetiere, wie etwa Schafe. Zu ihrem Schutz schlagen Wolfsexperten und Naturschützer Elektrozäune und Herdenschutzhunde vor. Sollte es dennoch zu einem Schafsriss kommen, sollte der vom Wolf verursachte Schaden von der gesamten Gesellschaft verantwortet werden und nicht zulasten eines individuell ge-

schädigten Tierhalters gehen. Es ist unfair, einerseits die gewünschte Rückkehr des Urahns der Hunde zu fordern, andererseits aber damit verbundene mögliche Schäden auf einzelne Betroffene abzuwälzen, deren wirtschaftliche Existenz damit bedroht sein könnte. Im Fall des Falles sollten Geschädigte einen Rechtsanspruch auf Schadensausgleich erhalten. Denn auch Schafhalter leisten mit ihren Tieren einen wichtigen ökologischen Beitrag zur Erhaltung der Vielfalt, Eigenart und Schönheit von Natur und Landschaft.

Tipp

Der 1847 bei Cleebronn im Zabergäu getötete Wolf steht präpariert im Staatlichen Museum für Naturkunde Stuttgart und kann dort besichtigt werden.

Dem Artenschutz
eine Chance

57 BANNWALD EISENBACHHAIN –
Urwald von morgen

Lage
Südöstlich von Dettenhausen

Tour
Die Tour beginnt am Parkplatz der Stadtreitereiche direkt an der B 464.
Von dort geht es in südlicher Richtung auf einem Wanderweg, bis ein Schild auf das Bannwaldgebiet Eisenbachhain hinweist. Weiter südlich bis zur Burger-Eiche gehen, an der Kreuzung in Richtung Südosten halten und zum Birkenweg gehen. Diesen Weg in nordöstlicher Richtung nehmen und über den Hofmeistersweg und die Eschachhau-Allee wieder zurück zum Ausgangspunkt. Die Tour ist etwa 4 km lang und einfach.

Der Eisenbachhain ist der älteste Bannwald im Schönbuch und zugleich dessen ältestes Naturschutzreservat. Auf einer Fläche von 8,3 Hektar darf hier wachsen was will und kann. Kein Förster greift hier ein, Forstwirtschaft wird nicht betrieben. Auch gilt hier absolutes Betretungsverbot. Das Sammeln von Pflanzen, Früchten und Samen ist hier nicht gestattet. Nur vereinzelt kommen ein paar Wissenschaftler, um das Waldreservat zu untersuchen. Ansonsten bleibt die Natur sich vollkommen selbst überlassen.

So ist es kein Wunder, dass dieser Wald wie ein Märchenwald aussieht: Abgebrochene Äste stehen und liegen kreuz und quer über- und untereinander. Junge Bäume wachsen neben alten. Manche Baumriesen liegen auf dem Boden. Und wenn man vom Rand des Eisenbachhains aus dieses Stück Natur betrachtet, kann man auch noch etliche uralte intakte Eichen und Buchen sehen. Manche von ihnen mögen 300, vielleicht sogar 400 Jahre alt sein. Einst wurde auf diesem Gebiet Waldweide betrieben.

Heute ist überall abgestorbenes Holz zu sehen. Aus diesen feuchten Pflanzenresten, dem sogenannten Mulm, entwickelt sich bald neues Leben. Der Anteil dieses Totholzes ist für die Flora und Fauna besonders wichtig. Denn rund 60 Prozent der auf Totholz angewiesenen Käferarten stehen auf der Roten Liste, sind also stark gefährdet oder sogar vom Aussterben bedroht.

Der Eisenbachhain ist optimaler Lebensraum für Schwarzspechte und Eulen, Fledermäuse und seltene Insekten. Auch der Eremit kommt hier vor. Alle Fachleute sind sich einig: Unbewirtschaftete Waldflächen sind artenreicher als Wirtschaftswälder. Im Eisenbachhain kann man das so-gar vom Wegrand aus sehen: Jedes Jahr kommt man hier dem „Urwald von morgen" ein Stück näher.

Namensgebend für das auf Detten-häuser Gemarkung liegende Waldstück war Forstrat Rudolf Eisenbach (1851–1921). Er setzte seinem im Ersten Weltkrieg gefallenen Sohn Hans Eisenbach in diesem Waldgebiet einen Gedenkstein.

Tipp

Im Schönbuch gibt es drei Bannwälder: Neben dem Eisenbachhain sind auch die Silbersandgrube auf dem Bromberg und der Steinriegelhang im Großen Goldersbachtal als Bannwälder ausgewiesen.

BANNWALD STEINRIEGELHANG –
ein Hauch von Wildnis

58

Lage
Bei Bebenhausen

Tour
Startpunkt der Tour ist der Parkplatz beim Schreibturm des Klosters Bebenhausen. Auf der Böblinger Straße geht es zum Mörike-Haus, nach dem es links auf den Weg „Am Jordan" geht. Nach gut 500 m nach rechts auf den Hauff-Weg abbiegen und steil bergauf abermals nach links halten bis zum Fohlenweide-Traufweg. Dort blickt man in südlicher und westlicher Richtung in den Bannwald „Steinriegelhang". Den bei der zweiten Schautafel weiterführenden Kaltenbüchelesrandweg meiden – er ist nämlich eine Sackgasse. Vielmehr geht es über den Bretterzaunweg zur Fohlenweide und über den Fohlenweideweg und die „Große Klinge" wieder zurück zum Hauff-Weg und von dort denselben Weg zum Ausgangspunkt zurück. Wer mehr Zeit einplanen kann, geht den Hauff-Weg hinunter ins Goldersbachtal und über die Goldersbachtalstraße zurück zum Schreibturm. Etwa 6 km langer Rundweg mit Ausblicken bis zur Schwäbischen Alb. Einfach zu gehen. Es gibt jedoch einen kurzen, steilen Anstieg.

Im Steinriegelhang bleibt die Natur sich vollkommen selbst überlassen. Das rund 72 Hektar große Gebiet wurde im Jahr 2006 zum Bannwald erklärt. Wie in den beiden anderen Naturwald-Reservaten des Schönbuchs, im Eisenbachhain und in der Silbersandgrunde, wurde auch im Steinriegelhang jegliche forstliche Bewirtschaftung eingestellt. Auf diese Weise soll sich das Waldstück zu einem „Urwald von morgen" entwickeln – ohne jeglichen menschlichen Einfluss. Auch gegen den schädlichen Borkenkäfer wird hier nicht eingegriffen.

Am Fuß des Hanges sieht man zahlreiche Eichen und Hainbuchen. Am Mittelhang wachsen Nadelbäume. Unterhalb der Bergkante, bei der Fohlenweide, gibt es viele knorrige Buchen, manche von ihnen wurden von den Stürmen „Lothar" und „Wiebke" entwurzelt. In einem Bannwald wird dieses Holz jedoch nicht geerntet, es verbleibt im Wald. Denn vermoderndes Holz bietet vielen Lebewesen Nahrung und Lebensraum. Dieses sogenannte „Totholz" spielt im Ökosystem Wald eine zentrale Rolle. Zahllose Pilze, Insekten, Käfer, Spinnen und Würmer sind darauf angewiesen. Sie sind ihrerseits wieder Beute für andere Tierarten. So gibt es im Steinriegelhang nicht nur zahlreiche Spechte und Eulen. Hier sind auch fünfzehn von insgesamt dreiundzwanzig in Deutschland vorkommenden Fledermausarten beheimatet – darunter das Große Mausohr, die Kleine Bartfledermaus, der Abendsegler und die Wasserfledermaus.

Charakteristisch für dieses Waldgebiet sind die unzähligen Steinriegel. Sie haben dem Bannwald am Hang zwischen der Fohlenweide und dem Großen Goldersbachtal schließlich auch den Namen gegeben. An der Kante des Bergrückens ist der Rhätsandstein abgebrochen. Weil dieser Stein besonders hart ist, verwittert er auch nicht so schnell. So liegen die Steine auf dem ganzen Hang verteilt – wie in einer riesigen Geröllhalde.

Verglichen mit der Lebensspanne eines Baumes ist der ausgewiesene Bannwald Steinriegelhang noch sehr jung. Das sieht man ihm auf den ersten Blick jedoch nicht an. Denn auf dem brüchigen Untergrund des Knollenmergels sind auch viele Bäume abgerutscht. So stehen manche von ihnen kreuz und quer. Deshalb umweht dieses Naturwaldreservat bereits nach kurzer Zeit ein Hauch von Wildnis. Für die forstwirtschaftliche Nutzung wäre das Gebiet ohnehin nur bedingt geeignet. Was wachsen will, kann wachsen; was sterben muss, darf sterben.

Nur ein Gesetz ist hier allgegenwärtig: das Naturgesetz. Wegen des besonderen Schutzes im Bannwald gilt im Steinriegelhang absolutes Betretungsverbot.

Tipp

Ein Besuch des Klosters Bebenhausen bietet sich an. Interessant sind auch die beiden anderen Bannwälder des Schönbuchs: die Silbersandgrube und der Eisenbachhain.

59 BANNWALD SILBERSANDGRUBE –
die Lehre aus dem Sturm

Lage
Beim Schaichhof

Tour
Los geht es im Franzensträßle südlich des Golfplatzes Schaichhof beim hinteren Parkplatz. Auf dem Steinigen Weg in südlicher Richtung gehen und bei der Abzweigung zum Brombergebenesträßle rechts halten. Stetig bergauf am Wasserspeicher vorbeigehen und bei der Schautafel „Silbersandgrube" in südöstliche Richtung zum Schneißenweg wechseln. Auf diesem Weg bleiben bis zur Einsiedelei. Dann geht es weiter in nordwestlicher Richtung bis man zu einem Verbindungsweg in nördlicher Richtung kommt. Von dort aus auf das Brombergebenesträßle und wieder zurück zum Ausgangspunkt gehen. Etwa 6 km langer, einfach zu begehender Rundweg mit einem leichten Anstieg zur Hochebene des Brombergs.

Der Klimawandel beeinflusst die Lebens- und Wachstumsbedingungen der Bäume ganz massiv. Wärme liebende Bäume, die mit weniger Regen auskommen, halten die stetig ansteigenden Temperaturen besser aus. Zu diesen Bäumen gehören zum Beispiel Kiefern, Eichen, Weißtannen und Douglasien. Sie gehören zu den Gewinnern des Klimawandels. Die Fichte wird bei längeren Trockenperioden jedoch geschwächt. Sie wird deshalb auch schneller als andere Baumarten anfällig für den Befall von Borkenkäfern.

Mit den Begleiterscheinungen des Klimawandels hat diese Baumart einen weiteren entscheidenden Nachteil. Als Flachwurzler ist die Fichte bei den immer mehr zunehmenden Stürmen besonders gefährdet. Das zeigte sich auch beim Orkan „Wiebke" am 1. März 1990. Auf der Hochfläche des Brombergs hatte der Sturm leichtes Spiel. Zahlreiche Fichten fielen diesem Orkan zum Opfer. Wegen ihres schnellen Wachstums wirft die Fichte jedoch einen schnellen Ertrag ab („Brotbaum") und ist deshalb sehr verbreitet.

Ein Teil dieser Sturmfläche wurde drei Jahre nach dem Sturm „Wiebke" als Bannwald ausgewiesen. Rund 20 Hektar Wald bleiben sich dort

seitdem komplett selbst überlassen. Wissenschaftler wollen dabei herausfinden, wie sich der Wald ohne jeden menschlichen Eingriff entwickelt. Bereits jetzt zeigt sich, dass es nicht nur einen vielfältigeren Artenreichtum an Tieren gibt, sondern sich auch ein artenreicherer Baumbestand entwickelt, wenn dem Wald kein Holz entzogen wird. Wo zuvor insbesondere Fichten, Kiefern und Lärchen wuchsen, findet man 30 Jahre später in diesem Gebiet nun auch Birken, Weiden, Kiefern, Lärchen, Buchen, Ebereschen und Ahorn. Und natürlich ist im Bannwald Silbersandgrube auch die Fichte nicht ganz ausgestorben. Die Zeit der Fichten-Monokulturen ist aber im Schönbuch zumindest an den exponierteren Standorten endgültig vorbei. Die Forstwirtschaft hat aus dem Klimawandel die Konsequenzen gezogen und stellt sich auf den Wald der Zukunft ein. Ziel ist ein artenreicher, gesunder Mischwald.

Tipp

Angrenzend an den nordwestlichen Teil des Bannwalds Silbersandgrube gibt es eine Hütte zur Wildbeobachtung. Auf dem Weg rund um die Silbersandgrube kommt man an der Einsiedelei vorbei. Auch der Birkensee lohnt einen kleinen Umweg.

SCHONWALD „DIEBSTEIG" –
ein Beitrag zur biologischen Vielfalt

60

Lage
Westlich von Bebenhausen, südlich von Altdorf.

Tour
Der Schonwald „Diebsteig" ist von mehreren Standorten aus gut erreichbar.
Wir wählen den Ausgangspunkt Bebenhausen. Von dort aus gehen wir entlang
des Goldersbachs talaufwärts bis zur Teufelsbrücke. Dort bleiben wir zunächst
auf dem Talweg des Großen Goldersbachs. Nach etwa 250 Meter gehen wir
rechts das Sandsteigle in nordöstlicher Richtung. Dann bleiben wir immer auf
diesem Weg, der am unteren Hang des Brombergs parallel zum Goldersbach
führt, bis wir nach etwa 2 Kilometer die Diebsteighütte erreichen. Dort stehen
wir unmittelbar vor dem Schonwald „Diebsteig", auf den eine Tafel aufmerksam
macht. Unmittelbar hinter der Hütte wechseln wir auf dem sogenannten
„Diebsteig" nach rechts steil bergauf zum nächst höher gelegenen Hangweg, der
den Namen „Steiniger Weg" hat. Diesen gehen wir rund zwei Kilometer zurück
in östlicher Richtung bis wir an einer Wegkreuzung den Steinigen Weg verlassen
und weiter in östlicher Richtung auf das Glashausträßle kommen. Nach etwa
200 Meter führt ein schmaler Pfad steil bergab zum Weiher bei der Teufelsbrücke. Von dort denselben Weg zurück zum Ausgangspunkt Bebenhausen.
Die Tour ist rund 10 Kilometer lang und hat eine Höhendifferenz von 180 Meter.
Für die Strecke sollten mindestens drei Stunden Zeit eingeplant werden.

Schonwälder sind geschützte Waldreservate. Im Schönbuch gibt es
insgesamt vier dieser besonderen Waldgebiete: Den Schonwald
„Eselstritt" südlich von Altdorf, den
Schonwald „Mähdertal" südöstlich
von Hildrizhausen, den Schonwald
„Maierwald" auf der Gemarkung
Weil im Schönbuch und den Schonwald „Diebsteig" am südlichen
unteren Hang des Brombergs. In

ihnen ist – im Gegensatz zum Bannwald – die wirtschaftliche Nutzung
erlaubt, es können also Bäume gefällt und abtransportiert werden. Im
Gegensatz zum reinen Wirtschaftswald steht ein Schonwald dennoch
unter erhöhtem Schutz. In ihm soll
zum Beispiel eine bestimmte Waldgesellschaft aus den dort vorkommenden Tier- und Pflanzenarten
erhalten werden.

So soll etwa im Schonwald „Diebsteig" das Waldbild der früher im
Schönbuch praktizierten Waldweide
formiert werden. Durch die einstige
Weidewirtschaft blieben dort vorwiegend Eiche, Buche und Hainbu-
che bestehen. Ziel ist es, dass dort
wieder ein solcher Hutewald entsteht. Außerdem wird im Schon-

wald der Anteil an stehendem oder
liegendem Totholz sukzessive er-
höht. Der Schonwald „Diebsteig"
hat eine Größe von rund 34 Hektar.
Allein der Blick in dieses Waldreservat ist eine Augenweide.

Mit der Ausweisung als schützens-
wertes Waldgebiet leistet der Forst
einen wichtigen Beitrag zur Erhaltung der biologischen Vielfalt in
ganz Europa. Es versteht sich von
selbst, dass in den Schonwäldern
alle Handlungen verboten sind, die
zu Zerstörung, Beschädigung oder
Veränderung des schutzwürdigen
Gebiets und ihres Naturhaushal-
tes führen. Zum Schutz von Tieren
und Pflanzen sollen die ausgewiesenen Gebiete auch nicht zum Fotografieren oder Filmen aufgesucht

werden. Wild lebenden Tieren darf keinesfalls nachgestellt werden. Und selbstverständlich sollen dort auch nicht die Brut-, Wohn- oder Zufluchtsstätten der natürlich vorkommenden Tiere entfernt, beschädigt oder zerstört werden. Wie es die entsprechenden Verordnungen ausweisen, dürfen dort auch keine Wege oder Gewässer neu angelegt werden. Der Einsatz von Pflanzenschutz- oder Düngemitteln ist dort verboten.

Die Jagd in Schonwäldern ist nur insofern erlaubt, als sie zur natürlichen Verjüngung der im Waldreservat vorkommenden Tiergesellschaften beiträgt. Die Anlage von Wildäckern oder Fütterungen ist jedoch verboten. Als Wanderer sollte man sich klarmachen, dass es sich bei einem Schonwald um ein wertvolles Waldbiotop handelt. Die heimische Natur und das Ökosystem Wald verdienen diesen besonderen Schutz. Entsprechend vorsichtig sollten sich die Besucher dort verhalten und auf den Wegen bleiben.

Tipp

Im Schönbuch gibt es neben den Schonwäldern auch drei sich komplett selbst überlassene Waldreservate, sogenannte Bannwälder. Darin ist jegliche menschliche Aktivität verboten beziehungsweise „verbannt". Bei diesen „Urwäldern von morgen" handelt es sich um den Eisenbachhain, die Silbersandgrube und den Steinriegelhang.

61

NEUWEILER VIEHWEIDE –
eine Augenweide

Lage
Bei Waldenbuch

Tour
Die Tour beginnt beim Museum Ritter in Waldenbuch. Auf dem Aichtalradweg am Rohrwiesensee vorbei und bei der Oberen Sägemühle rechts bis zum Fäulbach gehen. An der Hinweistafel zur Neuweiler Viehweide links abbiegen, das Fäulbachtal bergwärts entlang und dabei an mehreren Tümpeln vorbei gehen. Getrost kann man sich auf die Hinweistafeln verlassen – selten ist ein Weg so gut ausgeschildert. Über den Kesslerhauweg geht es zum Ziel. Diesem Weg wieder ins Tal folgen und so den Aichtalradweg erreichen, auf dem es – der Aich folgend – auf den Rückweg geht. Die Tour ist gut 4 km lang und einfach zu gehen, nur im Fäulbachtal geht es etwas bergauf.

Im Naturschutzgebiet „Neuweiler Viehweide" wird ein einmaliges Projekt zur Waldweide getestet. Es geht dabei um den Schutz vieler selten gewordener Pflanzen und Tiere, die ihre Daseinsberechtigung im monotonen, auf Ertrag getrimmten Wirtschaftswald nur schwer durchsetzen können. Manche Pflanzen und Tiere tun sich in einer Offenlandschaft leichter. Weidende Tiere halten hier die nachwachsenden Bäume klein und zähmen so auch die Konkurrenz für die auf viel Licht angewiesenen Baumarten, wie etwa die Eiche. Durch den Abfraß nachwachsender Pflanzen entsteht ein offener Wald. Im Gegensatz zum dunklen Fichtenwald fühlen sich hier zahlreiche Vögel wohl. Sie profitieren jetzt von einem heidewaldartigen Charakter, der durch weidende Pferde oder Ziegen im Wald erzielt wird.

Gleichzeitig trägt das höhere Aufkommen von Vögeln dazu bei, dass durch die größere Verteilung von Samen neben den Leitbaumarten noch andere Begleitgehölze wachsen. Mit Stolz vermelden die Initiatoren, dass auf der Neuweiler Viehweide inzwischen sechs von neun heimischen Spechtarten wieder ihre Höhlen bauen und ein ausgezeichnetes Nahrungsangebot finden. Auch das Aufkommen von Dohlen, Hohltauben, Käuzchen und Fledermäusen hat dort zugenommen. Vermehrt wurden sogar selten gewordene Käfer wie der Kopf-

hornschröter, der Hirschkäfer oder der Juchtenkäfer nachgewiesen.

Auch rein optisch betrachtet ist das Planquadrat eine Augenweide, da die Bäume in größeren Abständen voneinander entfernt stehen und so der Wald mithin in einer ganz anderen Dimension wahrgenommen werden kann. Nicht zu Unrecht weiß der Volksmund, dass mancher Waldbesucher vor lauter Bäumen den Wald nicht sieht. Hier ist es anders: Da steht eine uralte Eiche, dort eine junge Buche – und dazwischen viel freie Sicht.

So in etwa müssen Teile des Schönbuchs ausgesehen haben, als dort über Jahrhunderte hinweg die Waldweide praktiziert wurde. Doch damals führten planlose Kahlschläge und übermäßige Holznutzungen dazu, dass der Schönbuch als Waldgebiet fast gänzlich aufgehört hatte zu existieren. Mit der Wiederaufforstung wurde erst zu Beginn des 19. Jahrhundert begonnen und noch heute verbietet das Landeswaldgesetz die Waldweide. Nur für den „Weiler Berg", wie die Einheimischen das Schonwaldgebiet nennen, wurde eine Ausnahme gemacht.

Ganz gezielt will man mit solchen Projekten in die natürliche Struktur des Waldes eingreifen. Auf einem begrenzten Raum soll auf diese Weise ein Beitrag zur Artenvielfalt geleistet werden.

Tipp

Auch im Herrenberger Stadtwald gibt es seit dem Jahr 2019 eine Waldweide.

HERRENBERGER WALDWEIDE –
Artenschutz durch Artenvielfalt

62

Lage
Im Herrenberger Stadtwald beim Sommertalsee.

Tour
Startpunkt ist beim Waldfriedhof Herrenberg. Über die Urschelrainstraße geht es zum Damwildgehege. Auf der Urschelrainstraße bleiben und am Fischbach entlang wandern bis zur Ludwig-Volz-Straße (noch vor dem Sommertalweiher). Dieser Straße erst in südwestlicher, dann in westlicher Richtung folgen bis zur Waldweide, wo man mit etwas Glück auch Galloway-Rinder beobachten kann. Über das Kayher Talsträßle und den Peter-Schanz-Weg geht es zurück zum Ausgangspunkt Waldfriedhof. Wer Zeit hat, geht noch zum Sommertalweiher. Schöner, etwa 8 km langer Spazierweg, auf dem Rückweg geht es leicht bergauf.

Die Waldweide hat im Schönbuch eine lange Tradition. Rechtlich abgesichert war sie über Jahrhunderte hinweg durch Schönbuchordnungen, die den Bewohnern umliegender Gemeinden das Recht einräumten, ihre Tiere im Wald weiden zu lassen. Dieses Recht wurde von den dazu Berechtigten, den sogenannten Schönbuchgenossen, so massiv in Anspruch genommen, dass der Wald im Lauf der Zeit mehr und mehr von der Bildfläche verschwand. Die existenzielle Bedrohung des Schönbuchwaldes wurde durch den überhöhten Wildbestand zum alleinigen Zweck der herzoglichen Jagd und die mit dem Bevölkerungswachstum nach dem

Dreißigjährigen Krieg zunehmende Holznutzung noch verstärkt.
Erst nach den Erkenntnissen zur nachhaltigen Forstwirtschaft wurde der Wald wieder systematisch aufgeforstet. Gleichzeitig wurde die Waldweide zu Beginn des 19. Jahrhun-

derts verboten, weil sie dem Ziel der systematischen Wiederaufforstung widersprach. Entsprechend nahmen die lichten Weidewälder seitdem ab. Doch unter dem Gesichtspunkt der Biodiversität findet inzwischen ein Umdenken statt. In Ergänzung zu ausgedehnteren Wäldern schaffen Waldweiden zusätzlichen Lebensraum für jene Pflanzen und Tiere, die in dichteren Waldkulturen kaum eine Lebenschance haben. Im Schönbuch kommt ein weiterer Gesichtspunkt hinzu. Mit der geregelten Waldweide soll auch wieder an die Geschichte angeknüpft werden: Es gibt hier noch etliche Hutewälder, denen man die frühere Praxis der Waldweide bis zum heutigen Tag ansieht. Im Herrenberger Stadtwald

sorgt seit Juni 2019 eine kleine Herde von Galloway-Rindern dafür, dass auf einer Fläche von rund sieben Hektar ein ganz neues Biotop entstehen kann. Profitieren sollen dabei nicht nur neue Tierarten, die sich auf der beweideten Fläche im lichten Wald ansiedeln können und dadurch zu mehr Artenreichtum führen. Der dauerhafte Aufenthalt im Freien könnte auch für die Nutztiere selbst einen Vorteil bedeuten. Aus anderen Waldweiden weiß man nämlich, dass die Weidetiere im Wald eine vielseitigere Kost bekommen, weniger von Parasiten befallen werden und einen gesünderen Nachwuchs zur Welt bringen. Und für die Besucher des Schönbuchs sind die Galloway-Rinder

allemal eine attraktive Alternative zu Rot- oder Rehwild, das man oft gar nicht zu Gesicht bekommt. So weiden beim Sommertalsee während des Sommerhalbjahres gegenwärtig fünf Galloway-Rinder, die den Wald in einen Zustand versetzen sollen, wie er zur Zeit der Waldweide bestand. Forstdirektor Reinhold Kratzer und Forstamtsrat Winfried Seitz, der das Forstrevier des Stadtwaldes Herrenberg leitet, hoffen zusammen mit Naturschützern, dass damit ein optimales Habitat für Fledermäuse, Amphibien und Reptilien entsteht. Auch diverse Vogelarten wie Mittelspecht, Halsbandschnäpper, Grauspecht, Baumpieper und Wendehals bevorzugen lichte Wälder. Und vielleicht siedelt hier auch bald wieder der selten gewordene und streng geschützte Juchtenkäfer.

Eine von Bäumen gänzlich freie Fläche ist dabei jedoch nicht das Ziel. Mindestens 40 Prozent der Waldweide sollen von Baumkronen überdeckt sein. Und auch die Vielfalt der Baumarten soll dort erhalten werden, damit das Waldstück nicht nur ein optimaler Weidegrund für die Galloway-Rinder, sondern auch für die Besucher eine Augenweide ist.

Tipp

Im Schönbuch gibt es mit der Neuweiler Viehweide eine weitere Waldweide.

63

PRAKTIZIERTER ARTENSCHUTZ –
Bienen, Käfer, Schmetterlinge

Lage
Beim Ziegelweiher/Soldatengrab im Goldersbachtal.

Tour
Da der Ziegelweiher zentral im Schönbuch liegt, ist er von allen Seiten gut erreichbar. Die hier gewählte Tour beginnt in Bebenhausen und geht entlang der Goldersbachtalstraße über den Leichtsweg und die Teufelsbrücke zum Soldatengrab. Von dort sind Schmetterlingsparcours, Bienenhotel und Hirschkäfermeiler nur einen Steinwurf entfernt. Die Tour ist einfach, aber mit 14 km Wegstrecke relativ lang. Mindestens 4 Stunden sollten dafür eingeplant werden.

Der Schönbuch ist ein einzigartiges Naturwaldreservat mit einer großen Arten- und Biotopvielfalt. Das große zusammenhängende Waldgebiet ist bekannt dafür, dass hier Naturschutz eine besondere Rolle spielt – wie es bei einem ausgewiesenen Naturpark sein muss. Das fängt bereits im Kleinen an: beim Schutz von Käfern, Wildbienen und Schmetterlingen. Im Großen Goldersbachtal wurden dazu extra

kleine Refugien ausgewiesen. Sie sollen den Besuchern die Natur als ein zusammenhängendes, lebendiges und schutzwürdiges Gut vor Augen führen. Denn manche Erholungssuchende wissen gar nicht, dass zahlreiche heimische Tagfalter durch intensive Landwirtschaft und wegfallende Grünflächen bereits existenziell bedroht sind.

Beim Ziegelweiher, in der Mitte des eingezäunten Naturparks, wurde eine Blumenwiese angelegt, auf der wachsen und gedeihen kann, was will. So können sich die Raupen dort ungestört entwickeln und schließlich in ihrer majestätischen Schönheit als Schmetterlinge entfalten. Ungestört leben hier das Tagpfauenauge und der Kleine Fuchs, der Schwalbenschwanz und der Admiral, der Postillon und der

Zitronenfalter und noch viele andere Schmetterlinge, auf die eine Hinweistafel aufmerksam macht. Manche fliegen bereits Ende April, andere erst im Spätsommer, etliche bestechen durch ihre Leuchtkraft, wieder andere haben Duftstreifen auf der Flügeloberseite. Es gibt auch Nachtschmetterlinge, wie den Braunen Bär, den man als Falter kaum zu Gesicht bekommt. Wer Schmetterlinge beobachten will, muss allerdings viel Zeit mitbringen. „Schmetterlinge", sagt der Schriftsteller Peter Henning, „sind latent nervöse, immerzu in Alarmbereitschaft befindliche Wesen: pausenlos auf dem Sprung – scheinbar schwerelose, die Sonne anbetende Individualisten im Dauertransit ohne festes geografisches Ziel." Ganz anders sind da die Wildbienen. Sie scheinen

einen geradezu strategischen Plan zu verfolgen. Von den Blüten tragen sie Pollen und Nektar gezielt ins Nest, das gegen Feinde verschlossen wird. Auch die Wildbienen profitieren von den Sträuchern und Stauden, von den Wiesenblumen und den Bäumen im Goldersbachtal. Ein „Bienenhotel" wurde unmittelbar neben dem „Schmetterlingsparcours" angelegt.

Etwas entfernt davon – unterhalb des Soldatengrabs – findet man den „Hirschkäfermeiler". Weil die Larven dieses Käfers auf Totholz angewiesen sind, wurde dafür extra morsches, abgestorbenes Holz in ein Rondell eingebracht. Dort können sich die Larven ungestört über einen Zeitraum von fünf bis acht Jahren entwickeln. Auf einer Schautafel erfährt man, dass der bis zu neun Zentimeter große Hirschkäfer zur prioritären Art der Flora-Fauna-Habitat-Richtlinie erklärt wurde. Hirschkäfer werden auf der Roten Liste als „stark gefährdet" geführt. Natürlich sind Hirschkäfer nicht auf den Meiler angewiesen. Sie benötigen aber Alt- und Totholz, das es insbesondere in den drei Bannwäldern des Schönbuchs reichlich gibt.

Tipp

Einen weiteren Hirschkäfermeiler findet man im Herrenberger Stadtwald oberhalb von Mönchberg.

KREBSBACHAUE –
Habitat für „die Gaukler der Lüfte"

64

Die Krebsbachaue am nördlichen Schönbuchrand ist ein Garten Eden für zahlreiche Vogelarten, die auf Feuchtwiesen mit Blänken und Tümpeln angewiesen sind. Bereits vor über 25 Jahren wurde die Krebsbachaue bei Rohrau als Naturschutzgebiet ausgewiesen. Zwischen Krebsbach und Öfelesbach haben Fachleute über 200 verschiedene Pflanzenarten ausfindig gemacht, die auf den extensiv genutzten

Feuchtwiesen wachsen. Besonders beeindruckend ist in dem Refugium das Vorkommen vieler und seltener Brutvögel. Bachstelzen und Wiesenpieper, Blässhühner und Graugänse, Stockenten und Bekassinen, Zwergschnepfen und Graureiher, Braunkehlchen und Teichrohrsänger, Feldlerchen und Schwalben haben hier eine ideale Heimat gefunden. Speziell eingerichtet wurde ein neu geschaffenes Reservat für Kiebitze außerhalb dieses Naturschutzgebiets. Diese Vögel hatten sich hier schon vor dem Bau der Autobahn 81 angesiedelt und können nun in ihre alte Heimat zurückkehren.

Die Renaturierung dieses Gebiets hat sich gelohnt. Seitdem neue Feuchtbereiche geschaffen worden sind, brüten in der Krebsbachaue rund zehn Kiebitzpaare, die hier alles finden, was sie als Nahrung benötigen: Insekten, Schnecken, Larven, Spinnen und Regenwürmer. Um die natürlichen Feinde der Kiebitze aus dem Gebiet fernzuhalten, wurden sogar mehrere Bäume in näherer Umgebung entfernt. Dadurch sollen Greif- und Rabenvögeln die Ansitzmöglichkeiten und damit letztlich der Beutezug auf die in Baden-Württemberg selten gewordene Vogelart genommen werden. Zum

Schutz vor Fuchs und Marder wurde um das Brutgebiet ein Elektrozaun aufgestellt. Ihren größten Feinden aber, den Menschen, sind Kiebitze meist schutzlos ausgeliefert. Monotone Landwirtschaft und Pflanzenschutzmittel schaden diesen „Gauklern der Lüfte".

Ebenso schränkt die Besiedelung der umliegenden Landschaft den Lebensraum der Kiebitze immer mehr ein. So war es auch in der bislang nächstgelegenen Kiebitzkolonie: Mit der Bebauung des Wohn- und Gewerbegebiets „Flugfeld" zwischen Böblingen und Sindelfingen wurde den Kiebitzen ihr dortiger Lebensraum genommen. Umso lobenswerter ist es deshalb, wenn sich engagierte Ehrenamtliche vom NABU, einsichtige Landwirte und weitblickende Kommunalpolitiker für den Naturschutz einsetzen.

Tipp

Der NABU bietet Führungen in die Krebsbachaue zur Beobachtung von Kiebitzen an. Man kann auch Kutschfahrten dorthin buchen.

Spaziergänge,
Sport und Spaß

65 DIETER-BAUMANN-RUNDE –
„Im Schönbuch bin ich immer der Schnellste"

Lage
Waldhäuser Ost

Tour
Ausgangspunkt Parkplatz Sandweg. Ab dort ist die 4,6 km lange Strecke über die Sandstraße gut ausgeschildert.

Das war selbst für Dieter Baumann, den ehemaligen Weltklasseläufer und Gewinner der olympischen Goldmedaille im 5 000-Meter-Lauf eine Premiere in seiner sportlichen Laufbahn. Wie er versichert, ist er noch nie zuvor auf der nach ihm benannten „Dieter-Baumann-Runde" im Schönbuch gelaufen. Für ein Buchprojekt über den Schönbuch ließ er es sich nicht nehmen, die Laufschuhe anzuziehen.
Die ausgewählte Strecke ist lediglich 4,6 Kilometer lang. „Für ein Training ist das streng genommen zu kurz", sagt der 40-fache deutsche Meister und fügt augenzwinkernd hinzu: „Aber es gibt einen harten Anstieg und wenn man es wohlwollend rechnet, entspricht das 5 000 Meter auf der Ebene." Selbstredend entspricht dies seiner Goldstrecke und so mag sich auf dieser Runde der eine oder andere Läufer an jenes Sportereignis erinnern, mit

dem sich Dieter Baumann 1992 in Barcelona in die Sport-Geschichtsbücher einschrieb.
Locker und leicht trabt der 54-Jährige über die Waldwege im Schönbuch. Ob es dabei bergauf geht oder nicht: Der vielfache Rekordhalter über 3 000, 5 000 und 10 000 Meter läuft so präzise wie ein Uhrwerk. „Laufen strengt mich nicht an", betont er, und das merken auch seine Begleiter.
Was ist das Geheimnis für seinen Erfolg? „Egal, was man macht", sagt der sympathische Sportler, „man benötigt eine positive Grundstimmung." Diese entscheide über das Ergebnis – ganz gleich, ob es dabei um einen sportlichen Wettbewerb oder um eine berufliche Herausforderung gehe. Wer diese Einstellung nicht habe oder gar innerlich kündige, programmiere lediglich Frustration und Misserfolg. Auch das Laufen sei in letzter Kon-

sequenz eine Kopfsache. Um ein Rennen zu gewinnen, benötige man neben einer guten Vorbereitung auch das Selbstvertrauen und die absolute Überzeugung, gewinnen zu wollen. Man müsse sagen können: „Das ist heute mein Rennen, heute geht nichts an mir vorbei." Zu einem guten Sportler gehöre jedoch auch das Talent, verlieren zu können: „Es kann nicht jeder Tag ‚mein Tag' sein."

Auch wenn die Lage auf den afrikanischen Hochebenen sich nicht mit den Höhen des Schönbuchs vergleichen lässt, so sei das Training und ein Aufenthalt über längere Zeit in der Höhenlage doch entscheidend für den Erfolg als Läufer. „Aber der Schönbuch ist natürlich ganz besonders schön", sagt Baumann und fügt schmunzelnd hinzu: „Das wollten Sie ja hören." Verschweigen will er aber trotzdem nicht, dass der

Schönbuch hinsichtlich der schönsten Laufplätze auf der ganzen Welt kein Alleinstellungsmerkmal für sich beanspruchen könne. Denn da fallen ihm spontan drei Plätze ein, die er dem Naturpark sogar vorziehen würde: Nyahururu in Kenia, Flagstaff in den USA und Albacken in Nordschweden.

Inzwischen ist er nicht nur passionierter Läufer, sondern auch Blogger, Autor und Kabarettist. „Ach was", sagt er, „schreiben Sie: „Alleinunterhalter." Denn auch als Läufer sei man stets allein unterwegs. Man entscheidet alles selbst und muss selbst erkennen, ob sich eine Lücke auftut – so wie 1992, als er in Barcelona olympisches Gold holte.

Ja, und dann könnte man dem „knitzen Schwaben" noch stundenlang zuhören. Aber die 4,6 Kilometer auf der Dieter-Baumann-Runde sind schnell vorbei und Baumanns Terminkalender voll. Ach, hätte man

doch für ihn nur die Paavo-Nurmi-Runde (12 Kilometer), die Emil-Zatopek-Runde (10,5 Kilometer), die Abebe-Bikala-Runde (8,5 Kilometer) oder wenigstens die Grete-Waitz-Runde (5,5 Kilometer) ausgesucht! Doch vielleicht gibt es noch eine andere Möglichkeit den ehemaligen Olympiasieger bei einem Lauf zu begleiten. Seine Lieblingsstrecke im Schönbuch führt vom Sandweg über den Bettelweg ins Goldersbachtal hinunter, von dort zum Soldatengrab, dann hinauf zur Königsjagdhütte und über das Heuberger Tor wieder zurück. „Das sind genau 25 Kilometer", betont er und fügt schmunzelnd hinzu: „Da bin ich immer der Schnellste – weil sonst niemand mitläuft."

Tipp

Der Post-SV bietet am Parkplatz Sand regelmäßig Laufkurse an.

GARMERKLINGE –
ein wildromantisches Tal

66

Lage
Westlich des Dickenbergs, Abzweig von der Happsteige.

Tour
Los geht es von Bebenhausen aus entlang des Goldersbaches talaufwärts. Beim „Geschlossenen Brunnen" nach links auf die Bebenhäuser Straße ins Arenbachtal gehen. Bei der Hütte „Beckles Garten" nach rechts auf die Happsteige biegen, um nach etwa 300 m den Garmerweg zu erreichen, das Ziel dieser Tour. Es bleibt dem Wanderer nichts anderes übrig, als später denselben Weg wieder zurück zur Happsteige zu nehmen. Wer ab dort nicht weiter den bereits begangenen Weg zurückgehen möchte, wandert die Happsteige hinauf und zweigt bei der Tübinger Kohlplatte auf den Postbotenweg nach rechts ab. Jetzt geht es auf der Höhe leicht bergab durch einen schönen Buchenwald wieder Richtung Bebenhausen. Beim Rotwildgatter den Ausgang durch den Zaun nach rechts nehmen. Vorsicht: Es geht steil bergab! Bald erreicht man dann den „Geschlossenen Brunnen" und wandert von hier wieder zum Ausgangspunkt nach Bebenhausen zurück. Die Tour ist rund 8 km lang, mittelschwer. Gut 3 Stunden reine Wanderzeit einplanen.

Die Garmerklinge ist ein idyllisches, fast versteckt gelegenes Kerbtal im Schönbuch. Mächtig erheben sich die Bergflanken nördlich und südlich des Tals, in dem ein mäandernder Bach plätschert. Je mehr man talaufwärts kommt, desto wildromantischer wird es. Es lohnt sich, zwischendurch innezuhalten und einen Blick auf den Bergrücken hinaufzuwerfen. Mit etwas Glück kann man hier sogar Rotwild beobachten. Das Kleinklima in diesem Tal schafft aber auch die Grundlage für viele andere Schönheiten der Natur.

Flechten und Moose aller Art finden hier einen optimalen Lebensraum, ebenso zahllose Kleinlebewesen,

die wiederum Nahrungsgrundlage für Vögel und Fledermäuse sind. Die Garmerklinge ist wahrlich ein Paradies für Flora und Fauna – und für Romantiker, die hier die Waldeinsamkeit erleben können.

Fast scheint die Zeit hier still zu stehen. Zu diesem Eindruck trägt auch bei, dass sich nur wenige Wanderer hierher verirren – vielleicht auch deshalb, weil der etwa einen Kilometer lange Talweg vermeintlich im Nichts endet. Dabei kann es gerade von diesem Punkt aus erst richtig abenteuerlich werden. Mutige gehen nämlich von der Garmerhütte aus weiter, bis sie etwa 300 Meter oberhalb zum Gar-merbrünnele kommen. Einen Weg gibt es allerdings auf diesem Teilabschnitt nicht. Deshalb sollte man besonders vorsichtig sein, geeignetes Schuhwerk tragen und auch dazu bereit sein, durch den Bach zu waten. Diese Tour eignet sich nur für geübte Wanderer und sollte nur bei gutem Wetter unternommen werden.

Tipp

Wem eine Wandertour auf der geteerten Straße bis zum Garmerweg zu beschwerlich ist, der kann erwägen, bis dahin mit dem Fahrrad zu fahren.

67

EICHENTOUR –
Baumriesen
wie Sand am Meer

Lage
Hildrizhausen

Tour
Wir starten beim Kohltor. Auf dem Weg zum Schwendetor erreichen wir bald
die Häußermanneiche. Den abzweigenden Weg davor gehen wir in südlicher
Richtung bergauf entlang des Kirnbergs. Beim Tübinger Weg halten wir uns links
bis wir nach etwa 2 Kilometer direkt bei der Gabeleiche ankommen. Dort
halten wir uns im spitzen Winkel nach rechts und gehen bergab bis zum Kohltor,
wo unmittelbar davor die Lausterereiche steht. Auf dem Saufangweg in südlicher
Richtung erreichen wir bald die mächtige Hirschteicheiche. Zunächst weiter in
südlicher Richtung biegen wir bei der Eichenallee nach rechts ab und kommen
so zur Förstereiche. Über die Eichenallee kommen wir im Bogen wieder zurück
auf den Saufangweg, von dort zum Kohltorweiher. Jetzt den Vorderbachweg
nehmen: So kommen wir nach etwa 400 Meter zur Hubertuseiche. Dort
verlassen wir den Weg, gehen entlang des Pfades über das Bächlein der
Kauppenklinge und sehen nach wenigen Metern die Reste der Dicken Eiche.
Quer durch den Wald in nördlicher Richtung gelangen wir zur Kohlhauhütte.
Dort halten wir uns links und kommen so auf die Prinz-Friedrich-Allee. Nach
etwa 150 Meter geht rechts ein kleiner Weg ab, auf dem wir zur Stellrücken-
eiche gelangen. Weiter auf der Prinz-Friedrich-Allee queren wir den Mähdertal-
weg und sehen auf der rechten Seite die Prinz-Friedrich-Eiche. In einem großen
Bogen erreichen wir schließlich den Lettengrubenweg, den wir in nordöstlicher
Richtung bis zum Waldrand weitergehen: dort steht die Johannes-Konath-Eiche.
Von dort aus kommen wir in südöstlicher Richtung auf den Stellrückenweg,
auf dem wir nach wenigen Minuten das Kohltor erreichen.
Die Tour ist etwa 8 Kilometer lang. Dafür 3 Stunden Zeit einplanen.

Die Schönbuchgemeinde Hildrizhausen ist wahrlich reich an uralten
Eichen. Etliche von ihnen tragen sogar einen eigenen, über viele Jahre
hinweg überlieferten Namen: so die

Häußermanneiche, die Gabeleiche,
die Hirschteicheiche, die Förster-
eiche, die Lausterereiche, die Hubertuseiche, die Dicke Eiche, die
Prinz-Friedrich-Eiche, die Stell-

rückeneiche und die Johannes-Konath-Eiche. Doch das sind längst nicht alle Eichen hier. Wer etwa am Kirnberg oder am Schwendekopf quer durch den Wald geht, der findet diese heimischen Baumriesen, beinahe so zahlreich wie Sand am Meer. Allein auf dem Weg vom Kohltor zur Häußermanneiche kommt man aus dem Staunen nicht heraus: beindruckend-stattliche Eichen, wohin man schaut.

Jeder einzelne dieser Baumriesen bietet unzähligen Tierarten Lebensraum und ist – selbst im Prozess des Zerfalls – ihr Nahrungsspender. Eichen filtern die Luft, produzieren Sauerstoff und halten durch ihre riesige Krone den Raum um sich herum kühl. Der Wert von

Eichenholz ist deutlich höher als jener von Buchen, Fichten oder Kiefern.

In Hildrizhausen wird durch die Vielzahl der zum Teil doch recht betagten Eichen noch etwas anderes deutlich. Hier wurde einst so viel Nutzvieh in den Wald getrieben, dass nachwachsende Baumgenerationen durch den Verbiss keine Chance zum Wachstum hatten. Hatte ein Baum jedoch einmal eine gewisse Größe erreicht, blieb er nicht nur von den Tieren, sondern auch von der Nutzung der sogenannten Schönbuchgenossen verschont: Sehr schwierig wäre nicht nur die Fällung eines solchen Kolosses mit den damals einfachen Hilfsmitteln gewesen, auch der Abtransport der Baumriesen hätte größere Probleme bereitet. Hatten die Eichen also einmal ein gewisses Alter erreicht, wurden sie von der forstlichen Nutzung ausgenommen. Sie dienten somit als Schattenspender für die Hirten und ihre Früchte als Nahrung für die Tiere, als sogenannte Eichelmast.

Einen Wald, der als Weide zur Viehhaltung genutzt wird, bezeichnet man auch als Hutewald. Auf die Praxis der Waldweide wird auch in der Ortschronik der Gemeinde Hildrizhausen verwiesen. Durch die Waldweide, aber auch durch die vom Rotwild verursachten Verbiss- und Schälschäden, devastiert jeder so genutzte Wald. Dieser Raubbau am Wald hinterließ auch im Schönbuch seine Spuren. Mit der Erkenntnis der nachhaltigen Waldwirtschaft und des ökologischen Waldbaus wurde im Schönbuch ab dem 19. Jahrhundert sukzessive wieder aufgeforstet.

Tipp

Die Waldweide wird auch im Bannwald, insbesondere im Eisenbachhain, sichtbar.

SCHÖNBUCHSPITZRUNDE –
Toskana im Ammertal

68

Lage
Bei Breitenholz

Tour
Los geht es am Spielplatz in Breitenholz, von dem aus man immer dem Schild „Schönbuchspitzrunde" folgt, das von einem roten Apfel mit grünem Blatt symbolisiert wird. Es gibt nur wenige Wanderwege, die so ausgezeichnet ausgeschildert sind. Der rund 10 km lange Premiumwanderweg ist auch in dieser Hinsicht vorbildlich. Man sollte sich 3 bis 4 Stunden Zeit für diese Tour nehmen.

Die sogenannte „Schönbuchspitzrunde" gehört zu den vom Deutschen Wanderinstitut e.V. empfohlenen Premiumwanderwegen. Damit liegen neben dem Herzog-Jäger-Pfad bei Waldenbuch und dem Ammerbucher Gigeleswegle gleich drei mit einem besonderen Qualitätssiegel geadelte Wanderrouten im Schönbuch. Alle Rundwege führen durch

traumhaft schöne Naturlandschaften und lassen nur einen Schluss zu: Warum in die Ferne schweifen, wenn das Gute liegt so nah?

Schon der Startpunkt zur Schönbuchspitzrunde ist atemberaubend. Man blickt zwischen alten Steinmäuerchen hinauf zu den Weinbergen, die am Bergtrauf vom Wald begrenzt werden. Die ersten Wengerter sind an diesem warmen Märztag schon zur Stelle und haben ihre karierten Hemden zum Schaffen hochgekrempelt. Auf der gegenüberliegenden Seite weitet sich die Landschaft. Über das Ammertal hinweg blickt man hinüber zur Schwäbischen Alb; im Westen kann man sogar die Hornisgrinde im Schwarzwald erkennen.

Auch ohne Pinien und Zypressen fühlt man sich hier unmittelbar an die Toskana erinnert. Statt uralter Olivenbäume gibt es hier knorrige Eichen, statt Zedern ragen schlanke Kiefern in die Höhe. Dazu ein sanft-hügeliges Land, malerisch schön. Das Bilderbuchwetter ist an diesem Tag wie geschaffen zum Fotografieren. Blauer Himmel, soweit das Auge reicht, die ersten Bäume blühen schon. Die Natur erwacht, der alljährliche Zauber beginnt aufs Neue. Es geht steil hinauf zur ehemaligen Burg Müneck, von der allerdings nichts mehr zu sehen ist.

Der Verfall der Burg begann schon Ende des 14. Jahrhunderts – zu dieser Zeit hatten die Pfalzgrafen von Tübingen ihren Besitz schon an die württembergischen Grafen verkauft. Allein durch den Burggraben ist der ehemalige Standort der Burg noch zu erahnen. War der Bergsporn am Schönbuchtrauf einst strategisch wichtig, so gibt er heute jedem Wanderer einen zauberhaften Blick über das Ammertal frei. Die Dörfer liegen wie gemalt davor, zwischen Schönbuchtrauf und Rammert erhebt sich die Wurmlinger Kapelle, dahinter begrenzt die Schwäbische Alb den Horizont. Auf dem weiteren Weg der Schönbuchspitzrunde zeigen sich diese Motive immer wieder, und immer wieder ist man fasziniert von dieser Landschaft.

Dann geht es hinein in den Schatten spendenden Wald auf schönen Waldwegen, hinunter zum Mädlesstein, der seinen Namen wegen einer traurigen Geschichte trägt. Der Erzählung nach soll einst ein Jäger aus Versehen ein junges Mädchen erschossen haben. Vielleicht begründet sich der Name des Steins aber auch auf dem Begriff „Mahd", einer alten Bezeichnung für Wiese. Auf jeden Fall geht es nach dem Stein nach links in einem Bogen zum 546 Meter hohen Schönbuchspitz, der dieser Tour seinen Namen gab, bis man schließlich die Stadiongaststätte beim Sportplatz für eine kleine Erfrischung erreicht. Danach geht es auf Wiesenwegen hinunter zu der nur noch 465 Meter hohen Gigeleshalde, wo eine Schautafel über die ökologischen Vorteile der Blumenwiesen am Schönbuchhang aufklärt. Jetzt kann man den zurückgelegten Weg gleichsam von unten betrachten, Apfel-, Birn- und Kirschbäume vor uns, dahinter begrenzen Weinberge und Nadelhölzer den Trauf. Dann geht es weiter zum Nubenhäusle,

einer alten Schutzhütte an der „Weißen Steige", wo man die Ruhebank bestaunen kann, die vielen Generationen zuvor schon zum Abstellen schwerer Lasten, zum „gruben" gedient hat, bevor es wieder zurück zum schönen Breitenholz geht.

Bei der Kartenlektüre muss ich auf meiner Tour schmunzeln. Denn der Premiumwanderweg hat – bei etwas fantasievoller Betrachtung – fast die Form des italienischen Stiefels: Italien am Schönbuchrand, Toskana im Ammertal.

Tipp

Wer etwas mehr Zeit zur Verfügung hat, kann von der Stadiongaststätte in Entringen noch zur Burg Hohenentringen hoch wandern.

69 PANORAMAWEG ZUM GRAFENBERG –
im Land der Grafen

Lage
Herrenberg

Tour
Der Panoramaweg startet am Parkplatz des Herrenberger Waldfriedhofs – möglich ist es aber auch, am Marktplatz zu beginnen. Am Waldfriedhof gibt eine Hinweistafel einen Überblick. Den Weg wie dort beschrieben gehen und immer dem gelben Kreis folgen. Vorbei an „Kapf" und am 550 m hohen Grafenberg bis zum Kayher Sattel. Dort geht es den Hauptwanderweg „HW5" entlang über den Mönchberger Sattel zurück zum Ausgangspunkt. Die Tour ist etwa 5 km lang und einfach. Angesichts der fantastischen Ausblicke sollte man sich aber mindestens 2 bis 3 Stunden Zeit nehmen.

Der Grafenberg zwischen den Herrenberger Teilorten Kayh und Mönchberg war vor langer Zeit im Besitz der Pfalzgrafen von Tübingen. Sie nutzten das Gelände am sonnenreichen Südwesthang des Schönbuchs vor allem als Weinberg. Es wird vermutet, dass die Ortschaft Kayh am Fuß dieses Weinbergs im 12. Jahrhundert eigens als Winzerdorf gegründet wurde. Wie die Burgen Roseck, Hohenentringen und Müneck, ging der Besitz des Grafenbergs ab dem Jahr 1342 an die württembergischen Grafen über.

Noch bis in die 30er-Jahre des vergangenen Jahrhunderts wurde dort Weinbau betrieben. Inzwischen werden auf den Streuobstwiesen rund um Mönchberg und Kayh insbesondere Süßkirschen und Zwetschgen angebaut. Heute ist der Grafenberg ein Naturschutzgebiet. Es soll den naturnahen Schönbuch-Südrand erhalten. Der Schwäbische Heimatbund besitzt am gesamten Bergvorsprung Grundstücke und bietet die Gewähr für den Schutz der einzigartigen Flora und Fauna. Insgesamt hat das Naturschutzgebiet eine Größe von rund 24 Hektar. Schutzwürdig sind dort sowohl Tiere als auch Pflanzen, die trockene und warme Lebensräume bevorzugen. Dazu gehören unter anderem die landschaftstypischen Laubwaldbestände, Steppenheiden, Glatthaferwiesen, Obstwiesen, sowie Flächen, die nicht mehr genutzt werden oder seit längerer Zeit sich selbst überlassen worden sind.

Der Panoramaweg am südlichen Schönbuchtrauf bietet traumhaft

schöne Ausblicke auf das Ammertal mit seinen sattgrünen Streuobstwiesen, auf die schmucken Dörflein, die stets ein Kirchturm ziert, auf die Wurmlinger Kapelle, die Ludwig Uhland weit über Württemberg hinaus bekannt gemacht hat und auf die dahinter liegende Schwäbische Alb, die im zerfließenden Licht manchmal tatsächlich so erscheint, wie Eduard Mörike sie beschrieben hat: als eine „blaue Wand", die am Horizont den Himmel berührt. Was also liegt näher, als auf diese Tour ein Buch der schwäbischen Dichter mitzunehmen? Auf einer der zahlreichen Bänke am Wegesrand bietet sich Gelegenheit zur Lektüre. Wer jedoch mehr Wert auf eine ausgedehnte Wanderung legt, wird auch nicht enttäuscht: Der Panoramaweg endet nicht am Grafenberg, sondern führt von Herrenberg bis nach Tübingen-Unterjesingen. Die Gesamtstrecke von 32 km kann man natürlich auch in Etappen absolvieren.

Tipp

Wer sich die Gesamtstrecke zutraut, kann mit der Ammertalbahn von Unterjesingen wieder zurück nach Herrenberg fahren. Der Herrenberger Marktplatz mit seinem besonders beeindruckenden Fachwerkensemble gilt als einer der schönsten in ganz Süddeutschland.

DAS SCHAICHTAL –
Froschkonzert der Superlative

70

Lage
Zwischen Dettenhausen und Neuenhaus.

Tour
Los geht die Tour am Parkplatz Mühlweg in Dettenhausen. Immer auf dem Schaichtalweg bleiben. Zunächst geht es vorbei an der Bodenseewasserversorgung. Bald darauf erreicht man den Brückenweiher. Der Weg führt dann auf den Herzog-Jäger-Pfad. Nach der Hofmeistersteige erreicht man den Steigweiher und schließlich den Schlüsselsee. Wenig später kommt man zum Häfner-Brunnen, dann zum Aichbrunnen. Bei Neuenhaus fließt die Schaich in die Aich. Zum Ausgangspunkt wird derselbe Weg zurückgegangen. Der Talweg ist rund 9 km lang, mithin hat der Wanderer also etwa 18 km auf dem Buckel, wenn er das ganze Tal hin und zurück durchwandert.
In diesem einzigartigen Naturparadies gibt es viel zu entdecken. Deshalb sollte man für die Tour viel Zeit einplanen. Etliche Grillstellen und Hütten laden die Besucher zum Verweilen und zur Rast ein.

Das Schaichtal ist eines der schönsten Täler im Schönbuch, vielleicht sogar der ganzen Region. In ungezählten Schleifen mäandert die Schaich durch das weite Tal, das von steilen, bewaldeten Berghängen flankiert wird. Eingegraben in die Keuperschichten des Schönbuchs umgeben das Bächlein weite Auen und Brachen, denen einige Weiher und kleinere Tümpel Konkurrenz im Wettbewerb um das schönste Fleckchen Natur machen. In die Nord- und Südhänge des Schaichtals haben sich zahlreiche Klingen eingeschnitten. Am Talgrund sprudeln etliche Brunnen still vor sich hin. Dass diese landschaftlich reizvolle Idylle noch immer wie ein Geheimtipp gehandelt wird, gleicht einem Wunder. Für Kenner ist das Schaichtal hingegen längst Kult. Immer mehr Radfahrer sind hier jedoch inzwischen anzutreffen, auch gibt es etliche Treffs von Läufern, die ihren Sport auf dem fast ebenen Talweg ausüben und sich bei Bedarf auch an den steilen Bergstrecken herausfordern lassen können. Das Schaichtal ist jedoch insbesondere ein Wanderparadies.

Das lang gezogene Tal ist für Naturschützer ein einzigartiges Juwel. Nass- und Feuchtwiesen, Großseggenriede und Hochstaudenfluren, Halbtrockenrasen und Schlehengebüsche wechseln hier ab. Viele seltene und schützenswerte Pflanzen kommen im Schaichtal vor, darunter das Breitblättrige Knabenkraut, die Echte Kugelblume und die Büschelnelke. Hinzu kommen Moose und Farne; auf den Weihern sieht man im Sommer die Gelbe und die Weiße Seerose. Frösche, Kröten und Unken fühlen sich hier wohl und geben zur Paarungszeit einzigartige Konzerte. Besonders schützenswert sind auch das Bachneunauge, sowie Libellen, Heuschrecken, Schnecken, Schmetterlinge und Laufkäfer. Manche davon stehen auf der Roten Liste. Die reichhaltige Insektenfauna ist Nahrungsgrundlage für Fledermäuse und zahlreiche Vögel. Das Schaichtal ist auf einer Fläche von über 460 Hektar als Naturschutzgebiet ausgewiesen.

Tipp

Besonders sehenswert ist ein Besuch des Schaichtals, wenn auf den Weihern die Teich- und Seerosen blühen.

71 VOM KIRNBACH ZUM KIRNBERG –
die Natur als Lehrmeister

Lage
Bei Bebenhausen

Tour
Los geht es beim Parkplatz Kirnbachsträßchen zwischen Tübingen-Lustnau und Bebenhausen. Immer am Kirnbach entlang geht es etwa vier Kilometer gemächlich bergauf bis zur Heuallee. Auf dieser geht es etwa 1 km in westlicher Richtung bis zum Lange-Rücken-Sträßchen. Nach wenigen Schritten kommt man linker Hand zu den Überresten der Kreuzbuche. Weiter in südlicher Richtung geht es zur Bärloch-Hütte mit der imposanten Eiche. Dann weitergehen bis zum Rotwildgatter. Dort nicht auf das Einsiedlersträßchen gehen, sondern den Weg „Am Stöckle" nehmen. Bei der ersten Wegegabelung nach links abbiegen. Zwischen einer mächtigen Traubeneiche – einem Überbleibsel aus der Weidezeit im Schönbuch – und der Olgahütte geht ein Pfad in nördlicher Richtung, der nach etwa 50 Metern zu einem Grabhügel führt. Wieder zurück auf dem Weg geht es in Richtung Olgahain, worauf eine Tafel an einer mächtigen Buche aufmerksam macht. Exakt an dieser Tafel nun immer in südlicher Richtung steil den Berg abwärtsgehen und so wieder zum Parkplatz am Kirnbachsträßchen kommen. Die Tour ist etwa 10 km lang und setzt eine gute körperliche Fitness, im steilen Hanggelände auch gute Trittsicherheit voraus.

Etwas Zeit sollte man für die Runde vom Kirnbach zum Kirnberg schon mitbringen – auch ohne Abstecher zum geologischen Lehrpfad oder zum idyllischen Olgahain. Denn am Wegesrand gibt es nicht nur viel zu entdecken, es laden auch einige Plätze mit Sitzgelegenheiten und Hütten zum Verweilen ein. Und in unserer schnelllebigen Zeit ist Entschleunigung ohnehin das Gebot der Stunde, um Körper und Seele im Gleichgewicht zu halten. Warum also nicht einmal bewusst extrem langsam gehen, mit sich und der Welt allein sein und die Sinne offen halten für das Unerwartete, für das Kleine, für die eigenen Gedanken und Empfindungen? So viel steht fest: Zeit in der Natur zu verbringen, ist immer ein spannendes Abenteuer, und ein Lehrmeister ist die Natur ohnehin – man muss sich nur darauf einlassen.

Mit großer Wahrscheinlichkeit trifft man bei dieser Tour auf „eine irre

Baumarten-Vielfalt", wie der Förster und Buchautor Peter Wohlleben schwärmt. Wer die Bäume nicht unterscheiden kann, sollte sich ein Bestimmungsbuch mit auf den Weg nehmen. Talaufwärts hört man den Kirnbach plätschern und die Vögel zwitschern, mit etwas Glück kann man sogar Rotwild sehen. Mächtig erheben sich die Bergrücken links und rechts des teils begradigten, teils mäandernden Kirnbachs. Entlang des Bachlaufs sind Teile des Waldes als Wildruhezonen ausgewiesen. Hier soll das Rotwild einen ungestörten Rückzugsraum finden.

Um dem Artenschutz eine Chance zu geben, heißt das Motto: „Zurück zur Natur". So wurde im Kirnbachtal sogar ein Weg vollständig zurückgebaut – die Lindenallee nördlich der „Mauters Wiese", die bislang das Kirnbachsträßchen und das Lange-Rücken-Sträßchen miteinander verbunden hat. So sollen nach dem Willen der Forstverantwortlichen nun Raufußkauz und Schwarzstorch, Wespenbussard und Wildkatze, Baummarder und Gelbbauchunke zurückkehren und eine neue Lebenschance bekommen. Wohin die Geringschätzung von

Natur und Umwelt führt, zeigt das Kirnbachtal besonders eindringlich: In den 1960er-Jahren plante die damalige Landesregierung in diesem Teil des Schönbuchs einen Großflughafen. Nach massiven Bürgerprotesten verschwand das Projekt wieder in den Schubladen; stattdessen wurde der Schönbuch 1972 als erster Naturpark des Landes Baden-Württemberg ausgewiesen.

Über all diese Pläne und Ideen lässt sich auf einem der zahlreichen Verweilplätze im schönen Waldambiente nachdenken und diskutieren. Welche Antworten die Natur auf die Lebensumstände selbst zu geben vermag, bekommt man alsbald zu sehen: Von der mächtigen und wegen eines dort eingelassenen Steinkreuzes aus dem Dreißigjährigen Krieg so bezeichneten Kreuzbuche, steht nur noch ein Stumpf, der wie ein klagendes Mahnmal in den Schönbuch-Himmel ragt.

Tipp

Wer mehr über die Kelten zur Hallstattzeit erfahren möchte, kann sich beim Keltenmuseum Heuneburg in Herbertingen wertvolle Informationen holen.

DER HORNKOPF –

wo sich Fuchs und Hase gute Nacht sagen

72

Lage
Bei Hagelloch

Tour
Wir starten am Parkplatz Bogentor. Zunächst gehen wir am Waldrand entlang auf dem asphaltierten Weg Richtung Tübingen-Nordstadt bis zum Heuberger Tor. Dort haben wir einen schönen Blick über Hagelloch hinweg zur Schwäbischen Alb. Dann gehen wir etwa 100 Meter zurück und biegen in das Millionensträßle in nördlicher Richtung ab. Über eine S-Kurve erreichen wir den Gratweg. Diesem folgen wir in westlicher Richtung etwa einen Kilometer. Nach der Querung des Roten Wegs geht es noch etwa 200 Meter auf dem Gratweg weiter. Diesen verlassen wir exakt dort, wo er eine leichte Rechtsbiegung macht und folgen stattdessen geradewegs einem Pfad in den Wald hinein. Nach etwa 200 Metern erreichen wir so den Hornkopf. Wir können nun entweder denselben Pfad zurückgehen oder im Bogen einer ehemaligen Rückegasse folgen. Sie führt – nach etwa 300 Metern – in südlicher Richtung auf den Roten Weg. So kommen wir zu einem Grenzstein, der direkt am Weg steht. Jetzt müssen wir nur noch dem Roten Weg talwärts folgen und kommen so direkt zum Bogen-Tor. Die Tour ist etwa 5 Kilometer lang, im letzten Teilabschnitt aber schwierig zu begehen. Deshalb mindestens 3 Stunden Zeit einplanen.

Der Hornkopf ist mit 515 Metern über Meeresniveau die höchste Erhebung der Stadt Tübingen. Die Höhe des Berges nördlich des Tübinger Teilorts Hagelloch übertrifft damit auf Tübinger Stadtgebiet den Heuberg (498 Meter), den Steinenberg (492), den Kirnberg (465) und den Österberg (438). Obwohl in exponierter Lage werden sich wahrscheinlich nur wenige Wanderer auf diesen höchsten südlichen Zipfel des Schönbuchs verirren. Das hat mehrere Gründe: Die Kuppe ist bewaldet und bietet deshalb kaum einen Ausblick auf das traumhaftschöne Albpanorama. Auch ein Blick auf das nahe Schloss Hohenentringen bleibt von dort versperrt. Und selbst das idyllische Dörfchen Hagelloch am Fuße des Hornkopfs bleibt von der Höhe aus unsichtbar. Vor allem aber gibt es keinen Wanderweg, der auf das Plateau führt,

sieht man von dem in der Nähe vorbeiführenden Gratweg ab. Der Wanderer ist also im letzten Teilstück auf seinen eigenen Orientierungssinn angewiesen, wenn er die Bergkuppe erreichen will. Hilfreich ist dazu eine Wanderkarte und – wenn möglich – auch ein GPS-Gerät.

Eines ist dem Abenteurer dabei so gut wie gewiss: Er wird auf seiner Entdeckungsreise mit großer Wahrscheinlichkeit niemanden antreffen, denn nur selten verirrt sich jemand dorthin. Hier sagen sich sprichwörtlich Fuchs und Hase gute Nacht. Gerade das kann aber auch Ansporn sein, um einmal abseits ausgetretener Wanderpfade neue

Entdeckungen zu machen. Der Weg zum Hornkopf gleicht zunächst einem Sonntagsspaziergang, auf dem zahlreiche Ruhebänke zum Verweilen einladen. Selten gibt es an einem Waldtrauf so viele Sitzbänke unter schönen Eichen wie zwischen dem Bogentor und dem Heuberger Tor. Dort öffnet sich über Hagelloch hinweg ein schmaler Blick zu den entfernteren Bergen der Schwäbischen Alb.

Oben, auf dem Hochplateau, gibt es dann das absolute Kontrastprogramm: Auf ehemaligen Rückegassen wächst das Binsengras; entwurzelte Bäume geben dem Wald einen ursprünglichen Charakter, Buchen und Eichen, Lärchen und Kiefern recken ihre Wipfel hoch in den Himmel, Ginster und Farne wachsen um die Wette, Brennnesseln und Brombeerhecken versperren den Weg, und im Dickicht stehen Pilze, die offenbar noch niemand gefunden hat. Waldidylle und Waldeinsamkeit – schöner hätten es die Romantiker des 19. Jahrhunderts nicht vorfinden können.

Tipp

Vom Heuberger Tor kann man einen kurzen Abstecher auf den Heuberg machen.

73 DIE DIEBSTEIG-TOUR –
über Berg und Tal

Lage
Vom Bromberg zum Denzenberg

Tour
Wir starten am hinteren Parkplatz Franzensträßle. Über den Steinigen Weg geht es zum Brombergebenesträßle. Beim Birkensee wechseln wir auf den südlich davon führenden Schneißenweg. Von dort aus gehen wir etwa 700 Meter in östlicher Richtung bis zum Entringer Stein. Dort wechseln wir auf den südlich davon führenden Pfad, den Diebsteig. Steil bergab queren wir zunächst den Steinigen Weg, dann die Neue Planie, bis wir schließlich das Goldersbachtal erreichen. Von dort aus gehen wir in südlicher Richtung über die Diebsteig-brücke, dann zum Ziegelweiher. Dort wechseln wir auf den Diebsteigweg, queren das Kayer Sträßle und gehen weiter in südlicher Richtung auf das Sandsteigle, das in einem Bogen wieder auf das Kayher Sträßle führt. Weiter in westlicher Richtung erreichen wir die Dachsbausteige, die uns auf einem langen Talweg bis zur Neuen Brücke führt. Von dort wechseln wir auf den Oberen Goldersbach-talweg, dem wir nun etwa 5 Kilometer immer talwärts folgen, bis wir kurz vor der Teufelsbrücke auf das Sandsteigle bergauf in nördlicher Richtung gehen. Bei der ersten Kreuzung müssen wir uns nun nach Osten orientieren, um auf die Brombergebene zu kommen. So erreichen wir den Bannwald Silbersandgrube. Auf dem Steinigen Weg kommen wir zurück zum Parkplatz Franzensträßle. Um diese gut 20 Kilometer lange Rundtour über Berg und Tal zu bewältigen ist eine sehr gute körperliche Fitness nötig.

Die Diebsteig-Tour gehört zu den schönsten und gleichzeitig an-spruchsvollsten Touren im Schön-buch. Sie führt von der Bromberg-ebene über den Diebsteig hinunter ins Goldersbachtal, dann über die Diebsteigbrücke und den Diebsteig-weg hinauf zum Denzenberg. Von dort kann man entlang des wild-romantischen Weinbachtäles auf

der Dachsbausteige wieder ins Tal kommen.
Der Diebsteig ist die kürzeste Ver-bindung vom Entringer Stein ins Goldersbachtal. Der Name lässt sich wahrscheinlich auf Holzdiebe und Wilderer zurückführen, die diesen Steig zur schnellen Flucht genutzt haben. Wie einst, so erfordert dieser Pfad auch heute Trittsicherheit und

eine gute Orientierung im Gelände. Angst vor dem Wald sollte man dabei nicht haben. Denn manchmal gleicht diese Tour einem Weg ins Ungewisse. Der Pfad hinab ins Tal ist als solcher manchmal nicht richtig erkennbar. Und auf einer Strecke von etwa 800 Metern werden 140 Höhenmeter überwunden, das entspricht einer durchschnittlichen Steigung von 17,5 Prozent. Insbesondere das letzte Teilstück ist dabei extrem steil. Bei rutschigem Untergrund besteht Sturzgefahr. Deshalb ist bei Regen, Schnee oder Eis von dieser Tour dringend abzuraten. Bei Nebel oder Dunkelheit läuft man Gefahr, sich im Wald zu verirren.

Wer diese erste Teilstrecke ohne Probleme geschafft hat, erreicht das Goldersbachtal beim dort aufgestellten Bienenhotel. Von dort geht es dann auf „normalen Wegen" über die Diebsteigbrücke zum Ziegelweiher, wo man sich erst mal eine Pause gönnen darf. Danach wartet dann aber schon die nächste Herausforderung. Denn nun geht es den Diebsteigweg in südlicher Richtung stetig bergauf. Beim Kayher Sträßle hat man dann immerhin 100 Höhenmeter überwunden. Jetzt hat der geneigte Wanderer die Qual der Wahl, um wieder zum Ausgangspunkt der Wanderung auf den Bromberg zu kommen. Doch welche Variante man auch wählt: Es geht über Berg und Tal.

Tipp

Auf dieser Strecke gibt es mehrere sehr schöne Rastplätze, die zum Verweilen einladen, so am Ziegelweiher, am Stöcklesweg, an der Neuen Brücke und im Goldersbachtal. Angesichts der Länge der vorgeschlagenen Tour sollte man auf jeden Fall genügend zu Essen und zu Trinken dabeihaben, wetterangepasste Kleidung tragen und auch eine gute Wanderkarte oder ein intaktes GPS-Gerät mit sich führen.

DER JÄGERWEG IN ROHRAU –
ein Geheimtipp

74

Lage
Gärtringen-Rohrau

Tour
Die Tour startet am Waldspielplatz Gärtringen-Rohrau bei der Hildrizhauser Straße. Dort weist ein Zeichen des Schwarzwaldvereins, Ortsgruppe Gärtringen, auf einen Rundwanderweg. Diesem folgen. So kommt man über den Jägerpfad zum Schlossberg, Kalter Brunnen, Naturfreundehaus, Alter Rain und die Krebsbach-Auen wieder zurück zum Waldspielplatz. Der Weg ist mit 11 km angegeben, kann aber auch etwas abgekürzt werden.

Der Jägerweg um den Rohrauer Schlossberg ist ein Wanderweg mit Premiumqualität. Weil er als solcher jedoch nicht ausgewiesen ist, kann dieser Pfad noch als Geheimtipp gelten. Zwar gibt es auf dieser Tour weder besondere kulturelle Sehenswürdigkeiten noch regional bedeutsame Baudenkmale zu entdecken. Dafür aber bietet der Jägerweg ein anderes Kleinod: Die Naturlandschaft entlang dieses Weges ist atemberaubend. Sanft schlängelt sich der Weg am Schönbuchtrauf entlang. Der Wanderer geht hier auf schmalen, malerisch-schönen Waldpfaden. Selten trifft man im Schönbuch weniger Mitwanderer als auf dieser Strecke. Waldeinsamkeit – so wie sie einst die deutsche Romantik formulierte – wird auf dieser Tour zu einem wahren Naturerlebnis.

Zwar sucht man die Reste des ehemaligen Schlosses vergeblich – allenfalls kann man die Reste des einstigen Burggrabens erahnen. Dafür kommt man aber an einem Mini-Urwald vorbei. Auf einer Schautafel lernt man dort, dass mit Waldrefugien dieser Art jene Lebensgemeinschaften gesichert werden sollen, die an Alt- und Totholz gebunden sind. Weil dort keine Holzernte stattfindet, werden vom Aussterben bedrohte Pflanzen- und Tierarten

besonders geschützt. Auch der Wanderer empfindet die Stille entlang dieses Refugiums als besonders angenehm. Von Zeit zu Zeit geht der Blick hinab in steile Schluchten oder hinauf zum erhabenen Schlossberg.

Zwischen den Bäumen lugen an manchen Stellen die Streuobstwiesen hervor, und wenn man schließlich unten, an den Auen des Krebsbaches, angekommen ist, hat man einen schönen Blick zurück zu jenem Berg, den die Tübinger Pfalzgrafen einst für eine Burg auserkoren haben: den Schlossberg. Nach einer wechselvollen Geschichte kam die Burg im Jahr 1382 in den Besitz des Hauses Württemberg. Danach wurde allerdings ein Schloss in Rohrau gebaut, und die Burg auf dem Berg wurde aufgegeben und zerfiel.

Tipp

Die Wegmarkierung ist nicht vollständig oder nicht immer eindeutig. Es empfiehlt sich deshalb, auf diesem Weg eine Wanderkarte oder ein GPS-Gerät mit sich zu führen. Bei Schnee, Eis, Nebel oder Starkregen besteht auf diesem Weg Sturzgefahr.

75

UNTERJESINGER WENGERTWEGLE –
Weinberge im goldenen Licht

Lage
Unterjesingen

Tour
Los geht es am Parkplatz Kirchhalde, von wo aus man immer dem Wegzeichen mit dem Apfel und dem Schriftzug „Unterjesinger Wengertwegle" folgt. So kommt man über Bayler Kap, Obere Gogenhalde, Himbachtal, Wägner Kap, Untere Gogenhalde und Baylerberg problemlos zum Ausgangspunkt am Friedhof zurück. Für die 6 km lange Tour sollten mindestens 3 Stunden eingeplant werden.

Ein Spaziergang am Schönbuch-rand bei Unterjesingen ist vor allem eines: ein fantastisches Naturer-lebnis. Es geht durch artenreiche Streuobstwiesen und steile Wein-berge. Wie ein Wächter thront Schloss Roseck darüber. Oben, am Schönbuchtrauf, werfen majestä-tische Eichen und Buchen lange Schatten auf den Weg, und un-ten, im Himbachtal, weitet sich der Blick auf saftig-grüne Auen. Einge-bettet in die sanfte Hügellandschaft verleiten den Wanderer selbst jene Blechkisten zu nachsichtigem Schmunzeln, die sich Stoßstange an Stoßstange durch das Ammer-tal quälen.

Am südlichen Horizont erhebt sich die Schwäbische Alb, die dem schwäbischen Lyriker Eduard Mörike wie eine „blaue Mauer" vorkam. Die Wurmlinger Kapelle glänzt im fah-len Abendlicht, als habe sie ein gro-ßer Landschaftsmaler zielgerich-tet auf den Kapellenberg gesetzt. Dahinter reckt die mächtige Burg Hohenzollern ihre Türme trotzig in den Himmel. Und am Schönbuch-trauf laden Sitz- und Liegebänke dazu ein, dieses traumhaft-schöne Panorama zu genießen. Flora und Fauna harmonieren wie in einem Paradiesgärtchen: Selten sieht man so viele Bunt- und Grünspechte wie hier. Kein Wunder, dass der Land-strich als Landschafts- und Vogel-schutzgebiet ausgewiesen ist.

Es lohnt sich, innezuhalten, zu rasten, zu entschleunigen. Wer möchte, kann sich dazu den am Wegrand stehenden „Grubstock"

aussuchen, auf dem einst die Bauern ihre schwere Traglast abgelegt haben, um für eine Weile zu verschnaufen und neue Kräfte zu sammeln. Der steile Schönbuchhang hat den Bauern bei der Bewirtschaftung großen körperlichen Einsatz abverlangt. Nun prägen die Weinberge mit ihren Steilterrassen und kleinen Häuschen die Landschaft. Geblieben sind auch die jahrhundertealte Trockenmauern. Sie zeugen davon, dass der Weinbau im Ammertal eine lange Tradition hat.

Im Spätherbst sind die Weinberge in warmes, goldenes Licht gehüllt. Wenn die Trauben gelesen sind, kehrt im Weinberg langsam Ruhe ein und die Wengerter schenken den neuen Wein aus. Apropos: Das schwäbische Wort für Weinberg heißt Wengert und so ist es kein Zufall, dass die inzwischen als Premiumwanderweg ausgewiesene Strecke „Unterjesinger Wengertweg", oder in seiner zur Verkleinerung neigenden schwäbischen Sprachvariante „Unterjesinger Wengertwegle" heißt. Dabei gibt es keinerlei Anlass für Understatement, denn dieser Weg kann sich in seiner erhabenen Schönheit mit den ganz großen Wanderrouten messen.

Tipp

In Unterjesingen gibt es ein Keltermuseum, das seine Türen auch für Weinproben und künstlerische Aktivitäten öffnet.

www.keltermuseum-unterjesingen.de

EINMAL QUER DURCH DEN SCHÖNBUCH –
ein Wanderer in seinem Element

76

Lage
Herrenberg

Tour
Am Parkplatz beim Waldfriedhof Herrenberg beginnt der mit blauen Punkten markierte Weg. Er führt über das Fischbachtal zur Neuen Brücke, von dort immer dem Goldersbach folgend bis nach Bebenhausen. Die Tour führt zwar beständig talwärts, doch sollte man für die Strecke von 17 km mindestens 4 Stunden einplanen.

Für Wolfgang Wyrwal ist Wandern eine Passion. Zumeist geht er allein. So hat er „keine Ablenkung", wie er sagt, so kann er sich ganz auf die Natur und auf sich selbst konzentrieren. „Die Natur ist die Kraft- und Energiequelle für die Bewältigung meiner Krebserkrankung", sagt er.

Er geht nicht besonders schnell – etwa vier Kilometer pro Stunde. Aber er marschiert so gleichmäßig wie ein Uhrwerk, vom ersten bis zum letzten Schritt. Wolfgang Wyrwal ist 2019 von Schaffhausen in der Schweiz nach Schafhausen, seinem Heimatort bei Weil der Stadt gewandert. Für die 270 Kilometer lange Strecke benötigte er gerade einmal zehn Wandertage. Bei dieser Tour ist er auch am westlichen Zipfel des Schönbuchs vorbeigekommen, der ihn sofort fasziniert hat und den er jetzt in herbstlicher Kulisse unter seine Füße nimmt.

Eigentlich wollte er den „HW5" nehmen, einen vom Albverein ausgewiesenen Hauptwanderweg, der vom Schwarzwald über die Schwäbische Alb bis zum Allgäu führt und auf einer Teilstrecke auch den Schönbuch tangiert. Doch kurzfris-

tig entscheidet sich der sympathische Wanderer für einen mit blauen Punkten markierten Parallelweg, der ebenfalls von Herrenberg nach Bebenhausen führt.

An diesem Tag macht der goldene Herbst seinem Namen alle Ehre: blauer Himmel, soweit das Auge reicht, das fahle Licht bringt das bunte Blätterdach zum Leuchten. Noch am Morgen war der ganze Schönbuch in Nebel gehüllt. An Tagen wie diesen ist Wolfgang Wyrwal in seinem Element. In der Tiefe des Waldes sammelt er Eindrücke, hört das sanfte Rauschen des Windes und das leise Plätschern des Baches, ist beeindruckt von der Stille des Waldes, beobachtet kleine Pilze auf moosbewachsenen Baumstümpfen, folgt dem schwerelosen Flug von Schmetterlingen, sieht im Talgrund tiefe Furchen, die Wildschweine in den Boden gezogen haben, denkt über den Kreislauf der Natur nach und ist schließlich in Gedanken schon wieder beim nächsten Frühling, wenn die Laubbäume in saftigem Grün stehen und sein Herz erfreuen werden.

Längst ist die Zeit vorbei, als er die Bewegung in der Natur mehr unter sportlichen Gesichtspunkten gesehen hat – 42 Marathons ist er in seinem nunmehr 67 Jahre währenden Leben schon gelaufen, zudem hat er acht 100-Kilometer-Läufe auf dem Buckel. Seine jetzige Be-

wegung bezeichnet er als „meditatives Wandern". Dazu hat er keine Bücher gewälzt und braucht keinen Entschleunigungscoach, der ihm erklärt, wie man im Wald zur Ruhe findet. Der Selfmademan hat sich das selbst beigebracht. Er nennt die Methode „Entspannung beim Gehen". Dabei imaginiert er einen Entspannungszustand, achtet auf regelmäßige und tiefe Ausatmung. „So geht das Gehen ganz automatisch", versichert er. Er spürt nicht einmal, wie die Zeit vergeht, wenn er Kilometer um Kilometer abspult, ohne dabei die geringste Anstrengung zu bemerken.

Nach seinen Angaben geht er jeden Tag etwa 15 Kilometer. Pro Jahr kommen so etwa 5000 Kilometer zusammen. So ist es auch an diesem Tag im Schönbuch. Er ist beim Waldfriedhof in Herrenberg auf den mit blauen Punkten markierten Weg eingeschwenkt, über das Sommertal zur Neuen Brücke gewandert und von dort immer dem Großen Goldersbach talwärts gefolgt, bis er schließlich bei einer reinen Gehzeit von 3 Stunden und 22 Minuten in Bebenhausen ankommt. Sein Entfernungsmesser zeigt genau 17 Kilometer an. In solchen Momenten schmunzelt Wolfgang Wyrwal: Er ist mit sich zufrieden und freut sich schon auf den nächsten Tag, den er wiederum wandernd in der Natur verbringt.

Tipp

Als Alternative bietet sich eine Gratwanderung auf dem „HW5" entlang des Schönbuchtraufs an. Zwischen Hohenentringen und Hagelloch steigt man ins Arenbachtal ab und erreicht von dort über das Goldersbachtal Bebenhausen. Für diesen Weg sollten mindestens 6 Stunden eingeplant werden.

77 AICHTALWANDERWEG –
frühe Siedlungsspuren im Schönbuch

Lage
Aichtal-Neuenhaus

Tour
Die Tour beginnt beim Sportgelände Neuenhaus. Dort gehen wir das Schaich-
bergsträßle in südwestlicher Richtung. Nach etwa 800 m biegen wir in den
Steinweg ab. Dort sieht man mehrere Tongruben, aus denen die Hafner aus
Neuenhaus einst die Töpfererde entnahmen. Auf diesem Weg bleibend erreicht
man den großen Grabhügel aus der Hallstattzeit. Nach weiteren 500 m kommt
man zu einem historischen Steinbruch. Nach einem kleinen Weiher biegen wir
nach rechts in nördlicher Richtung ab und kommen so zur Mönchsbuckel-Hütte.
Der Weg macht nun eine Wende in östliche Richtung, die an einigen Pirschgräben und an zwei keltischen Grabhügeln vorbeiführt. Zum Schluss biegen
wir in den Dettenhäuser Weg ein und kommen so zum Ausgangspunkt zurück.
Die Tour ist etwa 4 km lang und einfach zu gehen.

Der Bezenberg ist reich an früheren Siedlungsspuren. Schon die Kelten haben zwischen Neuenhaus und Waldenbuch ihren Fußabdruck hinterlassen. Davon zeugen rund 20 Grabhügel, von denen ein besonders großer Hügel bis in die Hallstattzeit, also in die Zeit von 800 bis 450 vor Chr., zurückgeht. Von dieser keltischen Begräbnisstätte gibt es bislang keine archäologischen Untersuchungen. Auch eine Keltenschanze gibt es auf dem Bezenberg; sie wird in die sich an die Hallstattzeit anschließende Latènezeit datiert.

Und natürlich bemächtigten sich nach den Kelten die Römer dieses fruchtbaren Landstrichs. Sie besiedelten ab 85 v. Chr. den Schönbuch. Auf Gemarkung Neuenhaus wurde sogar ein römischer Friedhof gefunden. Auch das deutet darauf hin, dass der Bezenberg bei den Römern eine bedeutende Rolle spielte. Die ihnen folgenden Alemannen vergrößerten nun die Besiedlungsräume: Aus vereinzelt liegenden Landhäusern und Höfen wurden ganze Dörfer. Sie nannten sich oft nach ihrem Ortsgründer. Ortsnamen auf die Endungen „-ingen" und „-heim" gehen dabei auf die frühe Siedlungsphase im 5. und 6. Jahrhundert n. Chr. zurück, Ortsnamen auf „-hausen" oder „-weiler" dürften etwas später, nämlich im 7. und 8. Jahrhundert unserer Zeitrechnung, aufgekommen sein. Und als schließlich im Laufe des Mittelalters die Bevölkerungszahl weiter angewachsen war, hinterließen nicht nur die Bauern mit ihren zur Mast eingetriebenen Tieren ihre Spuren im Wald, sondern auch die zahlreichen Handwerker, die alles nutzten, was der Schönbuch hergab. So wurde der wertvolle Stubensandstein auch auf dem Bezenberg gefördert, der dort eine Mächtigkeit von über 50 Metern hat. Die Glasmacher in der „Glashütte" benötigten enorm viel Holz, was dem Wald neben der Beweidung enorm zusetzte und ihn zu einem großen Teil zerstörte. Doch bestand durch den nunmehr fehlenden Nachschub des Rohstoffs Holz die Glashütte nicht allzu lange. Dem Wald half das jedoch auf Dauer nicht wirklich. Denn durch das zunehmende jagdliche Engage-

ment des württembergischen Herzogs Christoph, der in den Jahren von 1558 bis 1566 das Jagdschloss in Waldenbuch erbauen ließ, wurde auf dem Bezenberg so viel Rotwild gehalten, dass sich der Wald nicht wirklich erholen konnte. In dieser Zeit wurden sogar Pirschgräben gebaut, die die Jagd auf Rotwild erleichtern sollten.

Im Wald bei Neuenhaus wurde erstklassiger Ton gefunden, der in den umliegenden Töpfereien verarbeitet wurde. Noch heute sind die Gruben und Vertiefungen im Wald sichtbar. Es muss ein wichtiges Gewerbe gewesen sein. Im Jahr 1587 waren 17 Hafner – so die süddeutsche Bezeichnung für Töpfer – in Neuenhaus ansässig, im Jahr 1790 gab es bereits 40 Hafnermeister und aus dem Jahr 1820 sind sogar 78 Töpfermeister belegt – sie hatten sich einen

Verweis des Forstamts eingehandelt, weil sie zu unsystematisch im Wald gegraben hatten. Noch heute findet sich im Gemeindewappen von Neuenhaus eine Töpferscheibe, auf der ein roter Tonkrug steht.

Mit der Wiederaufforstung ab Beginn des 19. Jahrhundert nahm die Waldfläche wieder zu. Geblieben aber sind die Spuren der einstigen Nutzung. Wichtige Teile dieser Spuren erschließt der historische Rundwanderweg im Aichtaler Wald.

Tipp

Das Häfnermuseum in Neuenhaus gibt Informationen zum Häfnerhandwerk. Mozartstraße 11, Aichtal-Neuenhaus, Telefon 07127/56256. Geöffnet jeden zweiten Sonntag von 10 bis 18 Uhr.

„AMMERBUCHER GIGELESWEGLE" –
ein Fest für die Sinne

78

Lage
Ammerbuch-Breitenholz

Tour
Wir starten beim Wanderparkplatz am Friedhof Breitenholz. Dort gibt es
eine Infotafel zum Premiumwanderweg. Der Weg ist gut beschildert und einfach
zu finden: Immer dem Symbol mit dem roten Apfel folgen. Der Weg ist rund
4,5 km lang. Um die Landschaft und die Besonderheiten dieses Biotops zu
erleben, sollten für die Tour mindestens 3 Stunden eingeplant werden.

Der Ammerbucher Westhang des
Schönbuchs ist ein riesiges Naturschutzgebiet. Es ist ein einmaliges Biotop zum Schutz zahlreicher
wild lebender, seltener und auch
gefährdeter Tier- und Pflanzenarten. Mit einer Verordnung des Re-
gierungspräsidiums Tübingen soll
die natürliche Vielfalt, Eigenart und
Schönheit dieser ökologisch be-
deutsamen Region erhalten, möglichst sogar verbessert werden.

Mitten durch diese atemberaubend schöne Naturlandschaft führt ein Premiumwanderweg, das sogenannte „Ammerbucher Gigeleswegle". Dieser Name ist an das schwäbische Wort „gigele" – „schauen" oder „Ausschau halten" – angelehnt und soll damit unterstreichen, dass es auf diesem Spazierweg besonders viel zu sehen gibt: Malerisch liegen die Weinberge am Hang, auf einem lang gezogenen, dem bewaldeten Schönbuch vorgelagerten Bergrücken entfalten die Streuobstwiesen ihre Strahlkraft, und der Blick über das idyllische Ammertal hinweg zur Schwäbischen Alb lässt niemand unberührt.

Etliche Sitzbänke laden zum Verweilen ein – und diese Möglichkeit sollte jeder Spaziergänger nutzen. Denn es gibt viel zu entdecken in diesem insgesamt über 450 Hektar großen Schutzgebiet. Weinbergbrachen mit Trockenmauern, Trockenrasen, Hohlwege und Salbei-Glatthafer-Wiesen sind einmalige Lebensräume für diverse geschützte Tierarten. Wer sich Zeit lässt und zur richtigen Tageszeit unterwegs ist, kann hier den Grauspecht und den Halsbandschnäpper beobachten. Auch Neuntöter und Rotmilan, Schwarzspecht und Mittelspecht haben hier ihre Heimat. Auf den Trockenrasen und Kalkheiden gibt es sogar Orchideen

zu bestaunen, die natürlich nicht gepflückt werden dürfen. Und wer dort im Frühjahr unterwegs ist, darf in ein Blütenmeer eintauchen, das von mehreren Tausend Hochstämmen getragen wird.

Im Talgrund führt der Spazierweg am Feuchtbiotop Hungerbrunnen vorbei. Dort gibt es mehrere Quellen, weil die Ton- und Mergelschichten unterhalb des dort vorkommenden Gipses das Wasser nicht weiter versickern lassen und deshalb das Wasser zutage befördern.

Über viele Jahrhunderte hinweg wurden im Schönbuch die verschiedenen Gesteinsschichten des Keupers abgetragen. Auch am Ammerbucher Westhang war das der Fall. So führt das Gigeleswegle am ehemaligen Gipswerk vorbei. Zum Abtransport des als Düngemittel verwendeten Gipsgesteins wurde einst sogar eine Schmalspurbahn zum Bahnhof Breitenholz gebaut. Der Abbau von Gips war ein hartes Geschäft, verschaffte den Menschen der Region aber etwas Einkommen.

Heute ist der Steinbruch stillgelegt. Ohnehin bedeutet Gips nicht nur Segen für die Menschen. Bei Wassereintritt quillt dieses Gestein auf und kann ganze Gebäude in eine Schieflage bringen. Auch der Entringer Kirchturm steht auf einer Gipskeuperplatte und neigt sich leicht nach Nordwesten.

Tipp

In Breitenholz, Forsthausstraße 10, gibt es das Museum Anthon. Dort stellt der Künstler Hans Anthon Wagner Miniaturgrafiken aus.

79 NIKOLAUSLAUF –
dabei sein ist alles

Lage
Waldhäuser Ost, Tübingen

Tour
Zum Nikolauslauf ist eine Anmeldung erforderlich. Veranstalter ist der Post-SV Tübingen. Startpunkt des Nikolauslaufes ist in der Waldhäuser Straße im Tübinger Stadtteil Waldhäuser Ost. Danach geht es 50 Höhenmeter hinunter in den herbstlichen Wald, bevor dann der steile Anstieg über den Bettelweg zum Heuberger Tor und zum Bogentor erfolgt. Zurück über die Waldhäuser Straße geht es dann in Richtung Lustnau und über eine Schleife wieder auf die Ausgangsstrecke zurück, die noch einmal gelaufen wird. Über die Gesamtstrecke beträgt die Summe aller Steigungen 319 m. Der Lauf ist als offizieller Straßenlauf anerkannt und zählt damit auch in der Bestenliste. Als Lauf nur für Sportler, auch ambitionierte Freizeitsportler, geeignet.

Der Nikolauslauf in Tübingen ist neben dem Schönbuchlauf in Hildrizhausen das herausragende Lauftreffen im Schönbuch. Starteten beim ersten Nikolauslauf 1976 gerade einmal 24 Männer auf der Halbmarathonstrecke, so sind es inzwischen Tausende Läuferinnen und Läufer, die sich dieser Herausforderung alljährlich im Spätherbst stellen. Dabei hat es diese 21 Kilometer lange Strecke wirklich in sich: Zahlreiche Steigungen bringen selbst erfahrene Läufer an ihr Leistungslimit. Doch dabei sein ist bekanntlich alles. Und wer beim Nikolauslauf ans Ziel kommt, darf sich zurecht in den Olymp einer immer größer werdenden Schar von „Finishern" aufgenommen fühlen. In seiner jahrzehntelangen Geschichte haben viele Läufer beim Nikolauslauf sensationelle Höchstleistungen gezeigt. Er musste bislang nur einmal infolge eines plötzlichen Wintereinbruchs mit Schneefall und Glätte abgesagt werden.

Im Dezember 2000 erreichten bei diesem einmaligen und stets hervorragend organisierten Treffen erstmals über 1 000 Läufer das Ziel. Seit 2014 meistern konstant weit über 2 500 Frauen und Männer die Strecke mit Bravour – auch dank der guten Vorbereitungen auf dieses sportliche Highlight. Dieses richtet sich nicht in erster Linie an Hochleistungssportler, sondern vielmehr an all jene „Volksläufer", die auch einmal eine sportliche Höchstleistung vollbringen möchten und dazu sogar ein Aufbautraining unter fachkundiger Anleitung von Trainern und erfolgreichen

Langstreckenläufern in Anspruch nehmen können.

Wer bei diesem Volksfest der Läuferszene mit dabei ist, befindet sich in Gesellschaft von nationalen und internationalen Spitzensportlern, wie etwa der vielfachen deutschen Meisterin Sabrina Mockenhaupt, dem Marathon-Ass Arne Gabius oder dem Olympiasieger Dieter Baumann, der mit 1:07:15 seit 2005 den Rekord auf dieser Strecke hält. Ihnen nachzustreben ist für die meisten Läuferinnen und Läufer jedoch nicht das Ziel – wenngleich der eine oder die andere den langjährigen Rekordhalter vielleicht doch entthronen möchte. Für die allermeisten ist dieser Lauf einfach eine ausgezeichnete Möglichkeit, die eigene Leistungsgrenze aus-

zutesten, im Familien- oder Freundeskreis zu laufen, oder einmal dem Gefühl nachzuspüren, im Feld mit einem Spitzenathleten dasselbe Ziel zu haben.

Für Ungeübte eignet sich der Lauf allerdings nicht. Trainer und Ärzte empfehlen zuvor ein gezieltes Aufbautraining und einen Gesundheitscheck.

Tipp

Die Parkmöglichkeiten auf dem Waldhäuser Ost sind bei der großen Anzahl von Besuchern und Zuschauern begrenzt. Es wird deshalb dringend empfohlen, rechtzeitig anzureisen oder die kostenlose Anreise mit dem ÖPNV zu nutzen.

Lehrpfade

80 ROTWILD-ERLEBNISPFAD –
dem König der Wälder ganz nah

Lage
Weil im Schönbuch, beim Wanderparkplatz „Weißer Stein".

Tour
Ausgangspunkt ist der Parkplatz „Weißer Stein" bei Weil im Schönbuch. Von dort geradeaus entlang des Alten Tübinger Sträßle in südlicher Richtung gehen. Etwa 50 m nach dem Brünnele „Schwaben Treue" rechts dem Weg entlang des Schaugeheges folgen, bis man in einem Bogen wieder zum Alten Tübinger Sträßle kommt. Kurze, einfache Tour von etwas über 1 km Länge. Besonders geeignet für Familien mit Kindern.

Das Rotwild gehört zu den großen Attraktionen im Schönbuch. Allein der Anblick dieses in unserem Gebiet größten wild lebenden Säugetieres, sein majestätischer Gang und die mitunter mächtigen Geweihe faszinieren die Waldbesucher. Selbst Jäger und Förster können sich dem Zauber dieser Tiere nicht entziehen, wenn die Brunftrufe durch den herbstlichen Wald schallen. Doch Rotwild ist scheu, und meist bleibt es nur dem Zufall überlassen, diese Tiere zu sehen:

Zu groß ist das 40 Quadratkilometer große Rotwildgebiet, zu klein die Population.

Der Rotwild-Erlebnispfad bietet eine gute Möglichkeit, Hirsche aus nächster Nähe zu beobachten und zugleich etwas über die Lebensweise dieser faszinierenden Tiere zu erfahren. Der Pfad, der um ein Schaugehege führt, wurde im Herbst 2014 eingerichtet und ist insbesondere bei Familien mit Kindern beliebt. Auf dem rund 1,2 Kilometer langen Rundweg gibt es einige Stationen, die zum aktiven Mitmachen einladen. Dazu informieren Schautafeln über das Rotwild, die Holzwirtschaft, den Naturschutz und den Wald als Lebens- und Er-

holungsraum. Auf einer Tafel erfährt man, warum ein Teil des Schönbuchs vor einigen Jahrzehnten eingezäunt wurde. Eine andere Schautafel informiert über das Konzept zur Haltung von Rotwild und fordert dazu auf, alles zu tun, damit sich das Rotwild im Schönbuch wohlfühlt. Was es mit Wildruhezonen, der Treibjagd, oder der Anlage und Pflege von Äsungswiesen auf sich hat, erfährt man beim Spazierweg rund um das Gehege.

Insbesondere in der Morgen- oder Abenddämmerung kommen dann auch die Hirsche aus der Dickung heraus zum Äsen. Manchmal kann man zehn Stück oder mehr auf der von zahlreichen mächtigen Eichen

bestandenen Wiese sehen. Dass diese Tiere an den sie umgebenden Bäumen auch Schäden verursachen können, wird auf einer anderen Infotafel betont. Mit einem Augenzwinkern erfährt der Leser schließlich, dass das Reh nicht die Frau vom Hirsch ist.

Besonders interessant sind die Anmerkungen zum Kreislauf der Natur. So wird dargestellt, dass das Rotwild im Winter ein „beeindruckendes Energiesparprogramm" vollzieht: „Der Magen schrumpft, der Puls geht zurück und die Körpertemperatur wird im Ruhezustand auf 15 Grad Celsius heruntergefahren." Werden die Hirsche dann gestört, benötigen sie mehr Energie als ihnen tatsächlich zur Verfügung steht. Diesen Energieverlust gleichen sie durch das Fressen der Rinde aus. Dabei entstehen Schäden, die eigentlich vermeidbar wären.

Und natürlich wird man darüber informiert, dass Mitte September die Paarungszeit der Hirsche, die sogenannte Brunft, beginnt. Dann ist auch das Schaugehege Josefsruhe, das angeblich nach einem Wegwart Josef benannt ist, der sich hier einmal ein ausgedehntes Mittagsschläfchen gegönnt haben soll, ein Publikumsmagnet zur Wildbeobachtung. Der Forst hat dazu eigens eine kleine Beobachtungshütte entlang des Hangwegs zum Ochsenschachenweiher erstellt. Dort gibt es auch einen Sandkasten, in dem sich Kinder mit ihren Vorbildern in der Natur beim Weitsprung messen können. Leider wird dort auf einer Schautafel die Sage vom Hirschsprung im Höllental aufgetischt – eine Geschichte, die rein gar nichts mit dem Schönbuch zu tun hat und so unwahrscheinlich ist, dass sie ins Reich der Fantasie verbannt werden muss.

Tipp

Die Tour kann problemlos ausgedehnt werden: Wer möchte, läuft in südlicher Richtung bis zur Schlagbaumlinde, dort rechts in die Allee Troppender Wasen, an der es zwei Wildbeobachtungspunkte gibt. Nach Wunsch dieselbe Strecke zurück, oder einmal im Kreis, vorbei an der Neu- und Lenihütte und über die Schlagbaumlinde zurück.

GESCHICHTLICHER LEHRPFAD –
von den Jägern der Steinzeit bis zur höfischen Jagd

81

Lage
Einsiedel

Tour
Die Tour beginnt direkt am Hofgut Einsiedel. Wer der Reihenfolge der Tafeln folgen möchte, darf den richtigen Einstieg nicht verpassen: Es geht zunächst in östliche Richtung, dann die Schlierbacher Steige hinauf, weiter auf dem Unterämersträßchen in nordwestlicher Richtung. Danach immer den Hinweistafeln mit den zwei gekreuzten Schlüsseln folgen. Vom westlichsten Punkt der Viereckschanze den Fußweg Richtung Waldenbucher Allee nehmen. Von der Grillstelle geht es dann wieder zurück zum Hofgut Einsiedel.
Die Tour ist insgesamt etwa 4,5 km lang. Geschichtlich Interessierte sollten 2 bis 3 Stunden einplanen.

Der Schönbuch kann auf eine reichhaltige, über mehrere Tausend Jahre während Geschichte zurückblicken. Funde belegen, dass in diesem fruchtbaren Gebiet schon steinzeitliche Jäger umherstreiften. Über Jahrhunderte hinweg waren die Kelten in verschiedenen Teilen des Schönbuchs ansässig. Darauf weisen nicht nur die rund 300 Grabhügel hin, die zur Hallstattzeit üblich waren, also ab einem Zeitraum um 800 vor unserer Zeitrechnung. Auch Funde aus der anschließenden Latènezeit (450 v. Chr. bis zur Zeitenwende) belegen, dass hier die Kelten eine lang während und sichere Heimat hatten. In diese Zeit fällt der Bau von Viereckschanzen,

von denen eine auf dem Einsiedel steht. Es versteht sich dabei von selbst, dass zu den Gräbern Besiedelungen gehört haben mussten. Bei der Vielzahl gefundener Gräber kann also von einer höheren Besiedelungsdichte im Schönbuch gesprochen werden.

Später haben dann hier die Römer ihre Spuren hinterlassen, ehe sich im 4. Jahrhundert unserer Zeitrechnung die Alemannen in der Re-

gion ansiedelten. Ihnen war es aber offensichtlich vor allem darum gegangen, den Wald zu roden und neue Siedlungen zu gründen. Darauf verweisen die zahlreichen Orte im Schönbuch mit den Endungen „-ingen" und „-heim". Wohl wegen seiner ungünstigen topografischen Lage und wegen seiner schlechten Böden blieb der Schönbuch allerdings von allzu großer Besiedelung verschont und schon damals als Waldgebiet erhalten. Ab dem 12. Jahrhundert waren die Pfalzgrafen von Tübingen die Herren im Schönbuch – sie hatten auch umfangreichen Besitz in etlichen umliegenden Gemeinden. Weil sie aber wirtschaftlich scheiterten, kam das Gebiet im Jahr 1342 in den Herrschaftsbereich der württembergischen Grafen und später zu deren Nachfolgern, den württembergischen Herzögen und Königen. Diese sorgten dafür, dass das geschlossene Waldgebiet als Jagdgrund erhalten blieb. Bis zur Reformation im Jahr 1534 spielte auch das Kloster in Bebenhausen in einem Teilgebiet des Schönbuchs eine entscheidende Rolle.

Nachdem der letzte württembergische König Wilhelm II. mit dem Ende des Ersten Weltkriegs 1918 abdanken musste, wurde der Großteil des Schönbuchs Eigentum des freien Volksstaats Württemberg, der ein Gliedstaat des Deutschen Reiches war. Nach dem Ende des Zweiten Weltkriegs wurde der Schönbuch faktisch in eine französische und in eine amerikanische Zone geteilt, woran heute noch die Schlagbaum-Linde am Tübinger Sträßchen erinnert. Dieser Schlagbaum musste passiert werden, wenn man von der einen in die andere Zone wechseln wollte. Am 25. April 1952 gingen die Länder Württemberg-Hohenzollern, Baden und Württemberg-Baden in dem neu gegründeten Bundesland Baden-Württemberg auf. Der Schönbuch ist seitdem zu einem erheblichen Teil im Staatsbesitz des Landes Baden-Württemberg.

Der geschichtliche Lehrpfad auf dem Einsiedel zeichnet einen Ausschnitt dieser Jahrtausende langen Besiedelungsgeschichte nach. Das beginnt bereits mit der bewegten Geschichte des Einsiedels, wo Graf Eberhard, der Gründer der Universität Tübingen, 1492 ein Stift erbauen ließ. Besondere Aufmerksamkeit finden die keltische Viereckschanze, von der noch ein Wall zu sehen ist, sowie mehrere Grabhügel, von denen einer eine Höhe von 2,5 Metern und einen Durchmesser von 50 Metern hat. Was es mit Waldgerechtigkeiten, der Waldweide oder der Jagd im Schönbuch auf sich hat, erfährt man gleichfalls auf den insgesamt zwölf Hinweistafeln.

Tipp

Wer möchte, kann die Tour ausdehnen und sich auf die Spur von weiteren Schlüsselsteinen machen (siehe Seite 137).

82 GEOLOGISCHER LEHRPFAD –
Steine erzählen Geschichte

Lage
Bei Bebenhausen

Tour
Start- und Zielpunkt ist der Parkplatz Kirnbach. Immer den Zeichen mit dem „Dino" folgen. Die Tour ist etwa 5 km lang, es sind ungefähr 80 Höhenmeter zu überwinden.

Der Geologische Lehrpfad Kirnbachtal gibt auf einem fünf Kilometer langen Rundkurs einen Einblick in den geologischen Aufbau des Schönbuchs. Schon auf der ersten Schautafel erfährt man, dass die Landschaft hier von Gesteinen geprägt wird, die sich vor über 200 Millionen Jahren abgelagert haben: Willkommen in der Gesteinsformation des Keupers. Das ist jene Epoche des Erdmittelalters, die vor 235 Millionen Jahren begann und vor 208 Millionen Jahren endete. Im Laufe von Millionen von Jahren verfestigten sich die Sande zu Keupersteinen. Landschaftsgestaltend sind im Schönbuch neben dem

Gestein aber auch die Bäche, die sich – wie der Kirnbach – im Laufe der Jahrtausende tief in die Sand-, Mergel- und Tongesteine des Keupers eingeschnitten haben. So hat sich hier eine wilde Berg- und Tallandschaft herausgebildet. Nicht umsonst wird der Schönbuch als Keuperbergland des südwestdeutschen Schichtstufenlands bezeichnet, in dem wie in einer schräg gestellten Treppe die einzelnen Gesteinsstufen des Keupers zu sehen sind: vom Gipskeuper über Schilfsandstein, Bunter Mergel, Stubensandstein und Knollenmergel bis zum Rhätsandstein.

Die Steine erzählen also Geschichte. Und diese Geschichte wird ergänzt durch eine Erfolgsgeschichte der besonderen Art: die Geschichte des Pflanzen- und Tierwachstums. Herausragend ist dabei das plötzliche Auftreten der ersten Dinosaurier vor etwa 230 Millionen Jahren. Die ersten Plateosaurier waren also zur Zeit des Stubensandsteins bei uns heimisch, wie mehrere Funde, insbesondere aus Trossingen, zeigen. Auch Bebenhausen kann auf einen Dinosaurier-Fund verweisen. Friedrich August Quenstedt, der deutsche Geologe und Paläontologe, entdeckte hier diesen Dinosaurier, dem er wegen seiner häufigen Funde im schwäbischen Raum den Spitznamen „schwäbischer Lindwurm" verlieh. Ihre Blütezeit hatten diese Reptilien allerdings erst in der anschließenden Jura- und Kreidezeit, bevor sie dann vor etwa 66 Millionen Jahren ausstarben.

Insbesondere der Stubensandstein, der gut ein Drittel des Schönbuchs bedeckt, schaffte es zu einer gewissen Berühmtheit. Wegen seiner besonders guten Qualität wurden damit nicht nur zahlreiche Kirchen, Schlösser und Brunnen der Region erstellt. Auch das Kloster Bebenhausen, die Neckarbrücke in Tübingen, die Frauenkirche in Esslingen, die Marienkirche in Reutlingen und das Ulmer Münster wurden damit gebaut. Verwendet wurde der Stein auch am Schloss Neuschwanstein. Sogar an der Südseite des Kölner Doms wurden etliche Tausend Kubikmeter Stubensandstein aus Dettenhausen und Schlaitdorf verbaut. Hoch im Kurs war dieser Stubensandstein auch beim württembergischen Star-Architekten Heinrich Schickhardt.

Nicht zuletzt war der Stubensandstein aus dem Schönbuch auch als Mühlstein begehrt. Das sprach sich bis nach Österreich und in die Schweiz durch, wo Zigtausend Mühlsteine aus den Steinbrüchen des Schaichtals für die dortigen Mühlen geordert wurden. Der Stubensandstein war also einst ein wahrhafter Exportschlager. Ein Mühlstein ist auch auf dem geologischen Lehrpfad zu sehen. Seinen Namen bekam der „Stuben"-Sandstein übrigens deshalb, weil das Material auch als Fegesand diente, mit dem früher die Stuben gereinigt wurden. Der Rhätsandstein indessen enthält einen sehr hohen Quarzanteil. Deshalb ist der Stein äußerst hart und fand insbesondere auch als Pflasterstein Verwendung. Im Steinbruch am Olgahain ist dieser Rhätsandstein auf einer größeren Fläche freigelegt. In dessen Umgebung lassen sich sogar kleine Versteinerungen finden.

Tipp

Parallel zum geologischen Lehrpfad Kirnbachtal lohnt ein Besuch der Paläontologischen Sammlungen der Universität Tübingen, Sigwartstraße 10, 72076 Tübingen.

WALDLEHRPFAD BEZENBERG –
der Schönbuch war einst reines Laubwaldgebiet

Lage
Waldenbuch

Tour
Tourbeginn ist am Wanderparkplatz Scheerwässere bei der Burkhardtsmühle. Dort weist eine Schautafel den genauen Weg. Diesem rund 3,5 km langen Weg folgen – zunächst dem „Stellbronnenweg", dann dem Weg „Scheerwässere", der in einem Rundkurs zum Ausgangsort zurückführt. Zunächst geht es steil bergauf, weshalb der Weg für Rollstuhlfahrer nicht geeignet ist.

Information
Die Schreibweise „Bezenberg" (statt Betzenberg) folgt der alten Schreibweise.

Der Bezenberg bei Waldenbuch ist ein in West-Ost-Richtung verlaufender Höhenzug, der sich zwischen der Aich im Norden und der Schaich im Süden erhebt. Mit 499,5 Meter über dem Meeresspiegel überragt der Bezenberg seine Nachbarn Steinenberg (472,5), Uhlberg (469,5), Roter Berg (436,6), Weiler Berg (438,8), Günzberg (490,5) und Schaichberg (456) jeweils deutlich und wird nur knapp übertroffen vom „Eichenfirst" (502) an der Alten Stuttgarter Straße zwischen Dettenhausen und Pfrondorf. Diese exklusive Lage machte den Bergrücken schon für Kelten und Römer zu einem bevorzugten Wohnort und Jagdrevier. Davon zeugen mehrere keltische Grabhügel, eine keltische Viereckschanze und ein Friedhof aus der Römerzeit. Auf dem Bezenberg jagten einst auch die württembergischen Herzöge. Zahlreiche Mammutbäume wachsen dort – auch sie stammen aus jener Saat, die König Wilhelm I. aus Amerika importierte, um sie dann im ganzen Land zu verteilen. Drei dieser Baumriesen stehen direkt bei der Waldhütte „Weißes Häusle". Der höchste Baum des Schönbuchs ist gleichfalls ein Mammutbaum, der am Südrand der Streuobstwiese „Braunäcker" steht. Diese Baumgiganten und die Wege zu ihnen werden in anderen Kapiteln dieses Buches genauer beschrieben. Weithin sichtbar – und deshalb bekannt – ist auch der Fernmeldeturm Waldenbuch, der 128,6 Meter in den Himmel ragt.

Weniger bekannt ist dagegen der Waldlehrpfad Bezenberg. Etliche Schautafeln machen auf die interessante Geschichte dieses Gebiets, seine Pflanzen- und Tierwelt aufmerksam. So erfährt der interessierte Wanderer, dass auf den feuchten Talwiesen rund um die Aich und die Schaich andere Pflanzen wachsen als auf den Trocken- und Halbtrockenrasen der Südhänge, wieder andere auf der Bezenberg-Hochfläche und auf den schattigen Hängen.

Für viele Besucher des Waldlehrpfads dürfte die Informationstafel über die Waldgeschichte eine überraschende Erkenntnis bereithalten. Danach war der Schönbuch ursprünglich ein reines Laubwaldgebiet. Während der Zeit der Waldweide waren die masttragenden Baumarten Eiche und Buche besonders gefragt. Erst nachdem die verödeten Flächen zu Beginn des 19. Jahrhunderts möglichst schnell wieder aufgeforstet werden mussten, wurden schnell wachsende Nadelhölzer gepflanzt. Auch gibt es hier etwas zu rätseln. So kann man verschiedene Baumarten erraten. Auf Schautafeln erfährt man viel über die Unterschiede zwischen Fichte und Tanne oder zwischen Roteiche und Rotbuche. Wer wissen möchte, wie eine Douglasie oder ein Feldahorn, eine Lärche oder eine Bergulme aussieht, wird hier ebenfalls fündig. Der Waldlehrpfad führt auch an einem ehemaligen Steinbruch vorbei, der allerdings nicht betreten werden darf. Ein Kinderspielplatz und eine Grillstelle bieten Familien Abwechslung und Gelegenheit zur Rast. Innehalten darf man auch bei einem Waldbrunnen, bei dem ein Gedicht von Ludwig Uhland die Geschichte der hoch verschuldeten Tübinger Pfalzgrafen in Erinnerung ruft.

Tipp

Auf dem Weg liegt auch der Klinglerstein. Er weist darauf hin, dass am 19. Juli 1913 der erst 20 Jahre alte Forstanwärter Wilhelm Klingler von zwei Wilderern bei einem Handgemenge erschossen wurde.

84 WALDÖKOLOGIE-LEHRPFAD –
Einblicke in den Lebensraum Wald

Lage
Bei Tübingen-Waldhausen

Tour
In Waldhausen am Parkplatz Rittweg, der auf der Verbindungsstraße nach Bebenhausen liegt, beginnt die Tour. Von dort aus geht es zunächst in westlicher Richtung bis zum Steinigen Weg. Dort steht am Waldrand eine Infotafel zum Jakobsweg im Landkreis Tübingen. Dann in nördlicher Richtung talwärts bis zum Mittleren Schachbaumweg gehen. Diesem nun in östlicher Richtung folgen, bis man auf den Rittweg trifft. Neben diesem führt ein Fußweg wieder hinauf bis zum Parkplatz. Der Rundweg ist etwa 1,5 km lang und einfach zu gehen.

Der Waldökologie-Lehrpfad in Tübingen gibt auf einem kleinen Rundkurs informative Einblicke in den Lebensraum Wald. Schon der Auftakt ist spektakulär: Der Weg führt an zahlreichen rund 200 Jahre alten Eichen vorbei, die als „Lichtbäume" nicht ohne Grund am Waldrand stehen. Auf 13 Schautafeln erfährt der Besucher allerlei Interessantes, das

selbst versierte Wald- und Pflanzen-
kenner überraschen dürfte. Denn
wer weiß schon, dass sich auf der
Rotbuche männliche und weibliche
Blüten auf demselben Baum befinden? Auch die schier unendlich
große Anzahl an Lebewesen, die
im Wald ihr Zuhause haben, dürfte
viele überraschen.

Der Kreislauf des Ökosystems Wald
wird beschrieben als ein ständiges
Wachsen und Vergehen, an dem
Pflanzen und Tiere in unterschied-

licher Weise beteiligt sind. Auf den
Schautafeln wird dargestellt, wie
dieses Ökosystem durch Katastro-
phen oder menschengemachte Im-
missionen Schaden nehmen kann.
Dabei ist die Lage inzwischen sogar
noch viel dramatischer als es die
Initiatoren bei der Installation des
Lehrpfads im Jahr 1999 angenommen haben. Heutzutage jedenfalls
würde nach etlichen extrem heißen
Sommern niemand mehr behaupten
wollen, dass die Wasserspeicher-

Meisen und Rotschwänzchen, Stare und Waldkäuze und viele andere Vogelarten benötigen den Wald als Lebensgrundlage. Fledermäuse, Baummarder und Wildkatzen suchen hier ihre Verstecke. Und viele Kleinlebewesen sowie Vögel profitieren in diesem Habitat vom Totholz.

Der Waldökologie-Lehrpfad ist ein Beispiel für eine gelungene Waldpädagogik, die sich mit dem Lebensraum Wald nicht im stillen Kämmerlein, sondern in der Natur selbst auseinandersetzt. So dürften neben Umweltgruppen insbesondere Eltern mit Kindern und vor allem Schüler und Lehrer einen besonderen Gewinn aus diesem 1,5 Kilometer langen Rundkurs ziehen. Vielleicht gibt die Auseinandersetzung mit der Natur in der Natur die Initialzündung, das Thema Wald im Unterricht zu erweitern und auch praktisch umzusetzen. So war es zumindest bei Schülern der Rudolf-Leski-Schule bei Pfrondorf: Sie haben im Sommer 2013 einen Barfußpfad in den Rundkurs eingebaut.

fähigkeit des Waldbodens ganzjährig für einen ausgeglichenen Wasserhaushalt einer Landschaft sorgt. Die Initiatoren dieses Lehrpfades haben Wert auf die Erkenntnis gelegt, die Bäume des Waldes nicht isoliert zu betrachten. Denn Mikroorganismen, Pilze, Moose, Flechten und viele andere Lebensarten spielen im Kreislauf der Natur eine entscheidende Rolle. „Allein 1000 der 5800 einheimischen Käferarten leben im und am Holz", heißt es auf einer Tafel. Höhlen und Spalten werden in den Bäumen von zahlreichen Tieren als Unterschlupf genutzt. Wildbienen und Hornissen,

Tipp

Für Pflanzenliebhaber lohnt sich ein Besuch des nahe gelegenen Botanischen Gartens in Tübingen zwischen Morgenstelle und Wanne.

NATURLEHRPFAD HERRENBERG –
das Rote Meer im Schönbuch

85

Lage
Herrenberg

Tour
Über die „Lämmleshalde" und „Kuhsteige" erreichen wir den Parkplatz beim Rundfunksender Herrenberg. Von dort gehen wir in nordöstlicher Richtung und erreichen nach etwa 100 Meter die Eiche beim Roten Meer. Um die Eiche herum kommen wir auf einen kleinen Weg, den wir nun in südwestlicher Richtung nehmen und kommen so – am Ausgangspunkt vorbei – bis zum Schlossbergturm. Nach Belieben kann der Weg hinunter zur Stiftskirche und zum Marktplatz fortgesetzt werden.
Der rund 7 Kilometer lange Naturlehrpfad hat eine Eiche als Wegweiser. Je nach gewählter Strecke sollte man für diese Tour 1 bis 3 Stunden Zeit einplanen.

Kaum zu glauben, aber wahr: Das Rote Meer liegt in Herrenberg am westlichen Ausläufer des Schön-

buchs. Doch während der große Namensvetter, die Meerenge zwischen dem Nordosten Afrikas und der arabischen Halbinsel, in der Farbe Rot lediglich eine Himmelsrichtung angibt (Rot steht dabei für den Süden), war das Rote Meer in Herrenberg tatsächlich rot. Der Grund: Der auf dem Höhenrücken östlich des Herrenberger Schlossbergs vorkommende Schiefersandstein färbte das Wasser in einer künstlich angelegten Grube rot. Einst wurden in ihr hölzerne Leitungsrohre – sogenannte Teuchel – feuchtgehalten, bevor sie in den Boden verlegt wurden und die Herrenberger Brunnen mit Wasser versorgten.

Der Name „Rotes Meer" hat sich bis heute gehalten, wenngleich

die etwa 5 Meter × 30 Meter große Grube seit langer Zeit ausgetrocknet ist. Die Attraktion dieses Gebiets ist deshalb nicht mehr die namensgebende Grube, sondern eine über 350 Jahre alte Eiche, die wohl kurz nach dem Dreißigjährigen Krieg gepflanzt wurde und direkt bei dieser Mulde steht. Sie geht damit zurück in die Zeit der Waldweide, als das im Wald weidende Vieh durch Tritt und Verbiss die Waldverjüngung verhinderte und lediglich den Bestand einzelner Solitärbäume sicherte. Diese Stieleiche ist Herrenbergs größter Baum und weist einen Stammumfang von 5,70 Metern aus. Das Rote Meer selbst ist Teil des Naturlehrpfads Schlossberg.

Atemberaubend schön ist der Ausblick von diesem Bergrücken: Nach Norden blickt man auf das fruchtbare Gäu, im Süden sieht man das liebliche Ammertal, eingebettet zwischen den steil abfallenden Schönbuchhang und den Rammert und im Hintergrund begrenzt die Schwäbische Alb den Horizont.

Tipp

Mit dieser Tour lässt sich ein Besuch des Schönbuchturms, des Glockenmuseums in der Herrenberger Stiftskirche und des Marktplatzes mit den historischen Fachwerkhäusern im Zentrum Herrenbergs verbinden.

86 NEUER BOTANISCHER GARTEN –
Pflanzenpracht am Schönbuchrand

Lage
Auf der Morgenstelle, Tübingen

Erreichbarkeit
Haupteingang Auf der Morgenstelle Tübingen (neben Gebäude Nummer 5),
Parkmöglichkeit im Parkhaus Ebenhalde, Schnarrenbergstraße 158.

Öffnungszeiten
Montag bis Freitag von 7.30 bis 16.30 Uhr
Wochenende und Feiertage von 8 bis 16.30 Uhr

Der Neue Botanische Garten der Universität Tübingen ist ein wahres Pflanzenparadies am Schönbuchrand. Es ist ein Ort, an dem sich die Vielfalt unserer Flora zeigt. Biologen, Pflanzenökologen, Mediziner und Botaniker sammeln hier wichtige Erkenntnisse über die Pflanzenwelt. Insbesondere aber ist der Neue Botanische Garten auch ein Erholungsraum für Besucher, die auf einer Fläche von etwa 10 Hektar rund 10 000 Pflanzenarten aus fünf Erdteilen vorfinden. Man muss also kein Flugzeug besteigen, um sich an der globalen Botanik zu erfreuen. Der Eintritt ist zudem kostenfrei.

Bei Vorträgen, Führungen und Ausstellungen erfährt der Besucher etwas über einheimische und exotische Pflanzen. Es wird gleichsam ein natürlicher Bogen vom Lebensraum der Pflanzen des Schönbuchs und der Schwäbischen Alb bis hin zu den Exoten der Hochgebirge und der tropischen Regenwälder gespannt. Für die Wissenschaftler der Universität Tübingen hat sich längst die Erkenntnis durchgesetzt, dass es einen engen Zusammenhang zwischen der biologischen Vielfalt und extremen Ereignissen gibt, zu denen inzwischen weniger Meteoriteneinschläge und extremer Vulkanismus als vielmehr menschliche Aktivitäten gehören, die die Atmosphäre massiv beeinflussen und somit direkte Auswirkungen auf die Pflanzenvielfalt haben.

Während der vergangenen 500 Millionen Jahre hat die Evolution die wundervollsten pflanzlichen Organismen hervorgebracht: Algen,

Moose, Flechten, Farne, Schachtelhalme, Pilze, Gräser, Sträucher bis hin zu Blütenpflanzen und Bäumen. Nach Erkenntnissen von Botanikern sind heute über 50 Prozent der Pflanzenarten gefährdet, 10 Prozent der ursprünglich vorhandenen Arten sind bereits unwiederbringlich verloren. Riesige Brände im brasilianischen Regenwald, in Sibirien und Australien sowie der immer intensiver wahrzunehmende Klimawandel bedrohen die Vielfalt des Lebens auf der Erde immer dramatischer. Wie farbenprächtig diese Vielfalt bislang aussieht, kann im Neuen Botanischen Garten der Universität Tübingen besichtigt werden. Dafür wurden auch ein Gewächshaus und ein sogenanntes Alpinenhaus erstellt, in dem an einer Felswand aus Tuffstein seltene Pflanzen aus extrem regenarmen Gebirgsregionen gedeihen, etwa aus Afghanistan, Nordamerika, der Sierra Nevada oder dem Iran. Eröffnet wurde der Neue Botanische Garten am 8. Mai 1969. Wo zuvor eine urwüchsige Landschaft aus Wacholderheiden, Schafweiden und Streuobstwiesen war, gibt es seitdem ein kontrastreiches Pflanzenparadies.

Tipp

Der Alte Botanische Garten der Universität Tübingen befindet sich in der Nähe des Tübinger Stadtzentrums. Das parkartige Gelände ist heute ein beliebter Treffpunkt für Studierende.

HERZOG-JÄGER-PFAD –
ein Wanderweg
der Sonderklasse

87

Lage
Bei Waldenbuch und Dettenhausen.

Tour
Startpunkt ist am Parkplatz Braunäcker. Die Tour wird, wie vorgeschlagen, gegen den Uhrzeigersinn erwandert. Markierung und Beschilderung sind so hervorragend, dass man keine Wanderkarte benötigt. Auch die Schautafeln, dargestellt aus der Perspektive von Herzog Friedrich I. und seinem Hund Friedl, sind kompakt und aufschlussreich. Dieser ausgezeichnete Premiumwanderweg verdient seinen Namen wahrhaftig. Die Strecke ist insgesamt 13,7 km lang und hat eine Höhendifferenz von 230 m. Man sollte mindestens 4 Stunden Gehzeit einplanen.

Neben der „Schönbuchspitzrunde" gehört auch der Herzog-Jäger-Pfad zu den vom Deutschen Wanderinstitut e. V. empfohlenen Premiumwanderwegen in Deutschland. So sehr dieses besondere Qualitätssiegel die beiden Wanderrouten im Schönbuch miteinander verbindet, so unterschiedlich sind diese Rundwege. Blickt man vom Schönbuchspitz über Bergkuppen hinweg, so taucht man beim Herzog-Jäger-Pfad tief hinein in ein Waldgebiet, und das auch im wörtlichen Sinne. Es geht nämlich wirklich hinunter in das liebliche Schaichtal und auch zurück in die Vergangenheit, schließlich wird der Weg von zahlreichen Schautafeln begleitet, die über die Geschichte, die Naturland-

schaft und die Besonderheiten des Schönbuchs informieren.

„Der Rundweg führt durch das Waldgebiet Bezenberg über naturbelassene Pfade, das geschützte Schaichtal und durch abwechslungsreiche Waldlandschaften, vorbei an malerischen Bachauen und Klingen, über Wiesen und Felder", heißt es auf der ersten Informationstafel des Herzog-Jäger-Pfads, der seinen Namen Herzog Friedrich I. verdankt, dem sechsten württembergischen Herzog (1557–1608). Er war oft Gast im wildreichen Revier um den Bezenberg, und sein Name ist eng verbunden mit der Stadt Waldenbuch, wo er das dortige Schloss erheblich ausbauen ließ.

Auf dem Parcours gibt es etliche Grill- und Rastplätze, die eine Tour gerade für Familien zu einem besonderen Erlebnis machen. Als zusätzliche Attraktion gibt es sogar einen Barfußpfad. Doch auch allen, die nicht ohne Schuhwerk die reine Natur erspüren wollen, offenbart sie sich hier wie in einem offenen Buch. Das Schaichtal steht zurecht unter Naturschutz. „Mit etwas Glück können Sie hier einen Eisvogel, eine Wasseramsel, eine Gebirgsstelze oder einen Graureiher sehen. In den Tümpeln laichen Erdkröten, sowie verschiedene Frosch- und Molcharten, während in den Quellbächen der Feuersalamander zu Hause ist. Auf den Wiesen sind, je nach Jahreszeit, blühendes Knabenkraut, Brandknabenkraut sowie Prachtnelken und Trollblumen zu bewundern", steht auf einer weiteren Informationstafel. Und tatsächlich: Wer das Tal Ende März aufsucht, wird von einem wahren Naturschauspiel laichender Erdkröten überrascht. Auf dem gut ausgeschilderten Weg kommt man zu einer alten Brücke über die Schaich, die aus dem im Schönbuch gewonnenen Stubensandstein ge-

baut wurde. Auf der dortigen Infotafel erfährt man, dass hier die Mönche des Klosters Bebenhausen die Schaich aufgestaut und einen großen Fischteich angelegt hatten.

Da der Stubensandstein auf dem Bezenberg qualitativ sehr hochwertig ist, wird er seit einigen Jahren wieder abgebaut, um zum Beispiel das Ulmer Münster zu renovieren. Auf dem Herzog-Jäger-Pfad darf man daher auch ein nicht benötigtes Exponat des Ulmer Münsters bestaunen. Außerdem ist ein Mühlstein zu sehen, der aus jenen Sandsteinblöcken geschlagen wurde, die dort aus einem Probeabbau aufgeschichtet sind.

Auf dem Rückweg kommt man an einem Riesenmammutbaum vorbei – dem mit Abstand höchsten und stärksten Baum des Bezenbergs. Er wurde 1864 auf Anregung von König Wilhelm I. aus Nordamerika bezogen und etwa um 1870 an dem heutigen Standort verpflanzt. Die Höhe dieses Mammutbaumes wird aktuell mit über 41 Metern angegeben. Sein Stamminhalt beträgt rund 30 Kubikmeter. So ein Mammutbaum kann 3500 Jahre alt werden. Der Bezenberg-Riese ist also mit einem Alter von rund 150 Jahren gerade mal ein Jüngling unter den Mammutbäumen. Weiter geht es auf dem Herzog-Jäger-Pfad, der schließlich noch zu einer Keltenschanze führt.

Tipp

Wer mehr über den Herzog-Jäger-Pfad erfahren möchte, findet alle wichtigen Angaben unter folgendem Link: www.herzog-jaeger-pfad.de.

Familie unterwegs

88

OLGAHAIN –
stiller Zauber in
malerischer Kulisse

Lage
Südöstlich von Bebenhausen.

Tour
Vom Parkplatz Kirnbachtal geht man dem Kirnbach entlang etwa 1 km talaufwärts. Dann folgt man dem Spartakusweg nach links steil bergauf und erreicht nach etwa 300 m den Olgahainweg. Ihm folgt man nach links und erreicht den Fuß des Olgahains nach etwa 500 m. Bei der Infotafel folgt man dem Weg zum Hang, erreicht linker Hand einen kleinen Tümpel und gelangt über die angelegten Steinstufen schließlich zu einem Gedenkstein, der an die württembergische Königin Olga erinnert. Wieder zurück bei der Infotafel, empfiehlt es sich, den Olgahainweg weiter Richtung Bebenhausen zu nehmen, bevor man dann im spitzen Winkel nach links in den Safrigrainweg abbiegt und den – leider meist stark belärmten – Hangweg wieder zurück zum Parkplatz hinuntergeht. Die Tour ist etwa 6 km lang, mittelschwer, es sind rund 140 m Höhendifferenz zu überwinden.

Der Olgahain liegt in einem wildromantisch anmutenden Wäldchen am Südosthang des Kirnbergs. Im oberen Teil geben offen liegende Gesteinsschichten den Blick in die Geologie des Geländes frei und bilden eine wahrhaft malerische Kulisse. Teile dieses extrem harten Rhätsandsteins wurden durch Verwitterung und Erosion abgetragen und lagern nun als Schutthalde am Fuß des Bergrückens. Wie in einem Steinbruch sieht es hier trotzdem nicht aus. Denn viele dieser Steinblöcke sind in dem vorherrschend feuchten Mikroklima von Moosen

und Farnen überwachsen. Zusammen mit den verstreut umherliegenden Steinblöcken verleihen die Pflanzen hier dem Wald einen geheimnisvollen Charakter.

Es liegt ein stiller Zauber über dem Hain – eine Idylle, wie geschaffen für Liebespaare und träumende Romantiker. Sie alle sollten sich jedoch davor hüten, zu unvorsichtig durch das teilweise unwegsame Gelände zu wandeln. Denn selbst auf den angelegten Steinstufen besteht erhebliche Sturzgefahr – erst recht bei Regen, Nebel, Eis und Schnee. Insbesondere entlang des märchenhaft-schönen oberen Teil des Bergrückens erfordern die Querung des Gebiets sowie der Auf- und Abstieg gesteigerte Aufmerksamkeit und Trittsicherheit. Zwischen den abgebrochenen Steinriegeln besteht Sturzgefahr!

Der Olgahain wurde für Olga Nikolajewna Romanowa (1822–1892), die Frau des dritten württembergischen Königs Karl I., um das Jahr 1870 angelegt und ihr gewidmet. Es darf davon ausgegangen werden, dass sich die Königin in dieser einst parkähnlich ausgebauten Anlage besonders wohlgefühlt hat. Wahrscheinlich hat sie dort aber auch manche Träne vergossen, denn König Karl war nicht gerade ihr Wunschpartner. Die hübsche Zarentochter wurde von ihrem Vater Zar Nikolaus I. vielmehr zwangs-

verheiratet und war damit ein Opfer des machtpolitischen Kalküls der damaligen Herrscher geworden. Die Ehe stand deshalb von Anfang an unter keinem guten Stern. Das Paar blieb kinderlos und die Königin zeitlebens unglücklich. Nach Olgas Tod fiel die Anlage in einen jahrzehntelangen Dornröschenschlaf, bis sie schließlich vom Forstamt Bebenhausen wiederhergestellt und 1977 im Rahmen des 500-jährigen Universitäts-Jubiläums der Öffentlichkeit übergeben wurde.

Tipp

Entlang des mit Dinosaurier-Symbolen markierten Weges führt der Geologische Lehrpfad Kirnberg und informiert über die Geologie des Gebietes. Wem das zu theoretisch ist, der kann ein Buch von Eduard Mörike auf die Tour mitnehmen und beim Lesen seiner romantischen Texte an die unglückliche Königin Olga denken, die den schwäbischen Lyriker und Erzähler zeitlebens verehrte. Es bietet sich auch an, einmal über das enge und freundschaftliche Verhältnis zwischen den russischen Zaren und dem Hause Württemberg nachzudenken. Denn Olga war nicht die einzige Königin von Württemberg mit russischen Wurzeln.

MONDSCHEIN-TOUR –
wenn nachts ein Käuzchen ruft

89

Lage
Bebenhausen

Tour
Für eine Mondscheintour eignet sich jeder Teil des Schönbuchs – auch der Waldrand. Für Ungeübte ist eine einfache Tour am besten. Wer zum Beispiel von Bebenhausen in das Große Goldersbachtal und denselben Weg wieder zurück geht, kann sich kaum verlaufen. Bei der Teufelsbrücke, also am Schnittpunkt vom Großen und Kleinen Goldersbach, ist das Tal bei Vollmond atemberaubend schön. Wer möchte, geht dann noch weiter bis zum Soldatengrab. Dafür aber angesichts der Länge von insgesamt rund 14 km mindestens 3,5 Stunden Zeit einplanen.

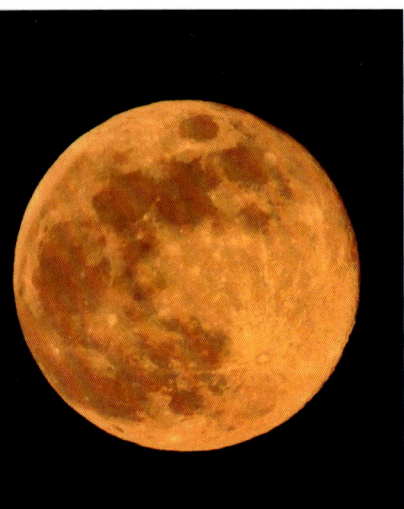

Eine Nachtwanderung im Schönbuch kann ein einmaliges Erlebnis sein. Natürlich sollte man den Weg sehr gut kennen, sich ihn am besten tagsüber schon mehrfach gut eingeprägt haben. Keinesfalls sollte sich ein Nachtwanderer auf GPS-Geräte verlassen, denn in vielen Teilen des Schönbuchs gibt es einen sehr schlechten oder gar keinen Netzempfang. So gibt es immer wieder Berichte über Wanderer, die sich in der Nacht verlaufen haben. Da helfen oft nur sehr lange, beschwerliche und kraftzehrende Umwege, zur Not auch eine Schutzhütte im Wald. Am besten ist es deshalb, an einer geführten Wandertour teilzunehmen. Bei Vollmond ist die Stimmung im Wald besonders reizvoll. Wenn sich die Ruhe der Nacht über den Wald gelegt hat, bekommen Geräusche plötzlich eine völlig andere Qualität. Schon das Rauschen im Blätterwald kann für manchen eine ungewohnte Erfahrung bedeuten. „Da war doch was", sagen immer wieder Unerfahrene und bleiben wie in Schockstarre stehen. Kaum jemand bleibt unbeeindruckt, wenn ein Käuzchen weithin hörbar in den Wald hineinruft. Das gilt noch mehr für das Röhren des Rotwildes zur Brunftzeit. Zur Nachtzeit gibt es weniger Hintergrundgeräusche, umso eindrücklicher wirken dann die Brunftschreie. Doch schon zur Dämmerung liegt über dem Wald eine besondere Magie, wenn die Vögel vor Einbruch der Dunkelheit nochmals auf sich aufmerksam machen und dann langsam verstummen.

Eine Tour bei Nacht ist nach dem Landeswaldgesetz nicht verboten. Allerdings müssen bestimmte Regeln unbedingt eingehalten werden. So dürfen gesperrte Waldflächen und Waldwege auch während der Nacht nicht betreten werden. Diese Regeln dienen auch dem Schutz der Wanderer. Denn der Einschlag oder die Aufbereitung von Holz können stets große Gefahren mit sich bringen. Das gilt erst recht während der Nachtzeit, wenn die Sicht eingeschränkt ist.

Es versteht sich auch von selbst, dass zum Beispiel Forstkulturen oder Pflanzgärten nicht betreten werden. Und die ausgewiesenen Waldruhezonen dienen dem Schutz des Wildes.

Wer also Rotwild sehen möchte, sollte auch ein eigenes Interesse daran haben, die Tiere dort nicht zu stören und ihren Rückzugsraum zu respektieren.

Die einfachste Regel lautet deshalb im Wald: stets auf den Wegen bleiben! Und die zweitwichtigste Regel heißt: Bei Sturm niemals den Wald betreten.

Tipp

Eine Mondscheintour ist bei Schnee besonders reizvoll. Die Tour sollte nach Mondaufgang begonnen werden. Denn wenn der Mond vor Einbruch der Dunkelheit untergegangen ist, hat man vom Mondschein nichts – selbst dann, wenn er voll ist: Es ist besser, einen Halbmond zu sehen, als gar keinen Mond. Überrascht sind viele Nachtwanderer jedoch über die Helligkeit bei Nacht – selbst wenn es wolkenverhangen oder der Mond nicht zu sehen ist. Am eindrucksvollsten ist jedoch eine Tour, wenn der Mond im Zenit steht.

90 FALKNEREI –
Leidenschaft für die edelsten und schnellsten Jäger

Lage
Weil im Schönbuch

Erreichbarkeit
Vanessa Müllers Falknerei „Garuda" liegt in der Lauhwiesenstraße 49 am Ortsrand von Weil im Schönbuch.

Kontakt
Garuda Falknerei
Telefon 07157/6750995, E-Mail: booking@garuda-falknerei.de

Im Büro von Vanessa Müller hängt ein Bild von Kaiser Friedrich II. bei der Jagd mit einem Greifvogel. Der Kaiser (1194–1250) war begeisterter Falkner. Sein Wissen hat er in einer mehrbändigen Buchreihe festgehalten. „Nach seinen Erkenntnissen richtet sich noch heute die Praxis der Falknerei", sagt Vanessa Müller, gelernte Falknerin. Nach dem Studium der Biologie hat sie den Jagdschein für Falknerei gemacht und sich dabei einen Jugendtraum erfüllt. Nachdem sie als Teenager ganz fasziniert einen Film im Fernsehen gesehen hatte, war sie von dieser Leidenschaft gepackt. Kaiser Friedrich II. hätte es nicht schöner sagen können als sie: „Der Falke ist der edelste und schnellste Jäger."

Doch was ist das Geheimnis der Arbeit mit einem Greifvogel? Vanessa Müller beschreibt es so: „Der Vogel muss zurückkommen wollen." Und das ist einfacher gesagt als getan. Ein Falkner oder eine Falknerin muss dem Falken zunächst einmal beibringen, dass der Mensch keine Gefahr für ihn ist. „Wenn er das verstanden hat, gibt es für ihn keinen Grund zu fliehen", betont die junge Falknerin. Und so erschließt sich dann die Möglichkeit, „dem Vogel zu zeigen, was der Mensch will". Dazu müsse man den Charakter der Vögel und ihre Emotionen verstehen. Vanessa Müller: „Man muss mit den Tieren auf Du und Du sein."

Die Falknerei hat sie von der Pike auf gelernt. Sie hat Greifvögel in Neuffen, Kiel und am Chiemsee trainiert. Bei den Vorführungen konnte sie dort zeigen, dass sie die Zusammenarbeit mit ihren Lieblingen perfekt beherrscht. Im Jahr 2014 hat sie dann ihren eigenen Betrieb „Garuda" aufgemacht, exakt in jenem Jahr, indem die Falknerei in Deutschland in das Verzeichnis des immateriellen Kulturerbes der UNESCO aufgenommen wurde. Seitdem lebt sie am Schönbuchrand in Weil im Schönbuch. „Wir sind dort sehr liebevoll aufgenommen worden", betont sie. Als Dankeschön gibt es dafür zweimal im Jahr einen Tag der offenen Tür. Dann wird gezeigt, was die „Kunst mit Vögeln zu jagen" bedeutet. Das war bei Stauferkaiser Friedrich II. nicht anders als bei ihr. Und wie einst vermag sich auch heute jeder geadelt fühlen, der dem Schauspiel dieser Jäger der Lüfte zusehen darf.

Ihre Vögel bezeichnet die Falknerin übrigens als „domestizierte Haustiere". Mit acht Tieren hat sie den Betrieb aufgenommen. Inzwischen haben über 20 Greifvögel bei ihr einen Stammplatz. Sie alle haben gelernt, das Verhalten der Falknerin zu interpretieren. Die Tiere wissen also ganz genau, was von ihnen erwartet wird, wenn die mobile Falknerei zum Einsatz kommt, etwa zum Vergrämen von Tauben oder bei einer Flugschau. Bei Vorführungen auf Märkten und Festen, in Schulen oder Kindergärten ist sie mit ihren Falken, Adlern, Eulen und Bussarden stets ein Publikumsmagnet. Im Gegenzug werden die Tiere für ihre Arbeit belohnt: Sie haben eine große Voliere, fühlen sich bei ihr sicher und bekommen immer etwas zu essen. „Alles hat mit Vertrauen zu tun", sagt die Expertin. Und damit das nicht verloren geht, muss es ihren Greifvögeln gut gehen. Wenn das der Fall ist, geht es auch Vanessa Müller gut.

Tipp

Jedes Jahr am 1. Mai hat die Falknerei „Garuda" einen Tag der offenen Tür. Hier können auch Kinder jene Fähigkeiten üben, die jeder Falkner zur Ausübung seines Handwerks benötigt.

OBSTBAUMBLÜTE AM SCHÖNBUCH-WESTHANG –
ein Fest für alle Sinne

Lage
Breitenholz, Entringen

Tour
Ein möglicher Startpunkt für diese Tour ist in Breitenholz, Abbiegung Raiffeisen-straße/Hohlweg. Den Hohlweg immer bergaufwärts gehend, hat man im Frühjahr nach wenigen Schritten die weiße Blütenpracht von Obstbäumen vor sich. Am Sendemast links halten und in einem Rundbogen in den Wald hinein gehen. Nach wenigen Metern eröffnet sich zwischen alten Baumbeständen hindurch ein traumhaft-schöner Blick in den Schönbuch-Westhang nördlich von Breitenholz. Über einen Hohlweg geht es zum Kayher Sträßle. Dort geht es geradeaus in westlicher Richtung, an der Steighau-Hütte vorbei bis zum Jägergartenweg und einer ehemaligen Sandgrube. Am Sportplatz von Kayh geht es in einem Bogen auf einem kleinen Pfad zurück, bis man wieder zu jenem Hangweg kommt, der bergauf zum Kayher Sträßle genommen wurde. Von dort auf dem gleichen Weg zurück zum Ausgangspunkt. Die Tour ist etwa 5 km lang, es geht aber steil bergauf, weshalb man sich mindestens 3 Stunden Zeit lassen sollte.

Der Schönbuch-Westhang bei Am-merbuch ist ein Naturschutzgebiet der besonderen Art. Damit soll ein fast ununterbrochener Steuobst-wiesengürtel mit mehreren Tau-send Hochstammbäumen unter-halb des Schönbuchtraufs zwischen Tübingen und Herrenberg geschützt werden. Und weil in diesem ein-maligen Kultur- und Lebensraum, der von ehemaligen Weinbergen mit Treppen, Trockenmauern und Steintreppen, sowie Hohlwegen, Hecken und natürlichen Waldrän-dern durchsetzt ist, auch seltene

und artenreiche Tierbestände vor-kommen, werden auch sie gesetz-lich geschützt. Neben Grauspecht und Halsbandschnäpper, Neuntöter und Rotmilan kann man hier auch den Schwarzspecht und den Mit-telspecht antreffen. Auch seltene Schmetterlinge, Reptilien, Amphi-bien, Insekten und Schnecken ha-ben in dem insgesamt 450 Hektar großen Gebiet ihre natürliche Hei-mat und bedürfen des Schutzes vor Zerstörung oder Veränderung. Wer als Wanderer auf den Wegen bleibt, kann die Natur in dem Schutzgebiet dennoch genießen. Am schönsten ist dort eine Tour zur Obstbaum-blüte, dies ist wahrhaft ein Fest für alle Sinne.

Tipp

Zwischen Breitenholz und Entringen wurde das Ammerbucher Gigeleswegle als Premium-Spazierwanderweg aus-gewiesen. Und das Naturschutzgebiet Härensloch zeichnet sich durch einen riesigen Obstbaumbestand aus.

92 BÜCHERBÄUME –
Lesevergnügen im Wald

Lage
Bei Bebenhausen

Tour
Vom Wanderparkplatz Bebenhausen kommend geht es die Goldersbachtalstraße talaufwärts. Den Bücherbaum erreicht man nach einer kurzen Wegstrecke von knapp 1 km linker Hand zwischen Bebenhausen und „Geschlossenem Brunnen".

Der Bücherbaum im Goldersbachtal bei Bebenhausen erfreut sich großer Beliebtheit. Wer ein Buch übrig hat, kann es dort einstellen. Wer ein interessantes Buch hier findet, kann es mitnehmen – und das alles kostenlos und ohne jeden bürokratischen Aufwand. Grundmodell dafür ist ein „Bookcrossing" genanntes weltweites Experiment, das nichts anderes bedeutet, als die kostenlose anonyme Weitergabe von Büchern. „Wenn du deine Bücher liebst – lass sie frei", verkündete einst ein Journalist in der altehrwürdigen New York Times. Inzwischen werden rund um den Globus nach diesem Muster Bücher verschenkt – auch im Schönbuch. Gerade zur wärmeren Jahreszeit kann man immer wieder Interessierte beobachten, wie sie sich an dem schmucken Aufbewahrungsort in ein Buch vertiefen, um es – umgeben von alten Bäumen und dem Rauschen des Baches – zu lesen.

Manche nehmen das Buch dann mit, lesen es zu Hause zu Ende und bringen es zu einem späteren Zeitpunkt wieder zurück. Und wenn es einem so gefällt, dass man es nicht zurückbringen möchte? Auch gut! Denn immer wieder wird der Bestand aufs Neue aufgefüllt, wenn jemand von zu Hause Bücher mitbringt und dort einstellt.
So kann man Ernstes und Heiteres finden, reine Unterhaltungsliteratur und Klassiker, Reiseliteratur und Kinderbücher, sogar Lehrbücher zu Musik und Mathematik wurden dort schon weiterverschenkt. Der Bücherbaum im Goldersbachtal gleicht einer geisteswissenschaftlichen Fakultät im Miniaturformat. Allein ein Blick auf die Buchtitel und ihre wahllose Zusammenstellung kann zum Schmunzeln verleiten. Und wer möchte, kann gleich neben dieser Waldbücherei eine Leseprobe machen. Lesen im Buchenwald passt ohnehin gut zu-

sammen. Dazu lädt ein rustikaler Tisch mit zwei Bänken ein.

Möglicherweise kommt man ja bei der Lektüre an Ort und Stelle auch auf die Idee, beim nächsten Mal ein eigenes Buch weiterzugeben, bevor es im heimischen Bücherschrank verstaubt. Man kann schließlich nicht nur ein Auto beim Carsharing mit anderen teilen, sondern auch ein Buch. Ein Schmuckstück hineinstellen und ein anderes mitnehmen – das trifft den Zeitgeist, weil es auch ein kleiner Beitrag zur Nachhaltigkeit und zum Umweltschutz ist.

Nach der Devise „Tue Gutes und schweige", kommen immer mehr Bücherfreunde auf die Idee, den Bücherbaum im Schönbuch mit interessantem Stoff zu füttern.

Weitere Bücherbäume gibt es beim Forsthof Tübingen am Bettelweg und bei der Goldersbachklause im unteren Goldersbachtal.

Tipp

Wer auf den Spuren der Literatur unterwegs sein möchte, kann in Bebenhausen das Mörikehaus aufsuchen. Übrigens: Die Gruppe 47, eine lose Vereinigung deutschsprachiger Schriftsteller nach dem Zweiten Weltkrieg, tagte 1953 und 1955 im Kloster Bebenhausen.

STREUOBSTWIESEN BEI MÖNCHBERG –

ein Blütenmeer, soweit das Auge reicht

93

Lage
Herrenberg, Stadtteil Mönchberg

Tour
Die Tour beginnt an der Mönchberger Obstvermarktungshalle. Danach immer dem Zeichen mit dem Apfel folgen. In Richtung Schönbuchtrauf führt der Weg durch eine Walnussbaum-Allee. Nach einem steilen Anstieg erreicht man die „Köhler-Eiche", die zu Ehren von Altbundespräsident Horst Köhler gepflanzt wurde. Er hatte sich – zusammen mit anderen – erfolgreich gegen eine Mülldeponie am Schönbuchrand zur Wehr gesetzt. Von dort kann man den Weg bergauf zum Panoramaweg mit Blick zur Schwäbischen Alb oder den bergabwärts führenden Mönchberger Rundweg nehmen. Die Tour ist etwa 3 km lang. Bis zur Köhler-Eiche geht es allerdings steil bergauf. Daher mindestens 2 Stunden Zeit einplanen.

„Schaffa ischt a G'schäft" – heißt es im Schwäbischen. Und jeder Bewirtschafter einer Streuobstwiese weiß, was damit gemeint ist: viel Arbeit, wenig Lohn. Doch das ist nur die eine Seite der Medaille. Denn Streuobstwiesen liefern nicht nur ungespritztes Obst und reinen Saft zum eigenen Verbrauch, sie prägen auch das Orts- und Landschaftsbild. In Mitteleuropa zählen sie zu den artenreichsten Biotopen und zur Blütezeit im Frühjahr sind sie eine wahre Augenweide.

Über 5 000 Tier- und Pflanzenarten sind hier auf den Streuobstwiesen bei Mönchberg beheimatet. Und jeder Betreiber einer Streuobstwiese darf sich mithin als Naturschützer fühlen. Meist werden die Wiesen nur zweimal im Jahr gemäht. Das erleichtert einerseits die Arbeit für die Betreiber. Andererseits wird gleichzeitig durch die Mahd nach der Blütezeit das Wachstum der Pflanzen begünstigt.

Käfer, Wildbienen, Wespen, Hummeln oder Spinnen profitieren vom Artenreichtum einer Streuobstwiese. Viele Vögel haben in diesem Naturparadies ihren Lebensraum. Hier findet man das ganze Vogel-

ABC: von der Amsel bis zum Zaunkönig. Wichtig sind die Streuobstwiesen gerade auch für bedrohte Vogelarten wie Halsbandschnäpper, Wendehals oder Steinkauz. Vor allem sie profitieren von der extensiven landwirtschaftlichen Nutzung.

Apfel-, Birnen-, Kirschen- und Zwetschgenbäume prägen das Bild vieler Streuobstwiesen. Rund um Mönchberg kommt jedoch noch eine Rarität dazu: eine Walnussbaum-Allee. Für jeden, der den asphaltierten Weg hinauf zum Schönbuchtrauf geht, ist unmittelbar ersichtlich, dass die dortigen Streuobstwiesen auch einen wichtigen Beitrag zum Schutz gegen Bodenerosion leisten. Der Mönchberger „Streuobsterlebnisweg" liegt am Westhang des Schönbuchs in landschaftlich reizvoller Lage. Einzig der Lärm durch die nahe Autobahn 81 erweist sich als kleiner Störfaktor in dieser idyllischen Umgebung.

Tipp

Ein besonderer Augenschmaus sind Streuobstwiesen zur Blütezeit im April. Ein Spaziergang zur frühen Tageszeit bereichert die Tour zusätzlich mit einem Vogelkonzert.

94

BROMBERG-RUNDE –
heilsamer Waldumbau
nach wilden Stürmen

Lage
Südlich von Altdorf.

Tour
Zum Wiebke-Gedenkstein geht es los am hinteren Parkplatz Franzensträßle. Von dort in südlicher Richtung zum Brombergebenesträßle. An der Wegegabelung beim Mammutbaum rechts halten und stets bergauf bis zur Schautafel zum Bannwald Silbersandgrube gehen. Von dort geht es in westlicher Richtung nach rund 1 km zur Grillstelle Bromberg-Ebene und weiter bis zum Wiebke-Gedenkstein. Nun den Weinweg in südwestlicher Richtung weitergehen zum höchsten Punkt des Schönbuchs – dem 582,6 m hoch gelegenen Bromberg, auf den allerdings keine Hinweistafel verweist. Vom Weinweg aus geht es die erste Möglichkeit im 90-Grad-Winkel in östlicher Richtung auf den Schneißenweg. Auf diesem Weg bleiben, vorbei am Entringer Stein und Birkensee, bis man nach etwa 3 km die Einsiedelei erreicht. Von dort aus geht es wieder in nördlicher Richtung weiter bis zur Schautafel zum Bannwald Silbersandgrube. Ab hier geht es nur noch talwärts zum Ausgangspunkt zurück. Der schöne, etwa 8,5 km lange Rundweg auf der Bromberg-Höhe lässt kaum mehr erahnen, welche Schäden die Stürme hier angerichtet haben.

Das Wetter kommt aus dem Takt. Lange Trockenperioden, dann wieder starke Niederschläge, Hagel und schwere Sommergewitter. Auch die Jahreszeiten mit bislang verlässlichen Temperaturen scheinen mehr und mehr miteinander zu verschwimmen. Insgesamt steigen die Temperaturen an: Die Winter werden wärmer, die Sommer heißer. Wetterextreme werden immer wahrscheinlicher. Die Zahl der Orkane nimmt inzwischen auch in Deutschland zu. Immer häufiger verwüsten schwere Stürme mit Windgeschwindigkeiten von teilweise über 200 Kilometern pro Stunde ganze Landstriche, hinterlassen Chaos und auch Tote.

Auch der Schönbuch war von solchen Wetterextremen schon mehrfach betroffen. Die Unwetter „Wiebke" und „Lothar" hinterließen eine Spur der Verwüstung. Durch diese unbändige Urgewalt knickten unzählige Bäume wie Streichhölzer um oder wurden komplett entwurzelt. Besonders bitter: Bei den Aufräumarbeiten von Sturmholz kam der 21-jährige René Rosenmayer ums Leben. Sein Tod hätte möglicherweise verhindert werden können, wenn die Arbeiter nicht zur Akkordarbeit angetrieben worden wären. Ein Gedenkstein am Ersatzweg (südlich der B 464 beim Kreisverkehr nach Dettenhausen) erinnert an sein viel zu kurzes Leben: „Verunglückt bei der Sturmholzaufarbeitung nach dem Orkan Lothar", heißt es dort in Stein gemeißelt.

Bei beiden Orkanen wurden ganze Waldgebiete zerstört. Besonders leichtes Spiel hatte der Sturm mit den flach wurzelnden Fichten. An den exponierteren Stellen waren jedoch auch Laubbäume betroffen. Auf dem Bromberg erinnert ein Gedenkstein an den Orkan „Wiebke", der am 1. März 1990 den Schönbuch mit brachialer Gewalt traf und 350 Hektar Fichtenwald innerhalb kurzer Zeit umlegte. Der als „Jahrhundertsturm" bezeichnete Orkan „Lothar" hinterließ sogar noch größere Schäden. Er traf den Schön-

AM 1. MÄRZ 1990
WÜTETE DER
JAHRHUNDERTSTURM
WIEBKE IM
STAATL. FORSTAMT
BEBENHAUSEN.
DER STURM UND DIE
BORKENKÄFERKALAMITÄT
DER TROCKENEN U. HEISSEN
FOLGEJAHRE ZERSTÖRTEN CA. 80 HA.
MEIST FICHTENWALDER.

buch am 26. Dezember 1999 mit voller Wucht. Riesige Kahlflächen waren danach die Folge, rund eine Million Festmeter Holz lagen danach wie Mikadostäbchen kreuz und quer im Wald. Der Orkan-Lothar-Stein auf dem Bezenberg ruft diese Naturkatastrophe in Erinnerung.

Im Waldbau wird seitdem umgesteuert: Weg von der Monokultur, hin zum naturnahen Mischwald, heißt die Devise. Der Wald soll sich natürlich entwickeln können. Den tendenziell zunehmenden Stürmen dürften die heimischen Laubbäume besser gewachsen sein. Aktuell gibt es im Schönbuch wieder mehr Laubbäume als Nadelbäume. Bei den Nadelbäumen selbst ist die Douglasie stark im Kommen. Und bei den Laubbäumen ist die Buche nach wie vor die Hauptbaumart im Schönbuch.

Tipp

Das Plateau auf dem Bromberg hat eine Entsprechung auf dem nicht ganz so hoch gelegenen Steingart auf der südlichen Seite des Goldersbachtals. Auch dort führt ein Rundweg über die Höhen des Bergrückens.

STEINGART-RUNDE –
wo einst der Auerhahn balzte

95

Lage
Bei Entringen

Tour
Der Steingart ist von vielen Seiten aus erreichbar. Hier wird der Weg von Entringen aus beschrieben. Vom Parkplatz „Saurucken" geht es noch vor dem Wildgehege den Klebweg entlang in nördlicher Richtung. Dieser geht in den Winterweg über. Am Arabrunnen vorbei geht es zunächst in östlicher Richtung weiter. Dann auf den Sommerstichweg wieder in nördlicher Richtung abbiegen. Bei der Kaiser-Linde das Kayher-Sträßle überqueren und nun steil bergauf zum Ringweg gehen. Diesem schließlich so lange folgen, bis man wieder zum Anfangspunkt des Ringweges kommt. Über die Königsjagdhütte, den Alten Jagdhüttenweg, den Sohl- und Dickneweg geht es zum Wildgehege und von dort aus zum Parkplatz zurück. Die Tour ist rund 10 km lang. Zum Steingart hinauf sind rund 100 Höhenmeter zu überwinden. Diese Tour ist anspruchsvoll und deshalb besonders für wandererprobte Familien geeignet.

Im Schönbuch gab es einst Auerwild. Noch zu Beginn des 20. Jahrhunderts konnte sich auf der Hochfläche des Steingart eine kleine Population dieser seltenen Waldvögel halten. Heute kann dort jedoch kein Auerwild mehr beobachtet werden. Geblieben ist dennoch die Faszination für die 566,1 Meter hohe Erhebung des Steingart – und das hat keinesfalls nur mit der Königlichen Jagdhütte zu tun, für deren Erbauung der damalige Kronprinz Wilhelm und spätere württembergische König Wilhelm II. keinen schöneren Platz im Schönbuch hätte finden können.

Rings um das Oval der Hochebene führt ein Weg und gibt den Besuchern immer wieder den Blick in die Ferne frei. Von diesem Ringweg aus sieht man nach Süden hin über die Wurmlinger Kapelle hinweg zum Albtrauf. Nach Norden hin lugt zwischen alten Buchen hindurch immer wieder der Nachbar herüber, der mit 582,6 Metern etwas höhere Bromberg.

Die Natur könnte man hier oben fast als mediterran bezeichnen: Das Grün der hohen Kiefern und alten Lärchen kontrastiert mit dem Weiß der schlank gewachsenen Birken. Binsengräser säumen den Weg. Auf dem Hochplateau weht meist eine frische Brise. Die Bäume werden hier oben leicht Opfer von Naturgewalten. Die Stürme „Wiebke" und „Lothar" hinterließen ihre Handschrift. Heute wird dort Naturverjüngung praktiziert und die Birke ist dabei die Pionierbaumart.

Im östlichen Teil lassen riesige Farne Erinnerungen an tropische Gebiete aufkommen. Selbst mit einer Machete würde es hier kaum ein Durchkommen geben. Malerisch tut sich dagegen ein ehemaliger Steinbruch auf. Er würde sich als Kulisse für einen Wildwestfilm oder auch für einen Lokalkrimi eig-

nen. Im ehemaligen Steinbruch wachsen Brombeeren und Ginster, Binsengras und Buchenstöcklinge. Die dortige Abbruchkante wird von einer Birkenkulisse gesäumt. Auch Heidelbeeren gibt es auf dem Steingart-Plateau – und damit genau jene Bodenvegetation, die einst dem Auerwild ausgezeichnete Nahrungsgrundlage war.

Tipp

Ein Aufenthalt bei der Königlichen Jagdhütte bietet sich an. Dort gibt es auch eine Grillstelle.

96 SIEBENMÜHLENTAL –
Naherholungsgebiet am rauschenden Bach

Lage
Zwischen Waldenbuch und Musberg.

Tour
Los geht es bei der Burkhardtsmühle auf dem zwischen Waldenbuch und Neuenhaus beschilderten Parkplatz „Siebenmühlental". Von hier aus geht es immer dem Radweg entlang bis zur Oberen Mühle bei Musberg und von dort wieder zurück. Die Tour hin und zurück ist etwa 20 km lang. Dafür als reine Gehzeit mindestens 4 Stunden einplanen.

Viele Familien nutzen die ebene, asphaltierte Trasse auch für eine Fahrradtour, die sich auch für Fahrradanhänger eignet. Weil es entlang des Weges zahlreiche Einkehrmöglichkeiten gibt, sollten auch dafür mindestens 4 Stunden eingeplant werden.

Das Reichenbachtal ist eines der schönsten Täler rund um den Schönbuch. Entsprechend hoch frequentiert ist die Trasse, die durch dieses liebliche Tal führt. Besser bekannt ist dieses Naherholungsgebiet unter dem Namen Siebenmühlental – einst standen hier nämlich sieben Mühlen. Als das Müllerhandwerk ein gutes Geschäft versprach, stieg die Anzahl der Mühlen bis zu Beginn des 20. Jahrhunderts auf elf – aber da hatte die Region als „Siebenmühlental" schon längst seinen Markennamen gefunden. Und dieser gilt heute noch, auch wenn längst nicht mehr alle Mühlen am rauschenden Bach klappern.

Die Gebäude von elf ehemaligen Getreide- und Sägemühlen sind jedoch erhalten geblieben, die meisten davon werden auch genutzt. Und weil das Siebenmühlental alljährlich von Tausenden Besuchern aufgesucht wird, verspricht der Tagestourismus ein gutes Geschäft für die Betreiber: Auf der rund zehn Kilometer langen Strecke gibt es fünf Gastwirtschaften, die in den historischen Mühlen eingerichtet wurden. Eine Einkehr ist also im Schnitt alle zwei Kilometer möglich – verhungern oder verdursten muss also niemand, der sich hier auf den Weg begibt. Doch an manchen Tagen, so zum Beispiel am 1. Mai, am 2. Sonntag im Mai (Mut-tertag) und an Christi Himmelfahrt (Vatertag) ist die Nachfrage in den Gaststätten so groß, dass extrem lange Wartezeiten in Kauf genommen werden müssen. Wer es also etwas ruhiger möchte, sollte zumindest diese Feiertage meiden.

Seine Reize zeigt das Siebenmühlental ohnehin nicht nur mit den historischen Mühlen und den darin eingerichteten Gaststätten. Es lohnt auch, den Blick auf die Talauen und den mäandernden Reichenbach zu richten, oder am besten zu ihm hinabzusteigen. Denn dort finden über 200 Pflanzenarten, 80 Vogelarten sowie zahlreiche Reptilien- und Amphibienarten einen geschützten

Lebensraum. Nicht ohne Grund ist das Siebenmühlental als Naturschutzgebiet ausgewiesen.

Der Wanderweg verläuft übrigens auf einer ehemaligen Eisenbahntrasse der Deutschen Reichsbahn. Und so kommt man auch am ehemaligen Bahnhof Steinenbronn vorbei, auf den noch die Originaltafeln aufmerksam machen. Zum Betrieb der von 1926 bis 1955 fahrenden Eisenbahn wurden zu Beginn des 20. Jahrhunderts mehrere Viadukte gebaut – allesamt architektonische Meisterwerke. Sie fügen sich so harmonisch in das Gesamtensemble der Natur ein, dass das ganze Tal wie die Vorlage für nachzubauende Modelleisenbahnen erscheinen könnte. Vielleicht stellt sich deshalb mancher Besucher vor, wie auf der ehemals nicht-elektrifizierten Strecke, die mit Kohle und Dampf betriebenen Züge durch das beliebte Naherholungsgebiet fuhren: Eisenbahnromantik pur, auch wenn diese Zeit im Siebenmühlental längst der Vergangenheit angehört.

Tipp

Viele Besucher bevorzugen auf der asphaltierten Strecke im Siebenmühlental das Fahrrad. Wer es ihnen gleich tun will, lässt die Wanderstiefel zu Hause, und steigt stattdessen aufs Fahrrad um.

LEGENDEN UND SAGEN
IM SCHÖNBUCH –
mystische Verklärungen

97

Lage

Parkplatz Ranzenpuffer, südwestlich von Dettenhausen.

Tour

Wir starten beim Parkplatz Ranzenpuffer. Von dort erreicht man nach etwa 300 m die Schlagbaumlinde. Weiter in westlicher, später südwestlicher Richtung auf der Troppender-Wasen-Allee gehen wir bis zum Altdorfer Sträßle. Diesem nordwestlich hinab ins Tal folgen und den Goldersbachtalweg bei der Grillstelle queren. Dann auf dem Pfad steil bergauf gehen, das Glashausträßle queren. Bei der Hubertuseiche kommen wir auf den Steinigen Weg. Diesem in südlicher Richtung folgen und bei nächster Gelegenheit über einen Verbindungsweg nach rechts zum Schneißenweg wechseln. Dort geht es zunächst in südlicher Richtung zur Einsiedelei. Dann bleiben wir in nordwestlicher Richtung immer auf dem Schneißenweg. Den Birkensee rechts liegen lassen und auf das Häusletriebsträßle wechseln. Diesem folgen bis zum Eselstrittweg. Dort sehen wir die Sandsteinplatte mit der eingemeißelten Eselsfährte. Über das Häusletriebsträßle in südwestlicher Richtung etwas talwärts wieder zum Steinigen Weg gehen. Diesem in westlicher Richtung bis zum Glashausträßle folgen. Etwa 100 m nach der Kreuzung führt ein schmaler, kaum sichtbarer Pfad steil nach unten. So erreicht man die Teufelsbrücke. Dann geht es den Kleinen Goldersbach entlang bis zum Grillplatz am Altdorfer Sträßle. Von dort aus gehen wir denselben Weg über die Troppender-Wasen-Allee und das Dettenhäuser Sträßle zurück zum Ausgangspunkt am Parkplatz Ranzenpuffer.

Die rund 20 km lange Tour ist anstrengend und erfordert sehr gute Kondition. Sie kann aber problemlos in Etappen gegangen werden, zum Beispiel vom Parkplatz Ranzenpuffer über das Kleine Goldersbachtal zur Teufelsbrücke und denselben Weg wieder zurück (6 km).

Zahlreiche Legenden und Sagen ranken sich um den Schönbuch. Bei genauerem Hinsehen entpuppen sie sich jedoch als mystische Verklärung oder schlicht als bewusste Falschinformation. Manche Begebenheit wurde durch die mündliche Weitergabe über lange Zeiträume immer weiter verfälscht. Meist lassen sich die Wurzeln einer Ge-

schichte nicht mehr rekonstruieren. Mancherorts lässt sich allerdings noch nachvollziehen, wie verdreht manche Fakten weitergegeben wurden. So zum Beispiel bei Recherchen zum Vogtstein, der im Kirnbachtal steht. Angeblich wurde dort der Bauer Vogt aus Walddorf nach dem Verkauf von Ochsen überfallen, seines Geldes beraubt und ermordet. Tatsächlich wurde ein Mann mit gleichem Namen – allerdings aus Lustnau und nicht aus Walddorf – von einer Buche erschlagen. Doch anscheinend kam die Geschichte vom Raubmord bei den Zuhörern so gut an, dass sie in den Sagen und Legenden des Schönbuchs gleich

zweimal auftaucht. Auch bei Hagelloch soll nach „volkstümlicher Überlieferung" ein ortsansässiger Bauer nach dem Verkauf von Ochsen auf dem Heimweg überfallen und umgebracht worden sein.

Unglaubwürdig ist auch die Geschichte vom Einsiedler, der zu nächtlicher Stunde eine Brücke aufsucht, um dort den Teufel zu beschwören.

Gut erzählt – aber historisch unmöglich haltbar – ist auch folgende Geschichte: Jesus selbst soll auf einem Esel an Altdorf vorbeigeritten sein, wobei sein Esel einen Hufabdruck im Gelände hinterlassen habe. Als Zeichen des vermeintlichen Wahrheitsgehalts ließ der damalige Oberförster Johannes Andreas Vogelmann in einer Sandsteinplatte einen Hufabdruck einmeißeln. Vogelmann nimmt dabei Bezug auf die sogenannte Gadnerkarte „Tibinger Vorst Schambuech" von 1592, wo der Eselstritt tatsächlich vermerkt ist. Doch mit dieser Bezeichnung war mit großer Wahrscheinlichkeit schlicht jener Weg gemeint, den dort einst schon die Römer benutzt haben.

Den Hintergründen der Legende kommt man wohl etwas näher, wenn man sich den damaligen Aufgaben Vogelmanns zuwendet. Er war mit der Wiederaufforstung betraut und musste Forstbestimmungen erlassen, die die Bevölkerung aus dem Wald heraushalten sollte.

Hilfreich waren dabei auch mystische Verklärungen. Speziell für den Schönbuch wurde die Mär vom Ranzenpuffer erfunden. Danach tauchte immer wieder eine Gestalt auf, deren vornehmste Aufgabe darin bestand, Menschen zu erschrecken, um sie so auf dem von der Obrigkeit als richtig erachteten Weg zu halten. Ein Parkplatz wurde nach der Figur benannt.

Tipp

Walter Hahn hat in seinem Buch „Eine Wanderung durch den Schönbuch" weitere Sagen und Legenden des Schönbuchs zusammengetragen.

98 GNOME, WICHTEL, KOBOLDE –
schummrige Plätze im Schattenreich

Lage
Bei Bebenhausen

Tour
Beim Kloster in Bebenhausen parken und immer in nördlicher Richtung zum Böblinger Sträßle gehen. Vorbei am Schwarzwildgehege geht es steil bergauf bis zum Widenmann-Denkmal. Dort weiter in westlicher Richtung auf dem Bretterzaunweg, der später in nördlicher Richtung in den Kohlhauweg übergeht. Nach einer Linkskurve geht es ein kurzes Stück bergauf bis zu einer ehemaligen Futterhütte. Dort dem Pfad in östlicher Richtung folgen. Etwa 10 m vor dem Hochsitz erreicht man linker Hand das wie ein Bunker aussehende Gebäude. Wieder zurück zur Hütte dem Weg in nordöstlicher Richtung folgen und so auf das Altdorfer Sträßle kommen. Diesem bis auf das Böblinger Sträßle kurz vor dem Brühlweiher folgen. Immer in südlicher Richtung weiter kommt man so wieder zum Ausgangspunkt der insgesamt 6 km langen Tour. Auf dem Hinweg geht es aber beständig bergauf. Deshalb sollten für diese Tour 3 Stunden Gehzeit eingeplant werden.

Was der Wald nicht alles ist: Lebensraum für Pflanzen und Tiere, Erholungsraum für Menschen, Arbeitsraum für Holzarbeiter, Sauerstoffspender, Sehnsuchtsort, Zufluchtsort, Heimat, Schule, Sportstätte, Jagdrevier, Tatort, Mythos, Symbol, Raum für künstlerische Inspiration und vieles mehr. Für manche Menschen ist der Wald hingegen nichts anderes als ein düsterer, Furcht einflößender Ort: tief, dunkel und unergründlich, angeblich Heimat von Elfen, Feen, Gnomen, Wichteln und Kobolden, für die keine mensch-

lichen Regeln und Gesetze gelten. So gesehen, kann man den Wald als bedrohlich wahrnehmen. Ein krasser Gegensatz zum Dorf oder zur Stadt, in denen es klare Linien und rechtliche Vorgaben gibt.

Betrachtet man den Wald hingegen als das genaue Gegenteil der von Menschen geschaffenen Zivilisation, als ein Schattenreich, selbst tagsüber gefährlich, erst recht in der Nacht, so ist es kein Wunder, dass nach einer Umfrage in Deutschland viele Menschen den Wald meiden: 37 Prozent gehen selten in den Wald, 16 Prozent nie. „Im Wald, da sind die Räuber", heißt es schließlich auch in einem Volkslied. Befeuert wurde früher diese negative Wahrnehmung des Waldes durch die oft düstere Darstellung in deutschen Märchen. In jüngster Zeit bedienen sich auch wieder mehr Kriminalfilme dieses Klischees: Der Wald wird zu einem unheimlichen und gefährlichen Ort gemacht.

Auch im Schönbuch gibt es schummrige Plätze, deren Sinn sich nicht auf Anhieb erschließt. So steht ein Gebäude wie ein verlassenes Hexenhaus versteckt im Wald, das selbst viele Schönbuch-Kenner noch nie gesehen haben. Wer sich diesem Relikt aus vergangener Zeit von der falschen Seite nähert, muss sich durch ein dichtes Gestrüpp von Sträuchern, Brennnesseln und Brombeerhecken kämpfen. Das Ein-Raum-Häuschen hat eine Größe von etwa 3 Meter × 4 Meter, die Wände

gleichen einem gewöhnlichen Gebäude. Innerhalb des Betonklotzes
deutet nichts auf Lebewesen hin. Es
ist ein verlassener Ort, der das Geheimnis einer morbiden Vergangenheit in sich zu tragen scheint. Ein
paar alte Dachziegel lagern darin,
ansonsten hat der Raum keinen er-
kennbaren Zweck. Die Eingangstüre
ist zerfallen, gegenüber sieht man
ein kleines Schlupfloch. Sechs Lüf-
tungsrohre sind noch gut erhalten,
ein Abluftrohr wurde in die Decke
eingebracht. Über ihr liegt eine etwa
30 Zentimeter dicke Erdschicht, die
von Moos und Gras bewachsen ist.
Das bunkerähnliche Haus liegt still
da, eingebettet in die Landschaft. An
der Längsseite ist es kaum zu erkennen, und an der Frontseite sind
noch ein paar Steinquader erhalten,
die das Gebäude einst komplett ver-
stellt haben könnten.

Eine eigenartige Stille liegt über
diesem Bauwerk, das im grünen
Wald fremd und surreal wirkt. Wer
mag sich hier versteckt haben?
Und: War dieses wie ein Bunker
aussehende Häuschen überhaupt
in der Lage, Schutz und Sicherheit
vor feindlichen Angriffen zu bieten?
Mit etwas Fantasie kann man sich
das geheimnisumwitterte Gebäude
im dunklen Wald als Tatort für einen Kriminalfilm vorstellen – auch
wenn es einst nichts anderes gewesen ist als ein Rübenkeller, in dem
früher das Winterfutter für das Rotwild gelagert wurde.

Tipp

Im Schönbuch gibt es noch weitere auf-
gegebene Rübenkeller – so etwa am
Sandsteigle südlich des Kayher Sträßle.

KAMELHOF –

keine Fata Morgana: Karawane am Schönbuchrand

99

Lage
Bei Weil im Schönbuch.

Erreichbarkeit
Waldenbucher Straße 99, 71093 Weil im Schönbuch

Ein paar Wanderer trauen ihren Augen nicht, als eine kleine Kamelkarawane am Schönbuchrand vorbeizieht: „Das gibt's doch nicht", sagt einer von ihnen ganz irritiert. Das gibt es aber doch – seitdem Claudia Fröhlich vor neun Jahren damit anfing, einen kleinen Kamelhof bei Weil im Schönbuch zu betreiben.

Fünf Trampeltiere nennt sie ihr Eigen. Sie alle tragen orientalisch klingende Namen: Djabi, Zabo, Xalsar, Ballou und Badcha. Ob das mit

ihrer Liebe zum Orient oder mit Afrika zu tun hat? Die Tierliebhaberin verneint. Zwar würde sie gerne einmal nach Tunesien reisen. „Doch bei so vielen zu betreuenden Tieren fällt ein Urlaub meist flach", sagt Claudia Fröhlich, die im Hauptberuf Kraftfahrzeugmechanikerin ist. Neben den Trampeltieren gehören ihr auch noch vier Lamas und vier Esel. Das macht jede Menge Arbeit, die, so betont sie, ohne freundliche Unterstützung ihrer Familienangehörigen nicht zu leisten wäre.

Der von ihr betriebene Kamelhof hat also auch viel mit persönlichem Verzicht zu tun. Doch diese Entbehrung wird durch die Liebe zu ihren Tieren aufgewogen. Folgerichtig hat sie auch nur positive Attribute für ihre Trampeltiere parat: „Sie sind sehr intelligent und haben ein Gedächtnis

wie ein Elefant." Und das ist längst nicht alles. Als die grundlegendste Eigenschaft eines Kamels bezeichnet sie deren Sensibilität. „Aber", so fügt sie im gleichen Atemzug hinzu, „sie können auch sehr stur sein und bei allem was sie tun, sind sie sehr langsam." Der Umgang mit diesen Tieren erfordere deshalb Nachsicht und Geduld. Das ist jedoch kein Problem für Claudia Fröhlich. Sie hat die Kamele von schlecht geführten Ställen gekauft und letztlich vor dem Schlachter gerettet. Und nun stehen sie in ihrer erhabenen Schönheit da – nicht im Zirkus und auch nicht auf dem Kamelmarkt in Casablanca oder in Marrakesch, sondern auf einem sehr gepflegten Hof vor den Toren des Schönbuchs. Die Tiere geben ihr mehr, als sie ihnen zurückgeben kann, sagt sie. Und wenn Kinder zum Kamelreiten kommen, geht ihr Herz erst recht auf. Sie beobachtet dabei das immer gleiche Verhalten: „Zuerst sind die Kinder sehr ängstlich. Doch wenn sie merken, wie ruhig die Kamele sind, fangen sie an, mit ihnen zu kuscheln." Die Streicheleinheiten sind für alle ein Gewinn – für die Kinder und die Kamele. In der liebevollen Beziehung zwischen ihnen wird deren Größendifferenz unbedeutend. Die Kinder bürsten und streicheln die Tiere, beobachten sie beim Fressen – pro Tag benötigen diese zwischen fünf und sechs Kilogramm

Heu und Stroh – und sind erstaunt, wie viel Wasser ein Trampeltier trinken kann – pro Tag eine Badewanne voll. Nicht wenige sind überrascht, wenn sie erfahren, dass klirrende Kälte den Kamelen nichts ausmacht. „Von minus 40 Grad bis plus 40 Grad halten sie alles aus", sagt Claudia Fröhlich. Sie hat sogar schon beobachtet, dass ihre Tiere ein Bett im Schnee dem Schlaf im Stall bevorzugt haben. Auch die heiße Sonne kann ihnen nichts anhaben. „Doch wenn sie die Möglichkeit haben, in den Schatten zu gehen, dann machen sie davon Gebrauch."

Und natürlich sind nicht nur Kinder, sondern auch Erwachsene beeindruckt, wenn sie auf einem Kamel reiten dürfen. Auf einer Leiter wird aufgestiegen, ein Helm ist Pflicht.

Claudia Fröhlich indessen reitet selten: „Ich bin Führerin und Bodenarbeiterin, da habe ich mehr Kontakt zu den Tieren", erklärt sie. Dann zieht sie mit den Kamelen und deren menschlicher Fracht los. Zwischen Waldenbuch und Weil im Schönbuch geht es in den Wald hinein. Und wieder staunen ein paar Wanderer am Wegesrand. Nein, sie sehen keine Fata Morgana, eine kleine Kamelkarawane zieht tatsächlich unmittelbar vor ihren Augen vorbei.

Tipp

Wer für eine andere Kamelart, die Alpakas, etwas übrighat, kann die Alpakafarm Schaber in Nürtingen-Neckarhausen aufsuchen.

OASE WEIL –
damit Kinderherzen höherschlagen

100

Lage
Bei Weil im Schönbuch.

Erreichbarkeit
Oase Weil, Waldenbucher Straße 151, Weil im Schönbuch,
Telefon 07157/669850.
Von Weil im Schönbuch auf der Waldenbucher Straße Richtung Waldenbuch.
Nach etwa 3 km weist linker Hand ein Schild auf die Oase Weil.

Die Baumhäuser der Oase Weil sind ein Ferienparadies für Kinder und Familien. Sie liegen in reizvoller Lage am Rande des Naturparks

Schönbuch zwischen Weil im Schönbuch und Waldenbuch. Die Baumhäuser tragen lustige Namen. Sie heißen „Flaschengeist", „Windhexe", „Burggespenst", „Wipfelträumer", „Wetterfee", „Zeitgeist" und „Klabautermann" und machen ihrem Namen alle Ehre. Die Fabelwesen sollen Kinder zum Träumen bringen. Und Kinder waren es auch, die für die Eigentümer der Oase Weil, Hans-Martin Schempp und seine Mitgesellschafterin Usha Bhaskaran, die Initialzündung für dieses Projekt gegeben haben. Sie waren nämlich dabei, als am 20. Oktober 2010 im Europapark Rust rund 3000 Kinder mit prominenten Musikern für Frieden und Verständnis sangen. In Deutschlands größtem Freizeitpark Rust wurde dabei das Projekt „One World Family" erstmals der Öffentlichkeit vorgestellt, das auf die Initiative von Hans-Mar-

tin Schempp zurückgeht. Wie von diesem außergewöhnlichen Chorprojekt beabsichtigt, wollen auch Usha Bhaskaran und Hans-Martin Schempp Brücken zwischen Menschen und Nationen bauen.

Nachdem sie im Dezember 2008 die Möglichkeit hatten, von dem in wirtschaftliche Schieflage geratenen Musicalunternehmer Rolf Deyhle ein 18 Hektar großes Anwesen rund um die Totenbachmühle zu kaufen, war der Entschluss schnell gefasst: Sie planten ein Ensemble von Baumhäusern. Die Idee dazu borgten sie sich von Künstler Jürgen Bergmann, der in Deutschland das erste Baumhaushotel bei Görlitz gebaut hatte. Doch so entschlossen

sie auch ans Werk gingen, so ernüchternd war die Umsetzung der Idee. Zwischenzeitlich ging sogar eine ausführende Baufirma pleite. „Wir haben es dann einfach mit eigenen Mitarbeitern gemacht", zog Unternehmer Schempp die Konsequenz und packte selbst mit an. Und dass die Bauarbeiten dann etwas länger dauerten, ist im Rückblick nicht mehr der Rede wert.

Im Juli 2018 konnten die ersten Gäste probeweise im Baumhaushotel übernachten, im November 2018 war alles fertig. Die Resonanz ist zwischenzeitlich groß. Die Wochenenden sind stets ausgebucht. Und die Betreiber freuen sich: „Bislang gab es noch keine einzige

schaftliche Unternehmen in der Dritten Welt aufgebaut hat, einmal in Indien einen Guru nach dem schnellsten Weg zur Erleuchtung gefragt hat, habe dieser ihm mit einem Satz geantwortet: „Werde wie die Kinder." Und so haben Kinder für die Betreiber des Baumhaushotels den höchsten Stellenwert.

Übrigens bevorzugten diesen Landstrich bereits die Römer. Auf dem Gelände der heutigen Oase Weil erbauten sie einen Gutshof. Diese „Villa Rustica" blieb der Oase Weil als Bodendenkmal erhalten.

Reklamation." Die Anlage steckt voller Anmut und Individualität. Kein Wunder: „Jedes Stück Holz wurde hier handgefertigt", erklärt Hans-Martin Schempp, und Usha Bhaskaran pflichtet ihm bei.

Immer wieder bleiben vorbeikommende Wanderer bei der Anlage stehen und staunen über die Kunst in der Natur. Wie bei dem österreichischen Künstler Friedensreich Hundertwasser gibt es in dieser Anlage kaum eine gerade Linie. Doch die Eigentümer versichern, dass sie beim Erbauen der Baumhäuser nicht von ihm inspiriert worden sind. Sie sollen vielmehr sein wie ein Märchen – denn Märchen spiegeln die Welt der Kinder wider. Und darin steckt Schempps Grundidee. Als der weit gereiste Unternehmer, der schon etliche Waisenhäuser, Sozialprojekte und landwirt-

Tipp

Die Oase Weil wartet mit zahlreichen Vorschlägen zur Erkundung der Umgebung auf: Vom Premiumwandern im Schönbuch bis zum Erklimmen des Schönbuchturms werden die Besucher zu einem bunten Programm angeregt. Mit dabei ist auch der Kamelhof, der sich nur einen Steinwurf entfernt vom Baumhaushotel befindet.

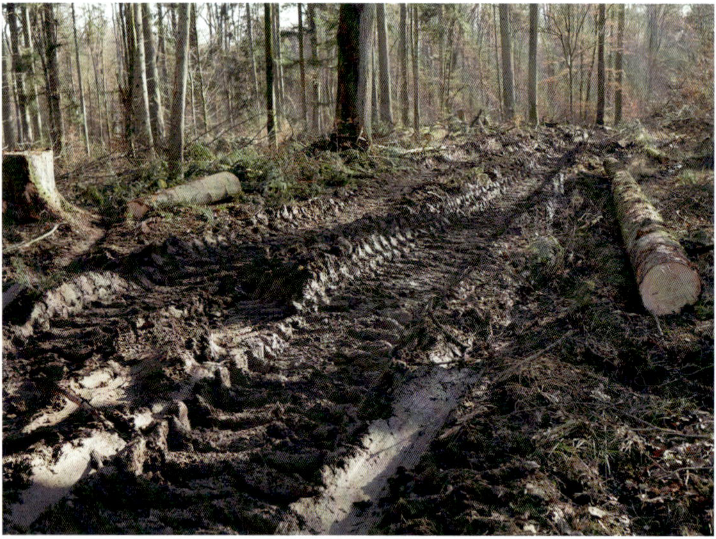

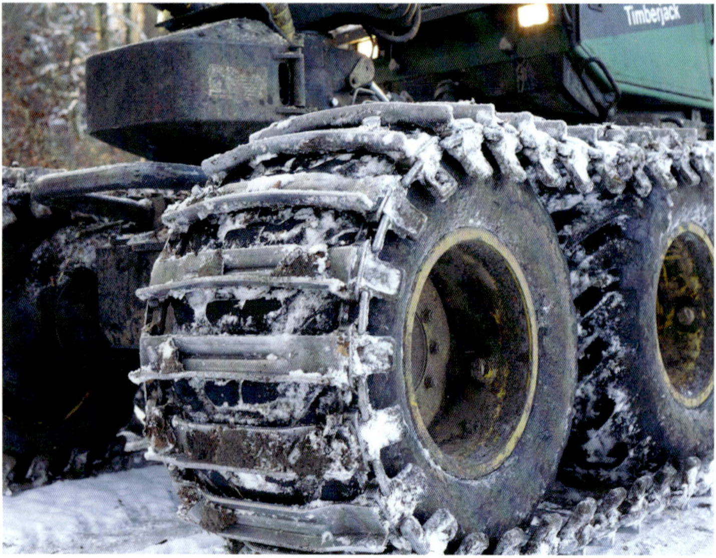
Timberjack

AUF DEN WEGEN DER KRITIKER –
mit der Gondel übers Goldersbachtal?

101

Lage
Weil im Schönbuch, Wanderparkplatz „Weißer Stein"

Tour
Bei einer kurzen, etwa 2 Kilometer langen Tour vom Parkplatz „Weißer Stein"
an der B 464 gehen wir das Tübinger Sträßle in südlicher Richtung bis zur
Schlagbaumlinde und wieder zurück. Dort stehen sich auf einem großen
Teilabschnitt geradezu prototypisch zwei Waldtypen gegenüber: in westlicher
Richtung ein durch natürliche Verjüngung entstandener Mischwald, in östlicher
Richtung eine Nadelbaum-Monokultur, die von den Stürmen „Wiebke" und
„Lothar" verschont geblieben ist. Der Klimawandel hat die Diskussion über
standortgerechte Bäume, über schädliche Insekten und die Waldbrandgefahr
beschleunigt. Den Kritikern liegt aber noch viel mehr auf dem Herzen.

Der Schönbuch genießt allgemein ein sehr hohes Ansehen in der Bevölkerung. Er ist Sport-, Erlebnis- und Erholungsraum für Millionen Menschen, gibt zudem unzähligen Pflanzen und Tieren eine Heimat, dient der regionalen Holzwirtschaft und wurde sogar schon als „Waldgebiet des Jahres" ausgezeichnet. Eine Initiative „Schützt den Schönbuch" sieht den Schönbuch dagegen als Holzfabrik missbraucht und bemängelt insbesondere den Einsatz der tonnenschweren Holzerntemaschinen. Die Kritiker machen darauf aufmerksam, dass die Harvester den Boden verdichten, dabei das sensible Wurzelsystem zerstören und dem Wald unter den Fahrspuren über einen langen Zeitraum die Fähigkeit nehmen, Wasser zu speichern. Unterstützung erhalten die Kritiker von prominenter Seite. Bestsellerautor Peter Wohlleben, selbst gelernter Förster und von seinen Fürsprechern gerne als „Waldpapst" betitelt, geht mit der Forstwirtschaft insgesamt hart ins Gericht. Statt das Ökosystem Wald für die kommenden Generationen zu schützen, werde der Wald als Rohstoffquelle ausgebeutet. Was liegt da näher, als auch den Schönbuchkritikern einfach unkommentiert zuzuhören? Eine Spurensuche im Wald ...

Pro: Der Schönbuch ist ein großes, zusammenhängendes Waldgebiet.

Kontra: Verglichen mit anderen Wäldern, etwa in Nordschweden, ist der Schönbuch eine Pfütze.

Pro: Das Kloster in Bebenhausen gilt als die Perle des Schönbuchs.

Kontra: Schon mal dort gewesen? Viel altes Gemäuer, zerfallende Bausubstanz. Vieles ist renovierungsbedürftig.

Pro: Der Schönbuch zeichnet sich durch ein großes Wegenetz aus.

Kontra: Stimmt. Aber es gibt zu wenig Waldwege, auf denen man in Ruhe spazieren kann. Viele Wege werden geschottert, ausgebaut für die schweren Holztransporter. Davon profitieren vielleicht noch die Radfahrer, nicht aber die Wanderer.

Pro: Der Schönbuch hat drei Bannwälder, Urwälder von morgen.

Kontra: Schön, dass sich die Naturschützer unter den Förstern damit ein noch grüneres Mäntelchen umhängen können. Mit Urwald haben ein paar auf dem Boden liegende Bäume jedoch nichts zu tun. Der Bannwald ist auch insgesamt viel zu klein.

Pro: Der Schönbuch ist ein großes Rotwildgebiet.

Kontra: Das Rotwild wird in einem Gehege gehalten. Wenn das Gatter noch etwas kleiner wäre, wäre es ein Zoo.

Pro: Der Schönbuch liegt in idyllischer Lage vor den Toren Stuttgarts.

Kontra: Der Schönbuch liegt zu dicht am Stuttgarter Flughafen. Selbst nachts hört man hier die Flugzeuge.

Pro: Der Schönbuch ist ein naturnaher Wald.

Kontra: Der Wald im Schönbuch wurde angepflanzt, gezüchtet, Stangen, wohin man schaut. Nach einigen Stürmen gibt es jetzt aber weniger Fichten. Und der Borkenkäfer wird sie weiter dezimieren. Gut so!

Pro: Der Schönbuch wurde als Waldgebiet des Jahres 2014 ausgezeichnet.

Kontra: Der Schönbuch ist ein Waldgebiet, das sich dem Diktat der Holzwirtschaft unterordnet. Mit der Auszeichnung loben die Waldbesitzer sich selbst. Das schmälert den Wert der Auszeichnung.

Pro: Seen, Berge, weite Täler: Das ist der Schönbuch.

Kontra: Wenn man am Baggersee in Kirchentellinsfurt einen Badestrand mit Wakeboard-Anlage baut, könnte man doch auch eine Seilbahn vom Bromberg bis zur Königsjagdhütte bauen. Das Goldersbachtal könnte in Gondelbachtal umbenannt werden. Wäre das nicht ein Marketinggag?

Gesammelt wurden die kritischen Stimmen bei Recherchen zu diesem Buch und bei diversen Führungen durch den Schönbuch.

Tipp

Wer sich mit Kritik an der bestehenden Waldwirtschaft auseinandersetzen möchte, wird bei Bestseller-Autor Peter Wohlleben fündig.

Literaturangaben

Bengel, Roland: Faszination Schönbuch. Reutlingen, 2012/2014.

Bengel, Roland: Wilder Schönbuch. Reutlingen, 2015.

Beuckers, Klaus Gereon und Peschel, Patricia (Hrsg.): Kloster Bebenhausen. Neue Forschungsergebnisse. Wissenschaftliche Beiträge der Staatlichen Schlösser und Gärten Baden-Württemberg, Stuttgart, 2011.

Bittel, Kurt u. a. (Hrsg.): Die Kelten in Baden-Württemberg. Stuttgart, 1981.

Buck, Dieter: Das große Buch vom Schönbuch. Tübingen, 2000.

Buhlmann, Michael: Das Kloster Bebenhausen im Mittelalter. St. Georgen, 2005.

Förderverein Naturpark Schönbuch e. V. (Hrsg.): Zeugen der Vergangenheit. Kleindenkmale im Naturpark Schönbuch, 2010.

Förderverein Naturpark Schönbuch e. V. (Hrsg.): Barrierefrei durch den Naturpark Schönbuch (ohne Jahreszahl).

Hägele, Ulrich: Schönbuch-Museum. Stein – Wald – Jagd. Tübingen/Dettenhausen (ohne Jahreszahl).

Hahn, Walter: Eine Wanderung durch den Schönbuch. Ulm, 1956.

Haug, Hans: Im Schatten des Klosters. Das Dorf Bebenhausen. Tübingen, 2013.

Haug, Hans: Königin Charlotte von Württemberg. Tübingen, 2015.

Heusel, Andreas: Das Stift St. Peter zum Einsiedel im Schönbuch (1492–1537): vita communis zwischen Chordienst und vita rusticana. Dissertation, Eberhard Karls Universität Tübingen, 2013.

Heusel, Andreas, u. a.: Der Einsiedel im Schönbuch. Stiftskirche, Schloss und Hofgut. Reutlingen, 2018.

Mayer, Hans: Das Soldatengrab im Schönbuch, ohne Ortsangabe, 2015.

Morissey, Christoph: Archäologische Forschung in Wald und Feld. Der Schönbuch und einige Aspekte der älteren Siedlungsgeschichte Südwestdeutschlands. In: Siedlungsforschung. Archäologie – Geschichte – Geographie. Band 19, Bonn 2001.

Rupp, Mattias: Beweidete lichte Wälder in Baden-Württemberg. Genese, Vegetation, Struktur, Management. Dissertation. Freiburg, 2013.

Schiek, Siegwalt: Der Einsiedel bei Tübingen. Seine Geschichte und seine Bauten. Sigmaringen, 1982.

Schwarz, Günther und Klein, Eberhard: Der Bezenberg. Ein bewaldeter Höhenrücken zwischen Aich und Schaich. Herausgeber: Förderverein Naturpark Schönbuch e. V. Tübingen-Bebenhausen (ohne Jahreszahl).

Schwitalla, Ursula und Setzler, Wilfried (Hrsg.): Die Zisterzienser in Bebenhausen, Leinfelden-Echterdingen, 1998.

Seip, Peter: Unser Schönbuch. Gäufelden-Tailfingen (ohne Jahreszahl).

Setzler, Wilfried u. a.: Kleine Tübinger Stadtgeschichte. Tübingen, 2013.

Thoms, Marianne: Herzog Carl Eugen von Württemberg. Tyrann, Verschwender, Modernisierer. SWR2 Wissen, 9. 12. 2016.

Impressum

Alle Angaben in diesem Buch wurden vom Autor sorgfältig recherchiert sowie vom Verlag geprüft. Für die Richtigkeit der Angaben kann jedoch keine Haftung übernommen werden. Für Hinweise und Anregungen sind wir jederzeit dankbar.

© Oertel+Spörer Verlags-GmbH + Co. KG 2020
Postfach 1642, 72706 Reutlingen
Alle Rechte vorbehalten

Umschlag: PMP-Agentur für Kommunikation
Titelbild: Roland Bengel
Lektorat: Ulrike Weiler
Schlusskorrektorat: Sabine Tochtermann
Kartografie: Anneli Nau, München
Layout und Satz: Uhl+Massopust, Aalen
Druck und Einband: Grafisches Centrum Cuno, Calbe

ISBN 978-3-96555-045-2

Besuchen Sie unsere Homepage und informieren Sie sich über unser vielfältiges Verlagsprogramm:
www.oertel-spoerer.de

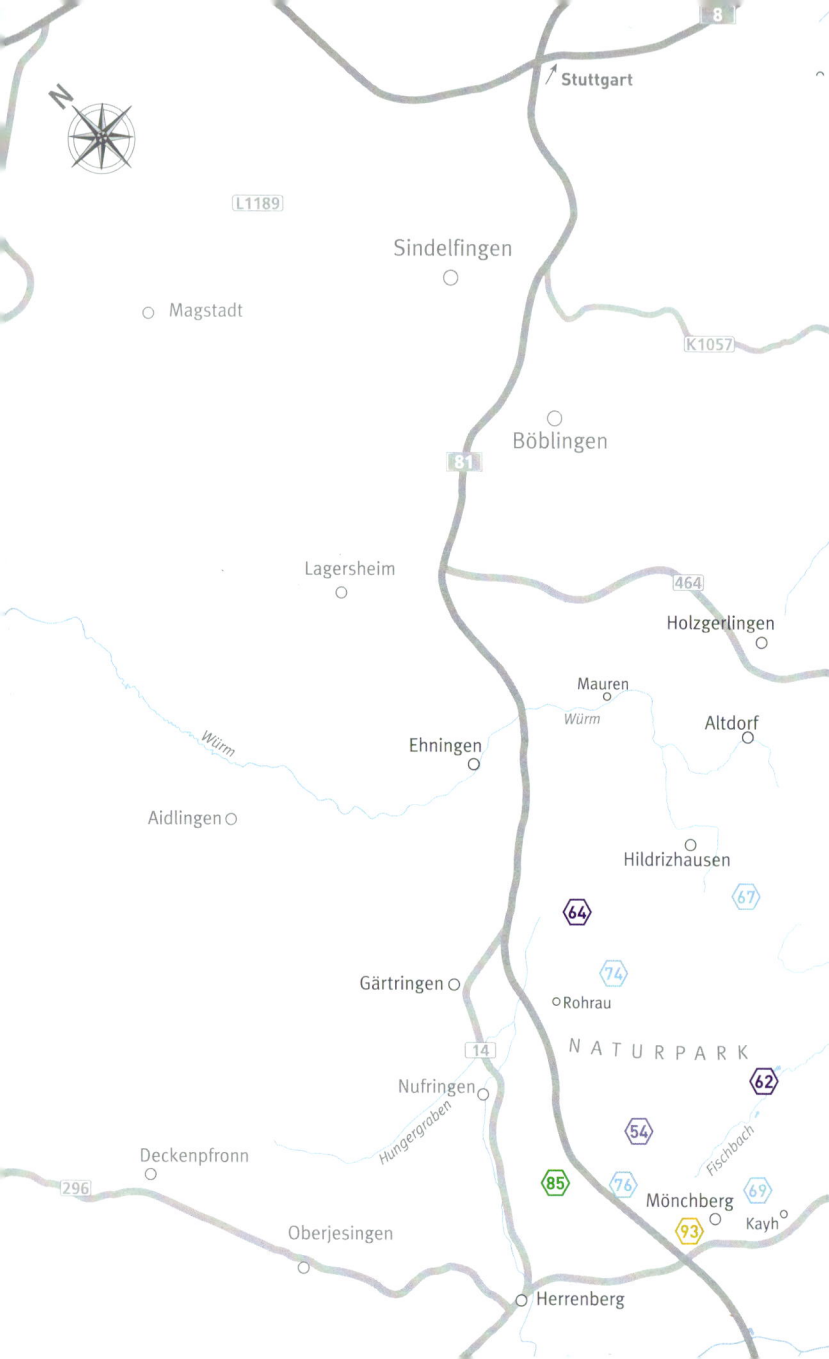